UM TOM ACIMA

UM TOM ACIMA

Uma *fantasia improviso* de

LYGIA BARBIÉRE AMARAL

CorreioFraterno

© 2013 Lygia Barbiére Amaral

EDITORA CORREIO FRATERNO Editora
Av. Humberto de Alencar Castelo Branco, 2955
CEP 09851-000 – São Bernardo do Campo – SP
Telefone: 11 4109-2939
correiofraterno@correiofraterno.com.br
www.correiofraterno.com.br
Vinculada ao Lar da Criança Emmanuel (www.laremmanuel.org.br)

1ª edição – 1ª reimpressão – Dezembro de 2013
5.001º ao 8.000º exemplar

A reprodução parcial ou total desta obra, por qualquer meio,
somente será permitida com a autorização por escrito da editora.
(Lei nº 9.610 de 19.02.1998)

Impresso no Brasil
Presita en Brazilo

COORDENAÇÃO EDITORIAL
Cristian Fernandes

REVISÃO
Eliana Haddad e Izabel Vitusso

CAPA E PROJETO GRÁFICO DE MIOLO
André Stenico

CATALOGAÇÃO ELABORADA NA EDITORA

Amaral, Lygia Barbiére, 1967-
     Um tom acima / Lygia Barbiére Amaral. – 1ª ed., 1ª reimp. – São
Bernardo do Campo, SP : Correio Fraterno, 2013.
    368 p.

    ISBN 978-85-98563-77-0

1. Romance espírita. 2. Espiritismo. 3. Reencarnação. 4. Literatura
brasileira. 5. Música. 6. Síndrome de Down. 7. Clara Schumann. I. Título.

CDD 133.9

"Para que a alma se desenvolva e desabroche no êxtase das alegrias superiores, é preciso que a música venha abrir, para a inteligência, os caminhos que levam à compreensão das leis divinas, à posse da eterna beleza."

Léon Denis
O espiritismo na arte

SUMÁRIO

Träumerei 13

Rubato 23

Adágio 69

Ritornello 131

Agógica 199

Adagio e Allegro: Salut d'amour 269

Coda Vivace con Fuoco 351

PRELÚDIO

ESTE LIVRO É dedicado a uma grande e muito querida amiga, cujo nome não posso revelar, sob risco de expor as entranhas de sua intimidade e a privacidade de sua família. Se ela é ou não quem este livro em sua fantasia sugere, ninguém nunca saberá. Posso afirmar, com certeza, que em toda a minha vida nunca senti tamanha emoção ao ouvir alguém ao piano. Como uma pérola, sua interpretação não flutua na superfície, ultrapassa o instrumento e a própria composição: é preciso procurá-la nas profundezas de si mesmo... Que ela possa enxergar neste livro a cristalinidade do carinho que eu tentei passar para ela com a minha interpretação, a mensagem que eu escondi lá dentro deste pastel chinês...

Como diria Graciliano Ramos, arte também é carne, é sangue; nossas personagens são pedaços de nós mesmos. Por isso, este livro é também dedicado a meu marido, meu amado Carlos Roberto Schmidt Amaral, que me emprestou amor e vida para rechear meus dias e todas estas páginas.

TRÄUMEREI[1]

---

[1] Palavra que significa 'sonho', 'devaneio', em alemão. É o título de uma das mais famosas composições de Robert Schumann, um dos treze andamentos do álbum *Cenas da infância*, composto em 1838 e dedicado a Clara Josephine Wieck, sua futura esposa, filha de seu professor de música, Frederiech Wieck. Foi também o título de um filme biográfico alemão, de 1944, sobre o compositor e é ainda o tema amoroso de Robert e Clara Schumann no filme americano *Sonata de amor*, de 1947.

– Preparada? – perguntou o senhor, entrando no carro, já ligado, à sua espera.

De seu lugar no banco de trás, Clara teve um estremecimento quando ele entrou. Sentada à direção, porém, Millah, sua mãe, abriu enorme sorriso ao vê-lo. Clara aquietou-se. Havia algo no sorriso dele que fazia lembrar o sorriso da mãe. Quem seria ele, afinal?

Pelo espelho retrovisor, Clara continuava a observá-lo à medida que o carro tomava velocidade. Era um senhor magro, de pele muito branca. Os cabelos curtos e ralos, as orelhas um pouco proeminentes, o laço da gravata impecável. Parecia recortado de um livro muito antigo. Estranhamente, não abria a boca, mas seu tom firme e inabalável podia ser sentido tanto por Millah, quanto por Clara. Como se ele pronunciasse naturalmente as palavras, como qualquer pessoa normal. Sua voz tinha algo de familiar e reconfortante, era muito bom ouvi-lo (senti-lo), embora falasse pouco.

Por algum tempo permaneceram os três em silêncio, apenas admirando a paisagem. Imensa praia azul corria paralela à estrada. Havia, contudo, certa tensão no ar. Onde estariam indo? – Clara se perguntava. Por que o tempo todo tinha a sensação de que a mãe e aquele senhor se comunicavam sem que ela pudesse entender?

Absorta em seus questionamentos, tinha ainda os olhos pregados na praia distante quando, subitamente, a mãe fez uma rápida e arriscada manobra e entrou numa passagem que se abriu de repente no meio-fio que costeava a estrada.

– Mãe! – Clara arregalou os dois olhos, num misto de espanto e recriminação.

– Sua mãe sabe o que está fazendo – garantiu o senhor, como se, ao contrário do que acontecia com ela, pudesse ouvir seus mais íntimos pensamentos.

Trafegavam agora por dentro da praia, bem próximos ao mar.

– Mas... – Clara não conseguia encontrar palavras para expressar seu espanto, assustada com as ondas cada vez mais imensas e mais próximas. – Cuidado!

Com as duas mãos postas sobre o volante, os olhos fixos no horizonte, Millah de novo sorria. Parecia mesmo contente por estar ali.

Uma onda maior estourou diante do veículo, outra maior formava-se adiante.

– Mãe! – gritou Clara, atemorizada. – Formou uma lagoa! Não tem como atravessar! – explodiu nervosa, já virando a cabeça para trás, verificando tudo ao redor. – E já vem outra onda! Precisamos sair daqui o mais rápido possível!

Millah, contudo, apenas reduziu um pouco a velocidade, bem devagar, alheia aos gritos e advertências da filha. Por um instante, muito rápido, quase ínfimo, expressou certa preocupação. Olhou mais uma vez para o senhor a seu lado. Estavam agora diante de enorme onda, que ainda crescia a poucos metros do veículo.

– Você tem certeza de que está preparada, minha querida? – ele voltou a perguntar.

Ela olhou mais uma vez para ele e foi rodando, bem devagarzinho, por sobre a água empoçada.

– Ficou maluca, mãe? – Clara protestou, debruçando-se entre os bancos da frente. – Presta atenção! A onda! Desse jeito vamos entrar com o carro dentro da ...

Mas já era tarde. Clara ficou paralisada de susto. Mais uma vez, Millah e o senhor se entreolharam cúmplices. Não era uma simples troca de olhares. Era um diálogo entre discípula e mestre, entre uma neta e seu avô.

– Eu vou! – ela decidiu, acelerando o carro um pouco mais por sobre a areia inundada.

Clara mal teve tempo de dizer algo. Quando deu por si, a onda imensa já estava cobrindo a janela, cobrindo tudo.

– Meu Deus! – foi tudo o que conseguiu balbuciar.

Fechou os olhos e ficou esperando pela tontura, o chacoalhar, o balanço; pronta para começar a gritar como louca, quando a água invadisse o veículo.

Mas nada disso aconteceu. Silêncio total. Movida por intensa curiosidade, Clara contou até dez. Nada. Resolveu então abrir a pontinha, apenas a pontinha de uma das pálpebras, só para verificar o que de fato ocorria.

Um caminho parecia se abrir pelo meio das ondas. Elas formavam uma espécie de caverna arredondada por onde o veículo deslizava lenta e tranquilamente. De um jeito como seria possível num filme de efeitos especiais computadorizados. Clara, Millah e o estranho senhor atravessavam o mar, por dentro de uma onda, como se o mar se abrisse para eles, de forma que pudessem observá-lo de dentro do veículo.

Era ao mesmo tempo maravilhoso e assustador. Da janela, as ondas pareciam agora nuvens do céu, vistas de dentro de um avião. Clara já não tinha mais a certeza se navegava no céu ou se afundava no mar. Mar e céu se misturavam na paisagem que agora avistava pela janela. Montanhas de nuvens, caminhos de algodão, geleiras desnudas a se desfazerem ao sol. Espumas imensas, neve derretida, brumas esvoaçantes. Medo e deslumbramento.

Clara apertou com força a mão magra e firme que o senhor ofereceu-lhe por sobre o ombro e deixou-se fascinar, com o coração disparado, por aquele espetáculo devastador, quase hipnotizada em meio à torrente de ondas que jorravam em estouros sem fim. Clara deixou-se levar pelo espetáculo.

Millah dirigia com muita coragem. Era como se penetrassem um campo de vastas emoções, um *Improviso* de Chopin. Sim, podia mesmo ouvir a *Polonaise heroica* de Chopin ecoando pelo túnel de água, enquanto o carro seguia atravessando a torrente. Ou seria a *Fantasia improviso*? Em alguns momentos, Clara tinha a sensação de navegar calmamente sobre o *Noturno nº 8, em fá maior*, que ouvira durante toda a sua infância, em outros era como se sua mente fosse invadida pelo *Estudo revolucionário*, fazendo-a sentir-se como se toda aquela água entrasse por dentro dela mesma. Era intenso, era forte, era Chopin: mais do que isso, era Millah tocando Chopin! Como se a mãe de Clara dirigisse o carro e tocasse piano ao mesmo tempo, como se toda a sua existência houvesse se transformado naquela melodia viva e revolta, que ela corajosamente atravessava com total domínio sobre todas as notas, tão impecavelmente como era capaz de executar qualquer peça ao piano. Como se a filha e o senhor a seu lado fossem apenas detalhes na imensa partitura.

Millah era exímia pianista e essa lembrança soava como um tronco de segurança para Clara, em meio a toda aquela correnteza. O que, afinal, significaria tudo aquilo? Ela mais uma vez voltou a perguntar-se, em silêncio, apertando cada vez mais as mãos calorosas do senhor.

Misteriosamente – Clara não saberia explicar como, nem por quê – ele mantinha-se inabalável diante de tudo aquilo, a despeito de toda a sua aparente fragilidade.

– Sempre dá certo quando as coisas acontecem no momento certo! – ele garantiu. – Só não se esqueça, Millah, de que assim como o mar é feito de um conjunto de ondas, e que nenhuma sinfonia é feita com uma só nota e com um só movimento, nosso presente jamais pode ser explicado por um único fato passado. Há sempre um conjunto de fatores que se entrelaçam e se entretecem sob a regência da sabedoria divina; somos instrumentos de Deus em inesgotável processo de afinação...

Sua voz foi interrompida pelo barulho intermitente do despertador. Todo o mar subitamente secou. Millah deu um pulo da cama e sentou-se de uma só vez. Continuava impressionada com as imagens da imensa onda, como se ainda a trouxesse dentro de si.

Apesar da calma que parecia ostentar no sonho, tinha agora

as mãos e a testa muito suadas, o coração batia descompassadamente. Tentou respirar fundo, só então notou que as pernas também estavam trêmulas, mal conseguia se levantar. Ao mesmo tempo, sentia-se invadida por uma espécie de melancolia profunda, uma saudade doída, lancinante de seu avô, de vô Alarico. Quanto tempo fazia desde sua morte? Tentou calcular rapidamente em silêncio.

A simples lembrança da proteção experimentada, o simples fato de ter estado ao lado dele num sonho era suficiente para provocar sua vontade de chorar. Tudo tão estranho... Não sabia ao certo se no sonho ela era ela mesma ou a filha Clara, que por sinal se parecia tanto com ela quando mais jovem. Millah não gostava muito de lembrar-se do passado, mas o avô... E pensar que não lhe tinha restado sequer uma única foto dele... – pensou, enxugando a pequena lágrima que brotou de seus olhos.

O soluço escapou sem querer.

– O que houve? O que houve? – o marido despertou agitado.

– Não foi nada, meu querido... – ela carinhosamente afagou-lhe os cabelos, esforçando-se para aparentar naturalidade. – Não foi nada... Só um sonho estranho que eu tive... Outra hora te conto... Agora é melhor você se apressar, porque hoje nós temos um dia cheio pela frente, lembra? – ela disse, enxugando definitivamente os olhos.

– A surpresa! – ele também se levantou depressa, já calçando os chinelos. – Será que ele já acordou? Será que vai dar tempo?

Correram os dois a se arrumar e a preparar tudo o que era necessário.

– Pegou todos os presentes, Melquisedec? – Millah perguntou ao marido.

Já estavam saindo do quarto prontos para o dia, com uma pilha de embrulhos coloridos nas mãos, quando foram surpreendidos no corredor pela filha Clara, descabelada e descalça, ainda sonolenta em sua camisola de dormir. Estava chorosa, quase se jogou nos braços da mãe – apesar de seus 17 anos, nestas horas em pouco se diferenciava da menininha delicada e indefesa que tão recentemente deixara de ser:

– O que houve, minha filha? – Millah a abraçou com ternura materna. – Não vai trocar de roupa?

– Vou... – ela respondeu ainda sensibilizada. – É que eu tive um pesadelo, um pesadelo horrível... Precisava te ver!... – parou e olhou fixamente nos olhos da mãe.

– Um pesadelo, meu bem? Mas o que foi que te deixou tão atordoada assim? – Millah estranhou, também se lembrando de seu próprio sonho.

Melquisedec consultou o relógio, como a dizer: "depois vocês conversam sobre isso".

– Deu muito medo mãe... – Clara continuou, ainda envolta no abraço materno. – Eu, você e um senhor, que eu nunca vi antes, estávamos juntos em um carro, dentro de uma onda! ... – de novo ela agarrou-se fortemente à mãe.

Millah arregalou os dois olhos, assustada. Não podia estar ouvindo aquilo! Chegou a encarar o marido, como a dizer: "você também ouviu isso?" Ele, porém, continuava a sorrir de maneira forçada com a pilha de presentes na mão. Só então ela recordou que não chegara a contar nada a ele sobre o seu próprio sonho.

"Não, não podia ser" – pensou consigo em silêncio. Fazia muitos anos que seu avô Alarico morrera, nenhum de seus filhos chegara a conhecê-lo! Seria possível que Clara, ainda assim, tivesse sonhado com ele? Seria, afinal, possível, que duas pessoas tivessem o mesmo sonho, ao mesmo tempo? O que significaria isso? – perguntava-se em silêncio, os olhos ainda arregalados e distantes, enquanto aconchegava Clara mais fortemente em seu abraço.

Queria fazer muitas perguntas à filha, mas foi novamente detida pela ansiedade de Melquisedec:

– Nós temos que descer... – ele sussurrou-lhe ao ouvido, sem querer ser indelicado com a filha.

– No meio de tudo tocava uma música, mãe, não sei bem se era aquela valsa de Chopin que você gosta de tocar no piano, mas...

Millah sentiu um arrepiou ao ouvir isso. Era urgente conversar com Clara.

– Millah! – Melquisedec delicadamente insistiu.

– Ninguém vai cantar *Parabéns* para mim, não? – ouviram uma voz gritar lá debaixo.

– Johan acordou!!! – exclamaram juntos.

Correram todos ao seu encontro. Millah queria muito ouvir o relato da filha, mas teve de ficar para depois. Johan não podia esperar.

RUBATO[2]

---

[2] Em música, 'tempo rubato' ou apenas 'rubato' (que significa roubado em italiano) implica acelerar ou desacelerar ligeiramente o tempo de uma peça à discrição do solista ou do maestro. O termo nasce do fato de que o intérprete 'rouba' um pouco do tempo de algumas notas e o compensa em outras.

"Parabéns pra você..." – Clara entrou na sala, com as mãos trêmulas, com medo que o bolo caísse com todas aquelas velinhas acesas.

Johan deu um pulo da cadeira, como que despertado de longo devaneio. Logo a música enchia a sala na voz alegre da família, acompanhada ao piano pelos dedos virtuosos da mãe. Naquele dia, Johan, o filho do meio, completava 18 anos.

Não era a simples comemoração da maioridade de um filho. Era a celebração de toda uma vida que eles conseguiram tornar feliz apesar dos obstáculos, a máxima maturação de um ser, a quem as pessoas de maneira geral sempre haviam encarado com ar de desdém e de piedade extrema. Johan superara as expectativas de todos, a despeito de todas as suas limitações decorrentes da síndrome de Down, detectada nos primeiros minutos após o seu nascimento.

Johan era, de fato, um menino fora do comum; dificilmente poderia ser encaixado a um simples rótulo de anormalidade. Seus pais, seus irmãos e até mesmo a empregada Paula, que dele cuidara desde bem pequenino, é que se sentiam pessoas fora do comum, pelo privilégio de conviver com ele ao longo de todos aqueles anos.

Sobre a mesa, o bolo redondo de chocolate, com a cobertura ainda quente escorrendo pelas beiradas – do jeito como o aniversariante gostava, com 18 velinhas acesas, em pleno café da manhã, dava ideia do quanto todos ali se sentiam contagiados por aquele momento para eles tão glamouroso.

– De novo! – pediu Johan, de olhos fechados, tão logo eles acabaram de cantar.

Para tornar mais completa a festa, faltava apenas Frederico, o filho mais velho, de vinte anos. Ele estudava em outra cidade, mas já estava a caminho. Chegava ainda naquela noite, especialmente para participar a grande surpresa que estava sendo preparada para o final de semana.

Ainda saboreando as notas da música, o aniversariante batia palmas e sorria orgulhoso, preparando-se para apagar finalmente as velinhas. Eram ainda pouco mais de seis e meia da manhã. Dispostos em torno dele, como verdadeiros anjos guardiões, estavam a dedicada Paula, Clara, já pronta para o cursinho pré-vestibular, o pai, todo de branco, preparado para mais um dia como médico no hospital. A mãe já ia se levantar do piano para vir ajudar a cortar o bolo, quando Johan soprou as velas de rompante e fez o inusitado pedido:

– Quero que mãe volte a ser a pianista de antes – disse, ainda acabando de soprar.

– Mas a sua mãe já é uma grande pianista – corrigiu o pai surpreso.

– Isso, filho... Você tem que fazer um pedido pra você... – Millah veio andando em sua direção.

– Não. Eu quero que ela volte a ser do jeito que ela era, antes do Fred e de todo mundo nascer... Do jeito que tinha que ser, quando nasceu aqui neste mundo! – Johan foi firme em seu pedido.

Houve um rápido silêncio. Todos se olharam sem entender direito o que estava acontecendo.

– Uma pianista como todos os outros do meu 'álbum de ouro'! – ele ainda complementou satisfeito.

Johan era aficionado pelos grandes músicos do passado. Desde que descobrira que recebera seu nome em homenagem a Johann Sebastian Bach e que, assim como ele, também seus irmãos tiveram seus nomes escolhidos em respeito a grandes compositores admirados por seus pais, passara a colecionar fotos, gravuras, toda ilustração que encontrasse a respeito dos grandes mestres da música. No meio de todos eles, fazia questão de colocar várias fotos de sua mãe tocando piano. Era o seu álbum de ouro, impecavelmente encapado com papel dourado e brilhante, como ele fazia questão, e que, a essas alturas, já estava em seu terceiro volume.

– Vamos, Millah! Toque para mim! – novamente ele pediu, lambendo displicentemente as bordas do bolo com os dedos, como se na sala só houvesse ele e a mãe. – Toca para mim aquela música bonita, vai...

– Johan! – ralhou Clara. – Você sabe que a mamãe não gosta de...

– Deixa filha... – atalhou Millah, enternecida. – Se é este o desejo dele, eu vou tocar para ele a *Fantasia improviso* de Chopin... Também era a minha favorita quando eu tinha a idade dele...

Parecia mesmo satisfeita com as palavras do filho. Clara, contudo, ficou arrepiada ao ouvir isso; lembrou-se imediatamente do sonho.

– Mas... – ainda tentou argumentar. – Ela sempre fica triste quando toca esta música – disse baixo, para a empregada. – Todo mundo sabe!

Não houve jeito. Em instantes, os acordes tomavam conta da sala. Eram acordes fortes, como se Millah inteira se dissolvesse em sons. Millah tinha esse dom. Sempre que tocava qualquer peça ao piano, ainda que fosse uma composição antiga, já conhecida de todos, era como se o tempo parasse, como se nada mais no mundo existisse, nem mesmo a partitura original, ou o músico que um dia a compusera, para que ganhasse vida a história: a emoção transformada em história que ela doce e gentilmente oferecia a seu público.

Por alguns instantes, Clara ficou ali como que hipnotizada pela música da mãe, lembrando-se do sonho. Não, não era essa a melodia... Ou será que era? – ela sentiu de novo um arrepio, ao recordar-se da onda gigante, daquele senhor desconhecido. Ao mesmo tempo, parecia que Millah narrava agora, com suas notas musicais, todo aquele mesmo sonho que tivera. Naquele instante, Clara pensou que não podia sair de casa sem conversar sobre isso com a mãe e desejou ardentemente que ela acabasse logo de tocar para que pudessem...

– Clara! – ela ouviu de longe o sussurro altivo do pai.

Olhando mais uma vez para o relógio, ele fez um discreto sinal para a filha, como a dizer "temos que ir". Amava muito a esposa e sua música, a família, os filhos, mas era sempre muito pontual, quase sistemático com seus horários. Sem esperar pela resposta, beijou rapidamente a testa de Johan, depois os lábios de Millah, com cuidado para não interrompê-la, e saiu apressado em direção à garagem. Havia muitos doentes no hospital à sua espera.

Mãe e filha ainda trocaram um rápido olhar, antes que Clara seguisse atrás do pai. "De noite a gente conversa", Millah tentou dizer à filha com o olhar, sem parar de tocar (ela era capaz até de ler um livro sem parar de tocar!).

Depois que todos saíram, apenas Johan continuou sentado à mesa, saboreando calma e pausadamente o segundo pedaço de bolo que Paula cortara para ele. Ouvia a música extasiado, entre um gole e outro de seu suco de uva. Parecia mesmo tomado pelo ritmo, prisioneiro daquela mesma história que a mãe poeticamente contava ao piano. Foi quando o telefone tocou. Um toque tão súbito, estridente e inesperado, que Johan entornou o copo inteirinho de suco na camisa.

Ele deu um grito.

Millah imediatamente parou de tocar e veio correndo em seu socorro, enquanto a empregada atendia ao telefone.

– Deixa que eu cuido disso – Paula disse, já trazendo-lhe o fone, com seu paninho na mão. – É melhor a senhora atender logo...

Seu tom era esquisito.

– Para mim? – estranhou Millah – A essa hora? Mas quem é? Não me diga que é alguém da minha família? Elas nunca se lembram do aniversário de...

– É da polícia – adiantou Paula, verificando em seguida a camisa de Johan. – Sujou muito... Você vai ter que tirar essa camisa e colocar outra... – ela o ajudou.

– Mas é minha camisa nova! Foi a Clara que me deu! Não podia ter sujado! – reclamou ele. – Não quero trocar!

— Mas vai ter que trocar... — disse Paula.
Millah subiu correndo as escadas e foi atender ao telefone em seu quarto.

— Não, não pode ser... Mas isto é uma calúnia! Não tem o menor sentido uma coisa dessas! — trêmula ao telefone, Millah fazia o possível para segurar as lágrimas.
— Sinto muito, todo mundo aqui sabe e admira a sua competência... Mas o fato é que não tivemos como evitar o escândalo... Essa situação precisa ser esclarecida o quanto antes! — argumentou a secretária do delegado, do outro lado da linha.
Enquanto ela falava, a pianista corria seus enormes olhos verdes por cada pedacinho do quarto, a procura de algo que pudesse comprovar sua defesa.
Era uma mulher de pouco mais de quarenta anos, ainda jovem e muito bonita.
— Judite, preste atenção... — tentou explicar, enquanto remexia nervosamente em alguns papéis numa gaveta. — A minha responsabilidade como organizadora do evento da prefeitura era a de fazer a escolha dos músicos, entre as orquestras do mundo inteiro, imprimir e enviar os convites em suas diferentes línguas e...
— Acontece que as verbas para o pagamento foram liberadas pela prefeitura, ao contrário do que vem sendo publicado em todos os jornais! — Judite foi direto ao ponto.
— Mas não era eu a responsável pelos pagamentos e sim o senhor...
— O sr. Irelias Neve, ou Irelias Prateado, como prefere ser chamado. Que por sua vez alega que foi você quem recebeu as verbas e não fez os pagamentos...
— Ele não pode dizer isso! — Millah deixou cair no chão a gaveta cheia de papéis. — Foi ele quem deu queixa contra mim? Mas ele não tinha o direito de... É uma... — tentou repetir, quase

tropeçando nas palavras de tão nervosa.

– Também não entendo! Até ontem vocês eram amicíssimos, os dois compunham uma equipe, um duo de piano e oboé, que outro dia mesmo estava se apresentando até no exterior! – lembrou a secretária.

Do ponto onde estava, Millah avistou no chão um pequeno panfleto de divulgação do evento a que a moça se referia e sentiu-se fervilhar por dentro. "Como pode uma coisa dessas?", a pergunta parecia vir do âmago de seu útero. "Ele era seu amigo, um de seus melhores amigos, e ela agora estava prestes a ser desmoralizada perante toda a comunidade musical por causa dele, poderia até ser presa por isso!"

– Uma coisa não tem nada a ver com outra, Judite! – tentou centrar-se, enquanto colocava nervosamente os papéis de volta na gaveta de qualquer jeito. – O fato do Irelias, como artista, ter se apresentado comigo na Europa não tem nada a ver com o cargo que ele ocupa dentro do projeto da prefeitura, como administrador financeiro das verbas e...

– Foi a seu convite que ele veio da cidade dele para cá! Exatamente por essa confusão de informações, o delegado quer ver os dois imediatamente... Nossa cidade não pode continuar a ser alvo de um 'disse me disse' em nível mundial, você não acha? – sintetizou Judite.

– Sim, você tem razão... – Millah, sentou-se na cama, vencida... – A que horas ele quer que eu esteja aí – perguntou, consultando o relógio.

– O mais rápido possível. Pode ser às nove? – sugeriu Judite.

– Meu Deus... Já são quase oito! A delegacia fica do outro lado da cidade! – Millah pensou alto. – Tudo bem. É o tempo de desmarcar todos os meus alunos da manhã e correr para aí – concordou.

– Acho melhor desmarcar os da tarde também. Estou com a impressão de que essa conversa vai ser demorada – avisou Judite.

– Puxa, mas hoje é aniversário do Johan, eu tinha prometido...

A secretária, no entanto, já havia desligado. Discou imediatamente para Irelias, disposta a esclarecer os fatos, mas todos os telefones dele estavam fora de área ou desligados. Parecia mesmo proposital. Não havia o que fazer. Até porque, não havia muito tempo.

Providenciou o que era necessário, saiu o mais rápido possível. Johan ficou olhando da janela quando ela entrou no carro. Acenou para ele, tentando disfarçar. Mas sabia que era inútil. Era possível enganar qualquer pessoa, menos Johan.

— Você precisa voltar até a hora do jantar! Frederico vai estar aqui na hora do jantar! Vamos ter que cantar *Parabéns* de novo quando ele chegar! — Johan ainda gritou da janela, apertando contra o peito o seu álbum de ouro.

— Vou trazer uma surpresa especial para o jantar! — Millah pôs a cabeça para fora do carro e prometeu, mesmo sem ouvi-lo.

Johan continuava observando-a da janela, com um olhar sério e distante.

— Na volta preciso mostrar o compositor que eu descobri na internet... Você precisa saber quem é ele... — disse, ainda agarrado ao álbum. — O nome dele é Tausch... Julius Tausch... Tome cuidado! — disse baixo, como se algo de ainda mais sério estivesse prestes a acontecer.

— NA IDADE Média não existe a ideia de 'propriedade' tal como a concebemos nos dias de hoje. Portanto, um senhor feudal não é um 'proprietário'. Ele detém a 'posse' de determinado território, que tanto pode ter herdado de seus ancestrais, como ter recebido com recompensa de um dignitário, do latim *dignitas*, uma pessoa que exerce uma dignidade ou um alto cargo, no sentido civil ou eclesiástico: um rei, um imperador, um papa — ele fez um desenho no quadro, simbolizando essas autoridades. — Que também não são 'proprietários', mas representantes da vontade de Deus na Terra. Ou seja...

O professor falava, falava e Clara não ouvia nada. Estava longe dali. Só conseguia pensar na mãe. No pesadelo da noite, na *Fantasia improviso* de Chopin, no olhar profundo de Millah no momento em que haviam se despedido. O tempo todo ela tinha a sensação de que algo estava acontecendo com a mãe naquele momento. Seria apenas um efeito do sonho?

– O auge do regime feudal no Ocidente Europeu se dá entre os séculos 9 e 11, entre os anos 801 e 1100. A partir de então, ocorre o que se chamou de renascimento comercial, que assinala, entre outros aspectos, o início do declínio do regime feudal...

Diante do quadro, o professor continuava explicando. Mas Clara via apenas a onda, o túnel se formando por entre as águas, o velho senhor apertando sua mão, a mãe sorrindo ao volante, entrando no maremoto...

Entrando no maremoto? Clara teve de repente um *insight*. Não mais se conteve. Pediu licença e discretamente se retirou, já segurando com a mão direita o aparelho de telefone celular, por dentro da bolsa.

– Aonde você vai, sua louca? – sentada junto à porta, sua amiga Jéssica perguntou num cochicho, quando já estava saindo.

– Depois explico – respondeu, já fechando a porta rapidamente atrás de si.

– Olha que hoje tem duas aulas de biologia! Para medicina precisa de...

Clara nem ouviu o final da frase. Medicina... Nem sabia direito se queria mesmo fazer vestibular para medicina, embora seu pai sempre lhe parecesse convicto disso. Mas isso era mais um problema para resolver depois. Por hora, tudo o de que ela precisava era estar com sua mãe. Estranhamente, aquela aula sobre Idade Média parecera aumentar ainda mais a sua angústia. Por que será que sempre parecia existir alguma coisa entre ela e Millah, algo que sempre as impedia de vivenciar plenamente a imensa afinidade que sentiam uma pela outra? – Clara perguntou-se, no momento em que se agachava para passar diante da sala da diretoria.

Em instantes ganhava a rua; por sorte, nenhum inspetor a viu passar. Não tinha cabeça para assistir aulas, muito menos para pensar em requisitos para passar em medicina. Sentia-se muito estranha. O tempo todo, uma espécie de aperto no peito, uma vontade horrível de chorar, como se ainda estivesse naquele sonho. A mãe! Precisava muito conversar com a mãe, não poderia esperar até a hora do almoço – era tudo em que conseguia pensar.

– Delegacia? Como assim, para a delegacia? – mal conseguiu acreditar nas palavras de Paula. – Então... Estou indo para lá! – decidiu de impulso. – Não... Não tive aula. Depois eu explico!

Millah, enquanto isso, dirigia e chorava ao som da 'sua' *Fantasia improviso* de Chopin. Sentia-se tão cansada... A vida, em si, já era tão corrida, tão difícil com suas atribuições comuns e triviais, suas dores e lembranças difíceis de carregar... Por que precisava acontecer mais este problema? Justo naquele dia em que teoricamente ela deveria estar se sentindo tão feliz, no dia do aniversário de 18 anos do seu Johan...

Pensava no filho, no almoço que ela mesma imaginara preparar para ele. Haviam planejado passar a tarde colando as novas figuras que Johan conseguira para seu álbum de ouro... O menino parecia cada dia mais empolgado com suas descobertas sobre a vida dos grandes pianistas, parecia mesmo uma criança sem limitações mentais quando Millah contava para ele detalhes sobre o dia a dia de figuras como Mozart, Bach, Beethoven, Chopin, extraídos de suas aulas de história da música na faculdade.

Johan sempre fora apaixonado por música. Tanto ou mais do que ela. Quando pequeno, sempre que estava muito agitado, bastava Millah sentar-se ao piano para que logo se acalmasse. Deitava a cabecinha no colo da mãe enquanto ela tocava. Millah sempre teve orgulho de lembrar-se desses momentos. Mas agora, a simples recordação da cena fazia com que aumentasse ainda mais a sua vontade de chorar.

Pensava também em cada um dos alunos que precisara desmarcar naquele dia. Que péssima hora para tudo isso acontecer! Faltava menos de duas semanas para o grande concurso de música em que iriam tomar parte... E pensar que Irelias se negara a participar da banca examinadora, que uma semana antes passara por ela na rua e fingira que não a vira...

Na hora, Millah ficara na dúvida se fora apenas uma impressão. Agora as peças do quebra-cabeça finalmente começavam a se juntar. Há tempos vinha ouvindo comentários pelos corredores da prefeitura, na escola de música, por toda parte. Todos diziam sempre que Irelias tinha inveja dela, que queria o seu lugar. É certo que ela jamais fora de dar ouvidos a boatos. Mas, ainda assim, não pudera deixar de notar o olhar estranho que Irelias lhe dirigira quando recebera a comenda do governo pelo conjunto de seu trabalho, nem quando fora oficialmente convidada a organizar o primeiro grande concurso de música da cidade. Custava-lhe crer que um amigo fosse capaz de sentir uma coisa dessas, de chegar ao ponto de prejudicar uma pessoa em nome do sentimento. Seria mesmo verdade?

E pensar que seus filhos, especialmente Frederico, gostavam tanto dele! E o jantar para Frederico? Teria cabeça para pensar em alguma coisa depois da longa audiência que certamente a esperava na delegacia? Maldito Irelias! – ela freou o carro bruscamente, por pouco não ultrapassou sem querer o sinal de um movimentado cruzamento.

Sentado em sua poltrona no ônibus, Frederico, o filho mais velho, imaginava a alegria da mãe quando chegasse em casa na hora do almoço. Cursava o penúltimo ano de engenharia mecânica em uma universidade no interior de São Paulo. Com muito custo, conseguira adiantar tudo o que tinha de fazer para pegar o ônibus mais cedo do que o combinado, só para fazer aquela surpresa a Johan e à mãe. Com toda a certeza, ela estaria em casa, preparando um almoço especial para o aniversariante.

Era de praxe. Millah sempre suspendia quase todos os compromissos no aniversário dos filhos, para estar só com eles, satisfazer-lhes os menores caprichos. De todos os aniversários, o mais marcante para Frederico fora o que passara na cidade da mãe. Justamente o único em que ela não pudera lhe dar toda a atenção.

Na época, Frederico estava completando quatro anos e a grande novidade fora a viagem de avião para o Brasil. Vieram diretamente da Europa, onde seus pais viviam desde pouco antes do seu nascimento, e já foram direto para o hospital. Millah estava muito apreensiva. Ficara sabendo por um amigo que a avó estava agonizando na UTI e rumara para lá como uma louca, carregando o menino mais velho consigo.

Nem Frederico, nem nenhum de seus irmãos nunca tiveram nenhum contato com ninguém da família da mãe. Naquele dia, em especial, lembrava-se de ter ficado sentadinho na recepção do hospital até que um amigo da mãe, o mesmo Irelias que agora morava na cidade deles e até trabalhava em um mesmo projeto que Millah, aparecera para buscá-lo e o levara na mais requintada confeitaria da cidade para fazer um lanche delicioso, de que Frederico jamais esquecera. Só horas mais tarde a mãe viera buscá-lo. Tinha olheiras muito profundas. A avó tinha morrido. Mas não ficaram para o enterro, porque Millah mais uma vez havia se desentendido com a mãe e com a tia. Dormiram aquela noite na casa de Irelias e, no dia seguinte, embarcaram de volta para a Alemanha. Frederico foi embora sem sequer ter conhecido a família.

– Ah, Irelias... Eu sempre confiei tanto em você... – Millah suspirou, entre lágrimas, batendo, ansiosamente os dedos das mãos no volante, enquanto aguardava o sinal abrir. – Por que é que você precisava fazer isso comigo? Por que, meu Deus? – perguntou-se, já arrancando novamente com o carro.

Entrava agora em uma larga avenida, de trânsito rápido e intenso. Acelerou o veículo e deixou-se levar pelo fluxo. O CD terminou. Descuidadamente, ela abriu o porta-luvas e puxou ao acaso um dos vários discos de música clássica que ficavam ali dispostos, numa embalagem sanfonada própria que Frederico criara ali especialmente para ela. Saiu um CD alemão de Clara Schumann, um disco importado que ganhara recentemente de outro amigo muito querido que vivia na Europa. "Este, sim, um amigo de verdade", pensou consigo, ressentida. Não gostava muito da música de Clara Schumann, mas colocou assim mesmo, como uma homenagem ao amigo, de quem naquele momento sentia profundas saudades.

Millah fechou os olhos por rápidos instantes e suspirou fundo.

Pela primeira vez, porém, a música da famosa compositora alemã pareceu tocar fundo em sua alma, como se algo naquela melodia trouxesse consigo um pedaço de sua própria história...

Não conhecia aquela música, ainda que lhe parecesse tão familiar. Embora soubesse muito sobre quase todos os grandes nomes da música, nunca se interessara muito pela vida, nem pela pouco extensa obra de Clara. Sabia apenas ser ela a esposa de Robert Schumann, que possivelmente tivera um caso com Brahms e que era considerada uma excelente intérprete, uma das melhores de sua época. Da música de Schumann, e do próprio Brahms. Mas, como compositora, Millah não a considerava nada fora do comum, nada digno de destaque. Havia algo nela que a incomodava, mas não sabia descrever exatamente o que era. Não gostava e pronto.

Tanto que nem queria por o nome de Clara na filha. Não fosse pela insistência de Melquisedec, teria posto Ana Magdalena, como a segunda esposa de Bach. Ou então Constanze, em homenagem à esposa de Mozart. Mas Melquisedec na época batera o pé, dissera que de nomes esquisitos a família já estava bem servida, que o nome de sua filha 'tinha que ser' Clara. Porque era simples, bonito, homenageava uma compositora, como fora combinado que fariam com todos os filhos e, de quebra, ainda reverenciava uma santa, por quem ele tinha grande respeito e admiração, Santa Clara.

Melquisedec tinha destes rompantes. Era muito amoroso, muito sensível, mas de vez em quando também muito machista, quase tirano em suas opiniões, em suas necessidades e verdades. Sim, talvez por isso o nome Clara a incomodasse tanto, Millah avaliava agora, enquanto dirigia. Por ter sido a intérprete, a vida inteira, no passado, tão submissa às vontades e caprichos do marido, por não ter refeito sua vida ao lado de Brahms após a morte de Schumann.

Naquele momento, porém, acompanhada pela voz sofrida da soprano, aquela melodia parecia vir tão ao encontro de todos os seus sentimentos que ela quase começava a se sentir arrependida por tê-la rotulado tão duramente. Será que seu amigo Oberon já a tinha ouvido antes de comprar o CD?, perguntou-se por um instante. Será que verdadeiramente a apreciava?

No táxi, enquanto isso, também rumando para a delegacia, Clara, a filha de Millah, ainda impressionada pelas imagens que vira no pesadelo, pensava no quanto fora difícil e sofrida a vida da mãe.

Sobrinha de uma das mais notáveis professoras de piano de sua cidade, a famosa pianista Petúnia Edwiges, Millah fora educada, desde muito pequena, para atender à aspiração da família – e especialmente da mãe e da tia –, em vê-la transformada na maior intérprete de todos os tempos. Por isso, com a finalidade de dedicar-se ainda mais integralmente aos estudos, aos cinco anos fora viver com a tia e os avós, deixando para trás os pais, a casa da família, os dois irmãos mais velhos para ser criada com zelo e distinção. O fato é que, a partir de então, nunca mais tivera uma vida como as outras meninas de sua idade, passando a ser criada sob rigorosíssima técnica e vigilância, sempre voltada para seus estudos de piano.

Aos 12 anos, já havia realizado apresentações pela capital e interior de quase todos os estados do Brasil; aos 13, estreava como solista de uma orquestra juvenil, passando, desde então a participar de festivais internacionais de música em diversos países. Ainda uma adolescente, realizava sua primeira turnê internacional de recitais, a convite de entidades culturais europeias. Uma vida glamourosa e ao mesmo tempo com muitas privações.

Ouvindo agora as canções de Clara Schumann como nunca antes ouvira, Millah também se recordava de sua própria história, em meio ao trânsito movimentado.

A despeito de todos os momentos de glória como pianista, foram tantos os momentos em que se viu colocada à prova como ser humano comum...

A primeira vez em que teve a oportunidade de sentir-se como uma jovem comum só aconteceu quando tinha mais ou menos a mesma idade da filha. Na ocasião, em função da proximidade do vestibular, a tia houvera espaçado as temporadas e, com isso, pudera se relacionar um pouco mais com os colegas de sala.

Millah tinha até ajudado a vender rifas, em benefício da festa de formatura da turma – a mãe e a tia chegaram a comprar números para colaborar!

O sonho da festa era um capítulo à parte. Seria em uma boate recém-inaugurada, no auge da moda das discotecas. Os jovens estavam enlouquecidos com isso, ninguém falava em outra coisa. Para Millah, havia ainda o encanto de encontrar pela primeira vez, fora da escola, o rapaz que nos últimos meses vinha sendo especialmente gentil com ela nas reuniões da festa de formatura, sua primeira paquera, por assim dizer.

A mesma data marcava ainda o encerramento de suas atividades no curso técnico de piano, outra formação a partir da qual Millah poderia se considerar como professora regulamentada pelo conservatório de música local. Tudo isso era motivo para ela de tensão, ansiedade, expectativa e muita alegria também.

Em momento algum, ninguém da família dissera-lhe que não poderia participar disto ou daquilo. Saíra de manhã, arrumara-se no salão como todas as outras meninas e já fora direto para a solenidade da escola. A audição seria na parte da tarde, no próprio conservatório. Millah encerraria o evento com o *Rêve d'amour*, de Liszt.

E foi, de fato, um de seus mais memoráveis recitais. Tocou com tanto entusiasmo, com tanta emoção, que ao final da apresentação havia mesmo quem chorasse na plateia. Quando baixou a cabeça para agradecer a salva de aplausos sem fim, Millah deparou-se com aqueles sapatos familiares, aquele terno e... À medida que o corpo ia subindo, ela ia avistando a figura inteira do avô, empolgado, aplaudindo-a, sorridente, no meio da plateia.

Então foi ela quem começou a chorar. Fazia na época cinco anos que vô Alarico havia falecido. Millah ficou muito emocionada. Vendo-a assim sensibilizada, a plateia aplaudiu ainda mais. No que ela abaixou-se de novo para agradecer, ao elevar-se novamente, ele não estava mais lá.

Na volta para casa, recomposta, já se dirigia ao quarto para trocar de roupa, quando a tia a surpreendeu com a pergunta:

– Aonde você pensa que vai?

– Vou me arrumar para ir à festa! – respondeu de pronto.

– Não, você não vai – Petúnia disse simplesmente, lixando as unhas diante da televisão.

– Mas, tia, eu ajudei a vender os convites, é a minha formatura, eu... – olhou, súplice, para a mãe, que as tinha acompanhado até em casa.

– Você não ouviu a sua tia? – a mãe respondeu, folheando uma revista.

– Mas... – Millah ainda tentou argumentar.

– Ande, vá depressa trocar esta roupa que sua avó já está preparando a sopa para o lanche – Petúnia acrescentou, como se nada estivesse acontecendo.

Millah chegou a abrir novamente a boca, ainda em busca das palavras a dizer, mas não teve forças. Estava tão acostumada a ser submissa, que não sabia como discutir. Pensou de novo no avô e sentiu uma vontade enorme de chorar. Foi quando o telefone tocou. Era Irelias. Os dois eram colegas de classe e no conservatório também. De onde estava, Millah pôde ouvir quando a tia atendeu no escritório:

– Não, Irelias, querido... Infelizmente ela teve uma indisposição e não vai mais... É uma pena... Sim, certamente deve ter sido o cansaço depois do recital... Mas eu transmito a ela os seus cumprimentos... Por sinal, querido, você também esteve ótimo!

Naquele momento, Millah entendeu que seria inútil tentar argumentar qualquer coisa. Não derramou mais nenhuma lágrima. Correu para o quarto e abriu seu piano. A madrugada inteira repassou todos os seus estudos de Chopin.

Irelias..., pensava agora consigo. A vida toda fora um de seus poucos amigos, uma das poucas pessoas que Dionéia e Petúnia permitiam que frequentasse sua casa, que ligasse para saber notícias. A vida inteira fora um rapaz fechado, de poucas palavras, de raro talento na flauta e no violino; um dos poucos amigos que ela julgara ter até então. Como pudera trair tão cruelmente a sua amizade?

– O senhor não pode ir mais rápido? – Clara pediu ao motorista, sentindo aumentar sua angústia.

— Não tem como, mocinha, está tudo engarrafado! — ele respondeu. — A essa hora vem carro de todo lado, é até perigoso tentar alguma manobra...

Estavam a pouco menos de uma quadra da delegacia.

— Mas isso que ele fez é muito grave! — Millah falava sozinha ao volante. — Ele se esquece que há pouco menos de um ano quase se suicidou, por conta de uma crise de depressão! Se esquece também de que fui eu quem abriu caminho para que fosse convidado a tocar no exterior! Fui eu quem conseguiu um jeito para que saísse da depressão, que arranjei para ele emprego aqui na cidade! Emprego e alunos!... — ela aumentou a velocidade, fazendo com que os pneus cantassem numa curva. — Ficou com o dinheiro da prefeitura, que vergonha... Sim, porque eu mesma repassei o dinheiro para ele! E agora diz a todos os músicos, e a todos os órgãos da prefeitura que eu fiquei com esse dinheiro! Tantos anos para conseguir me colocar de novo na minha área, para recompor minha dignidade como pianista e ele agora encontra um jeito de me difamar perante toda a comunidade internacional de música! O que já devem estar dizendo, meu Deus, a meu respeito?

À medida que ia falando, ia se exaltando e aumentando a velocidade, até que, num sinal fechado, não houve tempo de parar. O carro derrapou, girou na pista, bateu em outro que vinha pela mão oposta; capotou duas vezes no asfalto.

Frederico acabara de descer do ônibus na rodoviária.

Melquisedec estava terminando uma consulta, prescrevendo a receita para o paciente, quando de repente, do nada, a porta do consultório se abriu.

— Deve ter sido o vento... — comentou a esposa do paciente.

Melquisedec, contudo, voltou rapidamente os olhos para a janela e constatou que não estava ventando. Não era época de ventos. Experimentou certo mal-estar; teve a vaga impressão de que alguém houvesse acabado de entrar na sala. Uma espécie de arrepio correu sobre todos os seus membros, sem explicação. Mas não acreditava nessas coisas.

– Tudo bem, doutor? – o paciente estranhou seu ar angustiado.

– Tudo ótimo! – disfarçou Melquisedec, abrindo um botão no alto da camisa. – Deve ter sido o bolo que eu comi no café da manhã...

Do outro lado da cidade, pequena multidão começava a se formar para ver de perto o acidente. Millah, contudo, já estava do outro lado da rua, caminhando indignada em direção à entrada da delegacia, indiferente à confusão em torno do local onde o carro havia derrapado.

– Agora mais esta! Até bater com o carro eu bati! Nem quis olhar o estrago! Vou ter que ligar para o Melquisedec! Mas depois eu resolvo isto! Antes, esse cretino vai ter que me dar uma explicação! – gesticulava agitada. – Eu exijo uma explicação!

Havia descido do carro sem dar importância a seu estado. Sequer se dera conta de que seu corpo físico permanecera desacordado, ainda preso entre as ferragens do veículo deteriorado e de que ninguém podia vê-la. Era apenas um espírito que transitava por entre as pessoas, movido por um sentimento de raiva muito intenso.

– Mãe! – gritou Clara, do outro lado da rua, tão logo viu o acidente.

Mas Millah também não a ouviu. Estava completamente fixada na imagem que tinha agora diante de si. A poucos passos da entrada da delegacia, quase camuflado por uma árvore, lá estava Irelias. Conversava com alguém no celular. Pelo tom da conversa, parecia tratar-se de algo confidencial. Millah aproximou-se devagar, pelo outro lado da árvore, de forma a ouvir o que ele estava dizendo:

– Estou ligando desde cedo, mas só agora consegui falar... É claro que eu fiz tudo como vocês mandaram! Não... Ela não desconfiou de nada... Quer dizer, acho que não. Parece que está vindo agora para depor... Sim, chamaram os dois para depor ao mesmo tempo! A senhora acha então que é melhor não nos encontrarmos por enquanto?... Mas... E se a polícia?... A senhora conhece o delegado? Bom, neste caso eu não vou nem entrar... Certo! Estou indo para aí então!

De tão estarrecida com o que ouvia, Millah não percebeu mais nada a seu redor.

– Não pode ser! – repetiu consigo. – Não posso acreditar!

Irelias, a essas alturas, já caminhava, em passos muito rápidos, em direção ao estacionamento que ficava ao lado da delegacia. Ela postou-se diante dele:

– Aonde você pensa que vai? Com quem estava falando? Era de mim que estava falando, não era?

Irelias, contudo, pareceu simplesmente ignorá-la. Millah ficou ainda mais indignada. Foi andando atrás dele que, contudo, continuou não lhe dando a menor atenção.

– Eu não vou deixar você sair daqui! – ela gritou.

Estavam agora no estacionamento. Irelias olhou para os lados, procurando ser o mais discreto possível, acionou o comando da chave para abrir a porta do carro, mas agachou-se rapidamente ao perceber o veículo que entrava no estacionamento. O suficiente para que Millah aproveitasse a deixa e entrasse no carro, indo direto esconder-se na parte de trás. Em nenhum momento passava-lhe pela cabeça que ele não pudesse vê-la ou que, como espírito, não necessitasse destes cuidados. Procurava o tempo todo fazer o mínimo de ruído possível, manter-se 'escondida' de forma a descobrir quem estaria por trás daquilo tudo.

O carro arrancou, Irelias dirigia a uma velocidade muito alta. Millah não tinha a menor ideia de para onde estavam indo. Sua cabeça rodava, começava a sentir muitas dores. Ficara claro para ela que havia alguém por trás de tudo aquilo, era só nisso que conseguia pensar. Alguém que monitorava cada um dos atos de seu falso amigo. Mas com que objetivo esta pessoa queria tanto destruí-la? O tempo todo lhe voltavam à mente as últimas frases que ouvira de Irelias: "A senhora conhece o delegado? Bom, neste caso eu nem vou entrar..." Aquilo lhe era mais do que familiar. Não conseguia ainda, contudo, encontrar o *link* capaz de unir o fato concreto à pessoa que ela não conseguia parar de imaginar.

Em seu esconderijo no banco de trás, sob a música agressiva de Wagner, que ela sempre odiara, Millah olhava agora uma bonita casa com uma jardineira abarrotada de petúnias cor-de-rosa escorrendo dengosas por sobre uma sacada. Era uma imagem bonita. Contudo, trazia-lhe recordações muito tristes. Ficou olhando para aquelas petúnias e pensando como vó Perenina poderia ter escolhido o nome de uma planta tão meiga para uma pessoa tão cruel como sua tia. Petúnia Edwiges, mesmo tendo nome de santa, era fria e dissimulada de um jeito como Millah só vira nas piores vilãs de novela.

Se com o dinheiro era capaz de comprar favores e pessoas (sobretudo familiares) com presentes, joias, viagens; era igualmente capaz de enganar a qualquer um com os múltiplos personagens que costumava interpretar, conforme a necessidade e a ocasião. Com o passar dos anos, Millah acabara por chegar à conclusão de que ninguém recebe um nome por acaso. Possivelmente a flor que mais se presta à formação de híbridos, de colorido tão variado quanto encantador, toda petúnia esconde enorme perigo em sua essência: é uma flor narcótica e venenosa, assim como a tia.

Crescera vendo Petúnia fazer suas armações, suas jogadas e encenações. Sempre sem poder dizer nada, porque afinal sentia-se uma pessoa fraca diante de sua personalidade dominadora. Mas nem por isso deixava de enxergar o que sempre fora tão diferente daquilo que essencialmente carregava dentro de si.

Por alguns instantes, sentiu-se como que transportada aos tempos de menina, passando a rever cenas que muito a haviam marcado. A casa dos avós, onde fora levada a viver com a tia e madrinha para melhor dedicar-se a seus estudos de piano, era uma construção antiga de três andares, cercada de flores por todos os lados.

Do alto de sua torre de vidro, que era como Millah definia a sala de piano envidraçada que ficava no terceiro andar da casa, Petúnia Edwiges podia avistar de longe todos que para ali se dirigiam e articular-se para recebê-los, conforme suas intenções. Quase como quem se prepara para uma encenação de teatro. E Millah assistira a muitos destes espetáculos.

Numa questão de segundos, a tia podia se transformar na inconsolável velhinha, que chorava para uma inocente aluna – que não por acaso vinha a ser filha do dono da principal empresa de ônibus da cidade – o desconsolo de não poder pagar passagens para que sua talentosa sobrinha pudesse ir e voltar de São Paulo toda semana, de forma a cursar a universidade que 'ela', Petúnia, queria, sem precisar ficar muito tempo longe de casa. Ou na mulher sensual, capaz de seduzir o funcionário do banco com seus ardis, na deliberação de fazê-lo mudar a categoria de seus investimentos, ainda que isso violasse completamente as normas bancárias. Na época, Millah via tudo sem ser notada, sem que a tia tivesse mesmo qualquer cuidado para disfarçar-se diante dela. Talvez porque a criasse para ser uma extensão de si própria...

De novo voltou-lhe a frase que ouvira de Irelias: "A senhora conhece o delegado? Bom, neste caso eu nem vou entrar..."

E quem mais poderia ter dito uma coisa dessas? Em toda a sua vida, Millah só conhecera uma pessoa tão cruel e poderosa quanto sua tia; o único ser capaz de fazer com a tia o que Petúnia fazia com as outras pessoas. E esta pessoa era sua própria mãe, que por sua vez nunca fazia nada sem a conivência da tia. Pouco mais nova e aparentemente muito mais vaidosa, Dionéia Edwiges não ficava nada atrás da irmã. Recebera este nome por causa da linda flor branca que vó Perenina ganhara de uma amiga pouco antes de dar à luz, mas que, a despeito do intenso colorido e beleza de suas folhas exóticas, era na verdade uma planta carnívora, comedora de insetos. Quase como se fosse uma metáfora da mãe – novamente Millah chegara à conclusão, um dia estudando seus próprios livros de jardinagem.

A verdade é que sempre tão meiga a cuidar das flores de seu jardim, ao longo de toda a sua vida, vó Perenina nunca se dera conta da maldade das filhas. Ao contrário, era ela o contrabalanço de tudo isso, a ingenuidade revestida de doçura, que batizara cada uma das filhas com o segundo nome de Edwiges (que acabou se estendendo também à neta, como uma tradição familiar), em homenagem à nobre santinha que no passado utilizara o dote cedido pelo marido generoso para beneficiar os pobres de toda sua a região. Talvez como uma forma até de assegurar o traço de bondade, de generosidade, que idealisticamente imaginava poder imprimir nas filhas.

De nada adiantaria todo este empenho. Petúnia e Dionéia eram como a corda e a caçamba, a mão e a luva, o direito e o avesso, o predador e o necrófago, unha e carne, a complementaridade perfeita. Sempre juntas, sempre cúmplices, sempre elas, acima de todas as outras pessoas do mundo, o egoísmo em suas duas faces.

Pensando agora nas duas, Millah sentia-se pequena, minúscula, insignificante, invadida por incontrolável vontade de chorar. Pela ingenuidade dos avós, por sua própria amargura diante de toda a situação. E imaginar que, mesmo depois de tantos anos de afastamento, mesmo morando tão longe, elas ainda pareciam dispostas a atingi-la. Mas com que finalidade? Não conseguia ainda compreender. Seriam mesmo as duas que estariam por trás de toda aquela armação? Foi nesse momento que Millah percebeu que o carro de Irelias estava entrando no estacionamento do aeroporto.

— EM ESTADO de coma profundo? Vindo aqui para o hospital? Mas como ninguém me avisou nada? Você tem certeza disso? — Melquesidec mal conseguia acreditar no que acabara de ouvir da responsável pelo setor de emergências.

Só então levou as duas mãos ao bolso da calça e percebeu que esquecera no carro os dois aparelhos de telefone celular. Além de requisitado por pacientes de todo o Brasil, que vinham até a cidade especialmente para consultá-lo, era chefe de todo o setor de ortopedia e também diretor clínico do hospital.

— Mãezinha, pelo amor de Deus, você não pode morrer! — chorava Clara, sentada ao lado do corpo imobilizado de Millah na ambulância.

Tinha a mesma aparência de uma pessoa morta.

– Para a delegacia? Como assim, foram as duas para a delegacia? – Frederico, que acabava de chegar em casa, não conseguia entender. – E Johan? Onde está o meu irmão?

Paula ainda não sabia de nada sobre o acidente.

– Está trancado no quarto desde que sua mãe saiu, não quer abrir a porta de jeito nenhum! – informou, preocupada.

Millah, enquanto isso, achando tudo cada vez mais estranho, descia no aeroporto como se pisasse ali pela primeira vez na vida. A sensação de decepção era tão grande que ela se sentia como se estivesse um pouco fora do ar. Era como se, naquele momento, fosse arrastada por uma melodia que a impedisse de pensar, prisioneira de seus próprios sentimentos e emoções.

Nem percebeu direito quando Irelias se aproximou do balcão e comprou sua passagem para a cidade onde os dois haviam nascido. Simplesmente foi atrás dele, ainda atônita. Sentia ainda muitas dores de cabeça. "O que estaria tramando? Para onde estaria indo? Por que fugira da delegacia?", era tudo em que conseguia pensar, como se estivesse prestes a apanhá-lo em flagrante, como se sua vida dependesse disso.

De tão obcecada pela determinação em desmascarar o falso amigo, nem mesmo se deu conta de que aquilo era uma fila de embarque e de que ela era a única que não tinha um ticket a ser apresentado. Sequer estranhou que o atendente não pedisse nada no momento em que ela passou. Sua única preocupação era a de se manter um pouco distante na fila de forma a que Irelias 'não a visse'.

Acabou sentando-se na fileira imediatamente atrás dele no avião, que não estava muito cheio, de forma que ela pôde mesmo 'escolher' onde queria ficar. De onde estava, podia ver nitidamente o rosto dele de perfil, acompanhar cada um de seus gestos. Aos poucos, porém, começou a se sentir invadida por uma espécie de torpor, uma sonolência profunda, até que não conseguiu mais manter abertos os olhos.

Em instantes, sentiu-se então transportada para outra época, outro local. Millah viu-se dentro de imenso teatro vazio, onde havia apenas uma orquestra finalizando um ensaio. Falava-se outro idioma – possivelmente o alemão. Curiosamente, da poltrona onde estava sentada, sem que ninguém a visse, Millah observava justamente um homem ao piano, cujo perfil lembrava muito o de Irelias.

'Tausch', por um momento teve a impressão de que alguém se referia a ele por este nome. Mas isto não era o mais importante e Millah sequer deu muita atenção a esse detalhe.

De novo, experimentava a sensação de estar sendo profundamente traída. Podia sentir as lágrimas quentes escorrendo por sobre o seu rosto, a indignação pulsando em seu peito. No centro do palco, de costas para ela, outro homem, supostamente o comandante da orquestra, parecia analisar calmamente os comentários dos outros, que naquele momento ocupavam-se em guardar os seus instrumentos. Millah sentiu muita raiva dele. Embora falassem outro idioma, podia entender claramente o que diziam:

– É muito melhor que Tausch fique no lugar dela!

– Ele se afina melhor com a orquestra, já está acostumado a tocar conosco!

– Além do que, ela é sua esposa, não convém misturar as coisas!

– Ela tem as crianças para cuidar!

Diziam as vozes daqueles homens, que agora se misturavam em suas lembranças. Ainda sentindo-se na pele daquela mulher, Millah baixou a cabeça para chorar, desconsolada, até que, de repente, todas as luzes se acenderam e ela percebeu que o teatro estava cheio. Era uma noite de gala. Muitas pessoas arrumadas aguardavam a entrada da orquestra. Pelas roupas que usavam, pareciam de um tempo mais antigo. As cortinas se abriram e, para sua surpresa, no lugar do maestro, surgiu o pianista, o mesmo cujo rosto parecia guardar certa semelhança de traços com o de Irelias: Tausch.

– Não! – gritou assustada.

Abriu os olhos e percebeu que o avião havia acabado de pousar. Passageiros recolhiam sua bagagem de mão guardada nos compartimentos junto ao teto. Millah percebeu que Irelias estava prestes a descer. Arvorou-se literalmente por cima de todos e foi atrás dele. Atravessaram o aeroporto, desceram as escadas rolantes. Ele verificou o dinheiro que tinha na carteira, fez menção de chamar um táxi, acabou entrando em uma van, que acabava de parar no local. Millah entrou junto com os outros passageiros. 'Tausch'... ela ainda pensava consigo no caminho. Conhecia aquele nome. Logo que voltasse para casa iria buscar informações a seu respeito. E quem seria o maestro cujo lugar ele ocupara? Alguma coisa dizia-lhe que o fato ocorrera por volta de 1850 na Alemanha, precisamente em Dusseldorf. Mas de onde viriam estas informações que espontaneamente pareciam brotar em sua mente?

Parado agora diante de seu corpo na UTI, Melquisedec chorava em silêncio. Havia outro médico com ele. Era um neurologista. Doutor Nóbrega, estava escrito no crachá.

– Sinto muito, Melquisedec. Mas preciso ser sincero com você. É minha obrigação. A área afetada pelo traumatismo foi muito grande, são praticamente impossíveis as chances de... Bem, você sabe – ele disse, muito consternado.

Melquisedec apenas segurava a mão delicada da esposa, ligada a tantos aparelhos, e chorava cabisbaixo.

– Preciso agora... Vou precisar agora... – parecia tentar reunir forças em si mesmo para dizer – encontrar um jeito para... dizer isso aos meninos...

– Ela assinou o documento? – perguntou o neurologista, enquanto caminhavam pelo corredor de saída.

– Sim, assinou – confirmou Melquisedec, arrasado.

– Mas vocês sequer haviam conversado sobre isso antes com seus filhos? – insistiu o doutor Nóbrega, preocupado.

– Ainda não – confessou Melquisedec. – Vamos esperar alguns dias... Quem sabe um milagre... – imaginou, mesmo sendo descrente.

Sequer esperou pela resposta do colega. Parecia meio fora de si. Clara já o esperava no carro. No caminho de volta para casa, dirigiu em silêncio ao lado da filha, que ainda não conseguira parar de chorar. Eram tão parecidas as duas... Melquisedec lembrou-se do dia em que ele e Millah haviam decidido morar juntos.

Tudo acontecera muito de repente, quase tão rápido como num sonho. Já formado em medicina, ele fora até a cidade de Millah completar seu estágio de residência quando, um dia, sentido-se muito solitário, experimentara uma súbita e estranha vontade de aprender a tocar algum instrumento musical para ajudar a preencher seus raros momentos de tempo livre. Uma necessidade tão grande, quase como de ar para respirar. Chegava a levantar-se de madrugada procurando um piano, um instrumento qualquer onde pudesse extravasar seus sentimentos.

Acabara indo parar justamente na casa de Petúnia Edwiges, a mais renomada professora de música da cidade, que vinha a ser justamente a locatária do apartamento que ele alugava.

Curiosamente, porém, Petúnia nunca lhe deixou tocar uma nota sequer ao piano. Naquela época, sentia-se tão à vontade em sua companhia que, assim que ele chegava para a aula, ela já começava a contar-lhe as últimas sobre a sobrinha. Na época, Millah, que era dez anos mais nova do que Melquisedec, estava na Europa, onde acabara de ser aprovada com distinção para um de seus muitos cursos de especialização. A tia parecia estar de tal forma orgulhosa naquele momento que só tinha olhos para ela. E mostrar fotos da sobrinha, e comentar sobre suas performances perfeitas. Millah para ela era mais do que um troféu, o certificado vivo da qualidade de seu trabalho que ela agora, mais do que nunca, queria exibir a todos.

O mesmo aconteceu durante meses. Melquisedec chegava, abria o piano, e logo a tia vinha com as fotos, com as cartas, os certificados de Millah. Com o tempo, a vontade irresistível de tocar foi sendo pouco a pouco substituída pelas lembranças das fotos, das histórias que Petúnia contava sobre Millah. Até que a pianista, em pessoa, chegou de viagem, sem que Melquisedec houvesse aprendido sequer uma nota.

Era época de Natal e ele estava de partida para passar as festas com as sua família. Mas não teve como ceder ao irresistível desejo de enviar a ela um imenso buquê de flores com um delicado cartão de boas-vindas, falando-lhe de sua imensa admiração. Ela, por sua vez, respondeu com um atencioso telefonema de agradecimento na noite de Natal, que deixou o médico profundamente comovido. Conversaram durante horas. E de novo no Ano Novo, e nas semanas seguintes, com uma frequência cada vez maior.

Desde aquela noite de Natal, Melquisedec sentiu crescer por dentro uma espécie de fogo, uma vontade irresistível de estar com ela, de olhar dentro de seus olhos, ouvi-la tocar para ele. Especialmente para ele. Estava apaixonado. Perdidamente apaixonado. E não tardou a descobrir que era correspondido.

Tão logo começaram a namorar, porém, a família da pianista iniciou com um rosário de empecilhos. Não queriam que nada, nem ninguém atrapalhasse sua brilhante carreira. Melquisedec tornou-se uma pessoa indesejada aos olhos da professora, que não o quis mais como aluno. Mandaram Millah de volta ao exterior, inventaram intrigas, fizeram de tudo para separá-los. Chegaram mesmo ao requinte de convidar outro pianista para ir visitá-la na Alemanha – Petúnia e Dionéia faziam questão de acompanhá-la em todas as viagens ao exterior – e enviar fotos para Melquisedec ver; inventaram para Millah que ele havia ficado noivo.

A despeito de todo o esforço das duas, o médico recém-formado e a jovem pianista trocavam cartas apaixonadas e juntavam todo o dinheiro que ganhavam para gastar em ligações internacionais. Era como se todo o empenho em separá-los só servisse para fazer crescer ainda mais a afinidade e o amor entre os dois.

Ao fim de dois anos, quando Millah finalmente voltou para casa, Melquisedec já havia terminado seu estágio de residência médica e voltado para sua cidade de origem. Ainda assim, tão logo soube de sua chegada, correu a pegar um avião e veio especialmente para vê-la. Era um final de semana e combinaram de ir juntos ao cinema.

Millah se arrumava, toda contente, diante do espelho, quando Petúnia a surpreendeu, proibindo-a de sair. As duas discutiram, como sempre, Millah pareceu ceder às ordens e caprichos da tia. Fez, contudo, um único pedido à madrinha:

– Me deixe ao menos ir até lá na porta dizer que não vou poder ir. Afinal, ele pegou um avião, veio lá de longe só para...

A tia, contudo, foi categórica, nem ao menos permitiu que terminasse de falar:

– Se você sair por esta porta, nunca mais entra aqui, ouviu bem? Nem para pegar uma agulha! – decretou, exaltada.

Apaixonada, Millah desta vez não conseguiu baixar mais a cabeça. Entre gritos e ameaças, passou a mão na bolsa e saiu, levando apenas sua carteira de identidade. Naquele momento, sequer imaginava que estava sendo forçada a optar entre o caminho da carreira profissional, cada vez mais ascendente, e a sua própria liberdade.

Deixou tudo para trás. Joias, roupas, partituras, livros raros, casacos de pele, tudo o que comprara com o fruto de sua juventude inteira de esforço e sacrifícios. Como houvera prometido, a tia jamais deixou que voltasse a entrar em casa para buscar nada seu. De quebra, ainda se deu ao trabalho de ligar para um professor conhecido na Europa e de inventar uma calúnia de repercussão internacional, de forma a cancelar os 28 concertos que Millah tinha agendadas até o final daquele ano. Aparentemente, era o fim da carreira da jovem e promissora intérprete.

Melquisedec estava ao lado dela, quando discutiu com o empresário ao telefone.

– Se você não voltar hoje mesmo para a casa de sua tia, vou cancelar todas as suas apresentações! – ele foi categórico ao ameaçar.

– Pois o dia em que o senhor tiver um lance melhor pela minha liberdade, então o senhor volte a me ligar! – decidiu Millah, impetuosa.

Três meses depois, Millah e Melquisedec estavam casados.

Melquisedec estacionou o carro diante da garagem de casa e respirou fundo. Pareceu tomar fôlego para dizer algo de muito importante à filha, mas ela o interrompeu:

– Só fico me perguntando onde é que a pessoa fica enquanto seu corpo está em coma – Clara divagou.

– Pai! Clara! Que bom que chegaram! Johan não quer abrir a porta do quarto de jeito nenhum! – Frederico foi até eles aflito. – E como é que está minha mãe?

Millah, enquanto isso, seguia Irelias pelas ruas de sua cidade natal. Estava ao mesmo tempo emocionada e incrédula. Sentiu sua pulsação disparar no momento em que ele virou na esquina da rua onde por tantos anos vivera. Só não imaginava que ele fosse direto até a porta da casa de onde um dia fora expulsa. Era a primeira vez que voltava a pisar ali depois de todos aqueles anos. Não, não era possível. Ela não queria, não podia acreditar! E se elas tivessem se mudado dali? Se tivessem vendido a casa para outra pessoa? Mas como Irelias fora se relacionar justamente com essa pessoa? Seria alguém da família dele?

Os pensamentos passavam-lhe pela mente a uma velocidade tão vertiginosa que Millah sentiu um torpor gelado subindo-lhe pela testa, teve a impressão de que estava prestes a desmaiar no momento em que ouviu o barulho de um molho de chaves, do outro lado da porta. Quem estaria ali?

6

SENTADO DIANTE DE seu computador, que imprimia folhas sem parar, Johan parecia muito bravo. Todas as folhas traziam a mesma imagem. "Julius Tausch, 1827-1895. Compositor alemão, notável diretor de orquestra. Escreveu música romântica, especialmente sinfônica" – dizia a legenda. Em ato quase mecânico, Johan ia arrancando uma a uma as folhas da impressora, olhava fundo nos olhos da imagem, depois amassava com raiva e jogava no chão, antes de recomeçar a tarefa, como se estivesse diante de uma nova imagem. Havia já uma pequena montanha de bolas de papel amassadas a seu lado, sob o fundo musical altíssimo da *Patética* de Beethoven.

– Não é notável! Não é notável! – repetia, zangado, sacudindo a cabeça.

Foi quando se ouviu o barulho na fechadura do quarto. Era Melquisedec, o único que tinha todas as chaves da casa.

– Johan, o que significa isso? – perguntou, entrando nervoso e esbaforido, diante do barulho da impressora que apitava, anunciando o término de mais uma folha.

Clara e Frederico vieram logo atrás.

Na mesma posição em que estava, Johan permaneceu, sem interromper sua 'tarefa'.

– Ele destruiu o meu aniversário – respondeu simplesmente.

Só então todos se lembraram. Diante de tantos acontecimentos dramáticos, tinham até se esquecido da data importante que então comemoravam. Clara e Frederico correram a abraçar o irmão. Ambos pareciam entregues àquele momento de emoção. Johan, porém, permaneceu impassível, apenas esperando que o abraço acabasse. Era como se agora não mais se importasse. Por um tempo, Melquisedec ficou ali olhando a cena, parado na porta, sem saber o que dizer. Sentia-se prisioneiro de um pesadelo sem fim.

– Ele quem, filho? – ousou perguntar, ainda incrédulo, tentando entender a frase de Johan. – Quem destruiu o seu aniversário? – disse, após alguns passos, agachando-se para ver o que estava escrito na folha que Johan acabara de amassar.

– Ela não vai morrer. Eu não vou deixar ela morrer! – Johan disse apenas, saindo de dentro do abraço dos irmãos. – Eu não vou deixar, viu? – pulou de forma a arrancar e amassar de novo a folha que o pai tinha nas mãos.

Clara e Frederico se olharam. Ambos tinham os olhos molhados. Nunca haviam presenciado uma alucinação deste tipo de Johan. Será que já tinha experimentado antes algo parecido? Ninguém sabia dizer. Apenas Millah convivia intensa e intimamente com ele, somente ela saberia esta reposta. E, com certeza, se algo semelhante já tivesse ocorrido antes, ela não teria contado a ninguém. Fazia de tudo para proteger o filho.

– Quem contou a ele? – Melquisedec perguntou baixo, ainda pensativo, verificando agora outra folha amassada no chão.

– Não mexa nisso! Ninguém me contou nada – disse Johan, arrancando-lhe também a folha amassada das mãos. – Eu sei! Sei de tudo...

Amassou novamente a folha e lançou-a pela janela com raiva.

– Não faz isso! – Clara ainda tentou impedi-lo. – Mamãe já não ensinou que não pode jogar nada pela janela? É feio jogar lixo na rua, no jardim de casa!

Ele, porém, voltou-se com outra fisionomia e outro tom de voz, deixando todos ainda mais confusos. – A mamãe chegou? Eu sabia que ela vinha para o jantar! Ela disse que ia preparar uma coisa especial para mim! Será que já está pronto?

De novo todos se olharam, sem saber o que dizer.

Longe dali, ainda diante da entrada da residência de Petúnia Edwiges, Millah experimentava a sensação de estar lentamente perdendo as forças. Um mistura de medo e ansiedade foi aos poucos tomando conta de todo o seu ser. Os segundos pareciam intermináveis, enquanto trancas e mais trancas iam pouco a pouco sendo retiradas até que o pequeno portão finalmente se abrisse.

Bastou avistar os pequenos e longos dedos para que tivesse a certeza de quem se tratava. Neste exato instante, sentiu como se tudo rodasse, as luzes escureceram, ela não viu mais nada. Nem mesmo percebeu quando braços a ampararam, retirando-a rapidamente dali.

Tempos depois, abriu os olhos e viu que estava deitada em um local bastante familiar. Uma caminha de molas velha, que ficava num canto da pequena oficina que um dia pertencera ao seu avô, nos fundos da casa. Para sua surpresa, notou que a oficina continuava montada exatamente como nos tempos em que o avô ainda era vivo. A não ser pela poeira e pelas muitas teias de aranha, sentia-se como se o local ainda lhe pertencesse. Cada peça, cada ferramenta estava no mesmo exato lugar onde o avô as deixara depois de utilizá-las pela última vez, há mais de trinta anos. Só então, ainda envolvida pela profunda nostalgia que o ambiente lhe despertava, notou que alguém a observava, sentado na antiga cadeira de balanço. Mas não era o avô. Ele parecia olhá-la também com muitas saudades do tempo que passou:

– Pai! – ela arregalou os olhos assustada, por pouco não vê tudo rodar novamente..

Geraldo Magela, o pai de Millah, havia falecido há muitos

anos, pouco tempo depois de seu casamento com Melquisedec. Não podia nunca estar ali, não tinha como. Devia ser outra pessoa, um caseiro certamente. Mas... Aquele olhar...

– Por que tanto espanto? – ele disse, levantando-se finalmente da cadeira.

– Eu... o senhor... – Millah procurava as palavras para explicar sua dúvida.

Tinha vontade de correr e abraçá-lo, mas ao mesmo tempo tinha medo.

– Pensou que eu tivesse morrido? – ele deduziu, com certa ironia, virando-se para a janela. – A verdade é que nem sentiu a minha falta. Ninguém nunca sentiu a minha falta...

Só então Millah percebeu que havia algo diferente nele. Havia muita mágoa em sua voz. Além disso, tinha um aspecto sujo, desleixado, os cabelos muito atrapalhados.

– Não é verdade, eu... – ela tentou aproximar-se, mas de imediato sentiu como se estranha força a repelisse.

O olhar aparentemente terno de poucos instantes atrás adquiriu um brilho estranho, quando ele novamente virou-se dizendo:

– Elas pensam que me mataram! E bem que tentaram, mas não conseguiram!

Agora eu é que vou matar as duas! – disse, antes de deixar o quarto, arrastando uma das pernas, a qual parecia paralisada.

Não parecia muito bem da cabeça. Millah foi atrás dele, mas outra vez distraiu-se com suas lembranças e acabou perdendo-o de vista. O que, afinal, estaria acontecendo? Não conseguia entender. Tudo aquilo parecia tão insólito, tão irreal... Primeiro o sonho, no avião, com aquele estranho teatro, onde Irelias parecia ser outra pessoa, agora o pai... Afinal, tinha ou não tinha morrido o pai? E Irelias, a essas alturas? Onde estaria?

Millah seguiu andando, confusa, pelo antigo jardim, ainda chamando por Geraldo.

– Pai, espere... Vamos conversar – ainda tentou pedir.

Foi quando avistou a velha mangueira que um dia fora plantada por vô Alarico. Seus galhos iam até o terraço envidraçado. Millah deteve-se para admirá-la. Por alguma razão, Petúnia não a retirara dali. E nem o balanço, feito pelo avô, onde, quando menina, gostava de se balançar.

Por alguns momentos permaneceu ali paralisada, lembrando-se do maravilhoso jardim onde tantas vezes brincara ao lado dos avós, das mimosas roseiras que a avó cultivava com tanto carinho e que ela tantas vezes ajudara a podar. Não havia mais nada, nenhuma praga sequer. Petúnia mandara cobrir de pedras todo o pátio. Pedra e cimento. Restara apenas a mangueira. Solitária, perseverante, sem frutos.

Millah ainda admirava-lhe as folhas, pensando em seu distante passado, quando a tia surgiu na sacada, com sua voz grave, altiva e tonitruante, quase rouca. Novamente sentiu-se gelar por dentro. Não dava para ouvir o que estava dizendo, posto que falava muito baixo. Mas Millah seria capaz de reconhecer aquele tom, ainda que mil anos se passassem. Petúnia tinha o dom de imprimir às palavras certo visco amargo, mesmo quando pronunciava as frases mais forçadamente doces.

Millah deu alguns passos para trás, até poder vê-la nitidamente. Irelias estava a seu lado. Era com ele que ela conversava. A mesma Petúnia Edwiges de sempre. Embora fragilizada pela idade, conservava no olhar a mesma altivez, a mesma soberba que sempre a caracterizara. Expressava isso no vestir, no falar, em cada gesto, em cada passo. Era como se lhe faltasse o componente da doçura à sua tão ríspida figura, como se não houvesse sentimentos por dentro daquele ser humano. Ainda assim, Irelias parecia hipnotizado por ela.

Como que tomada por aquele redemoinho de angústias e lembranças dolorosas, Millah começou a sentir dentro de si o zumbido do vento que começava a soprar cada vez mais forte.

– Vem chuva aí. Vamos entrar! – Petúnia disse alto, de repente, puxando Irelias para dentro.

– Então a senhora concorda com a minha ideia? – ele perguntou, também tentando sobrepor-se ao barulho do vento.

– Vamos ver o que Dionéia acha disso! – tornou Petúnia, já fechando a porta de vidro.

Millah tinha os olhos rasos d'água, sentia-se tomada por grande emoção, ainda fortemente atada àquele seu passado que já julgava esquecido. Quando deu por si, estava de pé na varanda, bem diante da porta que Petúnia estava acabando de fechar. Mal teve tempo de pensar como isto poderia ter acontecido. A emoção era muito mais forte do que a razão.

– Então vocês tiveram mesmo a coragem? – disse, interpondose por entre a porta, pouco antes que a tia acabasse de fechála. – A senhora ordenou a Irelias que fizesse tudo isso só para me prejudicar?

Petúnia, no entanto, agiu como se ignorasse sua presença. Virou o trinco calmamente e continuou seu trajeto em direção à sala mais ampla, onde Dionéia os aguardava com o chá.

Tudo ali parecia ter parado no tempo. Quase como se ela nunca houvesse saído de lá. Foi entrando devagar atrás dele, detendo-se a cada objeto, até deparar-se com a mãe, sentada de costas para a parte envidraçada da sala. Ao contrário da tia, assim vista de costas não parecia ter envelhecido nem um só dia. Os mesmos cabelos artificialmente tratados, a voz provocante, o mesmo balançar de pernas cruzadas a demonstrar sua ansiedade de sempre:

– A senhora não vai me cumprimentar? Não está me vendo aqui? – disse, encarando-a, com grande mágoa.

– Não sei bem se tudo isto vai adiantar... Millah vai acabar conseguindo provar sua inocência. Ela tem muitos amigos na cidade onde mora! – opinou Dionéia, servindo Irelias de chá.

– Por que a senhora está dizendo isto? – inquietou-se Millah à sua frente.

– Ainda assim, Dionéia! Você não imagina a repercussão que esses fatos têm lá fora! Afinal, todos os músicos estrangeiros ficarão sem receber. Existem fatos que não há como esclarecer – Petúnia argumentou, mexendo ritmadamente o seu chá.

– Vocês não têm o direito de fazer isso! – soluçou Millah, desesperada. – Por que estão fazendo isso de novo comigo? O que pretendem, afinal?

Os três, contudo, continuavam a agir como se ela não existisse, como se não estivesse ali, agora, diante deles. Millah entrou em estado de choque. Começava a se sentir muito confusa. Não era possível. Tudo aquilo não poderia estar acontecendo. Ao mesmo tempo, sentia de novo a cabeça doendo, uma sensação estranha de algo incomum se passando lá dentro.

Foi neste momento que avistou outra vez a figura paterna passando pelo outro lado da sala. Ele parou diante de uma das imensas estantes de livros, parecia ocupado em procurar alguma coisa.

– Mas você tem certeza de que em nenhum momento Millah desconfiou de nada?

Sim, porque aquela dali é muito esperta! Tenho certeza de que...

– Como não desconfiei de nada? – Millah já se prontificava a dizer.

– Esperta! Esperta coisa nenhuma! – Petúnia atalhou antes.

– Se fosse mesmo esperta, não teria abandonado a vida de esplendor e glória que nós preparamos para ela, não teria trocado tudo por essa vidinha ordinária de dona de casa, organizadora de eventos!

Millah ficou um tempo parada, como que de novo esbofeteada por suas palavras.

– Pois fiquem sabendo que ordinária ou não, essa foi a vida que eu escolhi para mim! – ela as enfrentou. – E que sou muito feliz com...

A mãe e a tia, contudo, continuavam falando com Irelias, como se ela não existisse. Não era normal. Millah conhecia bem as duas, não podia ser simplesmente desprezo. Afinal, ambas carregavam em si o sangue quente dos italianos. Por que estavam agindo daquela forma? Por que não discutiam com ela? Por que não a expulsavam dali?

– Continuo achando arriscada essa história do Irelias se recusar a depor! Pode acabar se incriminando à toa – ponderou Dionéia, devolvendo sua xícara.

Millah ficou quieta para tentar entender o que estavam dizendo.

– Falando nisso, você fez o depósito na conta que eu pedi? – Petúnia perguntou a Irelias.

– Sim, fiz. Mas por quanto tempo vamos deixar lá? – ele quis saber.

– As senhoras sabem, não estou exatamente numa boa situação e...

Parecia até que estava arrependido. Não de ter participado de toda a falcatrua. Mas de ter depositado tudo na tal conta.

— Fique tranquilo — disse a professora, preenchendo uma folha cheque. — Creio que esta quantia vai ser suficiente para você arranjar sua vida até podermos mexer nesse dinheiro... — ela destacou a folha. — Enquanto isso, olhe lá! Limite-se a responder estritamente o que o advogado lhe disser — alertou-o.

— Mas... Que advogado? — ele pegou o cheque, ainda atônito. — Sinceramente, ainda não consegui entender aonde as senhoras estão querendo chegar com...

— Querido, você não tem de entender nada! Você só precisa fazer exatamente o que estou dizendo a você. Afinal, você confia ou não confia em mim? E atenção! Muito cuidado para não atender a nenhuma ligação de Millah! — ela foi encaminhando-o gentilmente até a escada.

Os dois desceram combinando alguma coisa sobre advogado, depoimento, mas Millah decididamente não conseguia registrar nada do que diziam. Estava atônita demais para se ater a detalhes.

Depois que Irelias saiu, Millah ainda continuou na sala, olhando ora para a mãe, ora para a tia. Não era possível que não a estivessem vendo também. Por que a ignoravam? O que pretendiam, afinal? Como tinham coragem de dizer tudo aquilo na frente dela, como se nem existisse, como se nem estivesse ali? Não conseguia compreender.

— E quando passamos para a segunda parte do plano? — perguntou Dionéia, tão logo Petúnia voltou.

— Cada coisa a seu tempo. Vingança é um prato que se come frio, Dionéia — respondeu Petúnia, sentando-se calmamente diante do piano e aprontando as mãos numa postura própria para começar a tocar.

— Frio e com batatas, você se esqueceu de dizer — disse Geraldo de onde estava, complementando irônico a frase de Petúnia, sem tirar os olhos da estante.

— Você conseguiu falar com o tal médico que trabalha com Melquisedec no hospital — perguntou Dionéia, recolhendo as xícaras.

— Como assim? — desesperou-se Millah.

– Não seja tão ansiosa. É claro que ele vai concordar em nos ajudar. Tudo vai acontecer exatamente do jeito como nós planejamos – respondeu Petúnia, começando a dedilhar os primeiros acordes da *Sonata ao luar*, de Beethoven.

Em casa, a situação também estava cada vez mais tensa. Acostumada aos hábitos da família, Paula fizera o possível para tornar menos dolorosa a noite dos meninos. Entre lágrimas de muita aflição, encontrara na geladeira os ingredientes que Millah comprara antecipadamente para o jantar de Johan, conseguira até preparar para a sobremesa o pudim de *marshmellow* que ele adorava – até então uma especialidade exclusiva da patroa.

Em vez de sentir-se confortado, porém, Johan teve nova crise na hora do jantar:

– Só vou comer quando a mamãe descer do quarto! – disse convicto, empurrando o prato.

– Como assim, Johan? – Frederico não entendeu.

– Ela está lá em cima, eu sei. Está zangada com meu pai por causa daquele Julius Tausch!

– Que Julius Tocha, Johan, faça-me o favor! – Melquisedec perdeu a paciência. – Agora chega! Deixe de ser ingrato e coma a comida que a Paula preparou para você! Hoje foi um dia bastante exaustivo para todos nós!

– Tausch! Julius Tausch! – corrigiu Johan, enfrentando-o como nunca antes o fizera. – Não adianta me enganar! E se trocar minha mãe por ele, na sua orquestra, eu nunca mais vou perdoar você por isso!

Atirou longe o prato e subiu correndo as escadas. O barulho da louça espatifando-se ecoou por toda a casa.

– Johan, volte aqui! – gritou Melquisedec, fazendo o possível para conter-se.

– Nunca mais, ouviu? Depois, quando ele roubar também o seu lugar, não diga que eu não avisei!

– Johan! – Melquisedec fez menção de subir atrás dele.

Clara o conteve.

– Não vai, pai. Senta! Se a minha mãe estivesse aqui, não deixaria você ir... Espera ele se acalmar...

Melquisedec respirou fundo. Lá debaixo, puderam ouvir o estrondo quando Johan bateu de novo a porta do quarto. Desta vez, até o lustre da sala estremeceu.

Novamente Clara segurou o pai, que se sentou, vencido.

– Afinal de contas, de que será que ele está falando? – Clara pensou alto.

– Não sei. Estou com a impressão de que ele surtou de tanto pesquisar sobre pianistas do passado – comentou Frederico, enquanto Paula vinha da cozinha com a vassoura para limpar os cacos. – Desde que cheguei que estou achando Johan muito estranho!

– O que deu nele? – Frederico perguntou ao pai. – Não estava assim da outra vez que eu vim aqui!

– E se a gente ligasse para o médico dele, pai? – sugeriu Clara.

Melquisedec, porém, tinha a testa apoiada entre as duas mãos. Parecia exausto.

– Não sei, não sei... São tantas coisas a resolver, tantas decisões a tomar...

– Você não acha que talvez fosse bom a gente avisar os parentes da mamãe? Explicar para a família a situação dela? – opinou Frederico.

– É, pai, eu também estava pensando nisso... – concordou Clara.

– Não, isso não! – Melquisedec respirou fundo e também empurrou seu prato para frente, sem conseguir alimentar-se. – A família dela somos nós! Aquelas duas nunca se preocuparam em saber nada sobre Millah, nunca telefonaram para saber de nenhum de vocês!

Não ligaram.

***

Cinco dias se passaram. O quadro de Millah no hospital continuava o mesmo: coma profundo, sem qualquer previsão de melhora. Enquanto Clara e Frederico se desdobravam em cuidados nos raros momentos de visita na UTI, fazendo o impossível para tentar sensibilizar a mãe de forma a trazê-la de volta de seu aparente estado de sono profundo, Melquisedec emagrecia a olhos vistos.

Como médico e diretor do hospital, podia entrar e sair da UTI quantas vezes quisesse. E era só isso agora o que fazia. Entrava, verificava todos os aparelhos, fazia seus próprios exames e medições. Infinitas vezes ao dia. No restante do tempo, caminhava sozinho pelos jardins do hospital, não raras vezes falando e gesticulando sozinho, como um louco.

Parecia fora de si em seu desespero, não atendia mais a nenhum paciente, mal conversava com os filhos.

Temporariamente esquecida de toda a vida que construíra fora dos muros daquela casa, Millah sentia-se novamente tão prisioneira quanto em sua adolescência, agrilhoada a sentimentos de mágoa, de indignação, de desilusão profunda. Como se houvesse caído subitamente em um abismo profundo, do qual não tinha mais forças para conseguir sair. Todas as noites, mesmo depois que a mãe e a tia se recolhiam, ela continuava andando pela casa escura, sem sequer ver os dias passarem, torturada por suas angústias, por tantas questões que não conseguia entender. Sentia-se mesmo como se estivesse prestes a enlouquecer, em meio a todo aquele inevitável mergulho no passado.

Intrigava-lhe sobremaneira a estranha presença do pai, também andando pela casa, seguindo os passos da mãe e da tia. Ele agora também não falava mais com ela, não respondia a nenhuma de suas perguntas. Ao contrário do que acontecia com a mãe e com a tia, porém, sua atitude não parecia ser proposital. Em alguns momentos, Millah tinha mesmo a sensação de que ele não a via. O mais curioso de tudo é que elas também não falavam com ele, embora ele completasse quase tudo o que elas diziam com seus comentários irônicos.

Afinal, estaria ou não estaria morto? Definitivamente Millah não conseguia chegar a uma conclusão. Mas como poderia estar ali se estivesse morto? Será que inventaram também a morte de Geraldo? Mas com que intuito? Havia algo de muito estranho naquilo tudo que ela não conseguia explicar.

Deixou-se cair numa poltrona e passou a rever, em *flashes*, toda uma série de situações passadas ligadas ao pai. Sim, apesar de tudo, sentia por ele alguma ternura. Afinal de contas, era seu pai, nunca lhe fizera nenhum mal. Não tinha tantas mágoas com relação a ele como as tinha com relação à mãe e a tia. A vida toda entendera que ele não era como elas. Apenas não acreditava o suficiente em si mesmo para fazer frente às deliberações das duas. Era como se elas houvessem sugado-lhe todo o seu amor-próprio, esvaziado por completo a autoestima de Geraldo com seus comentários depreciativos de sempre.

Houve um tempo em que Geraldo enfrentava Petúnia, em que parecia mesmo sentir prazer em agir de forma a contrariá-la. Talvez, por isso, a tia o odiasse tanto...

Millah sorriu ao se lembrar de toda a controvérsia que cercara a escolha de seu nome, em função de uma dessas atitudes inesperadas de seu pai.

Naquele dia, por ocasião do nascimento de seu terceiro filho, primeira menina depois de dois rapazes, Geraldo saíra de casa com a incumbência de batizá-la com o mesmo nome da cunhada. Petúnia seria também a madrinha da menina, numa dupla homenagem da irmã, que já sonhava para sua única filha mulher um futuro promissor como grande pianista. E fora justamente com esta recomendação que Geraldo saíra de casa: registrar a criança como Petúnia Edwiges.

Homem simplório e constantemente desprezado pela cunhada rica – sempre disposta a satisfazer as mínimas vontades da irmã, como forma de compensá-la pelo que o marido não tinha condições de lhe dar com seu humilde emprego de corretor de seguros –, Geraldo com toda a certeza devia ter em mente que Petúnia Edwiges era o último nome que gostaria de pôr na filha. Mas não disse nada. Apenas obedeceu, como sempre.

Por ironia do destino, no entanto, bem ao lado do cartório havia um botequim, onde ele encontrou-se com um colega de profissão e, juntos, entre um gole e outro, selaram o destino da filha:

– Se é para ser pianista, por que você não coloca o nome de uma nota musical? – sugeriu o colega.

Geraldo gostou da ideia. E assim surgiu Millah, cujos acréscimos vieram de sua intuição do pai. Corajoso em sua decisão, ele só manteve o nome Edwiges porque não queria confusão com a sogra, que fazia questão de que todas as mulheres da família tivessem este segundo nome, em homenagem a Santa Edwiges, de quem era profundamente devota e admiradora, "para que nunca lhes faltasse a clara visão sobre todos os acontecimentos da vida, a compaixão por todos os pobres e endividados". Geraldo Magela, cuja mãe também fora fiel devota do santo de mesmo nome, respeitava muito essas coisas. Afinal, como sempre gostava de contar aos filhos, São Geraldo Magela era o protetor, entre outras causas, de todos aqueles que são acusados injustamente.

Até hoje, Millah, que tinha orgulho de se lembrar dessa história, não conseguia entender como é que a mãe, do jeito que era, fora um dia se envolver com alguém tão diferente como o pai. O fato, porém, é que, até onde ela sabia, os dois jamais se separaram. Com o passar dos anos, Geraldo fora como que se deixando dominar cada vez mais por essa situação, em contrapartida passando também a beber cada vez mais. Até o ponto de vir a ser comumente designado pela cunhada como 'o bêbado' . Foi assim que ela passou a se referir a ele, como mais uma forma de humilhá-lo perante a família.

Justamente por tudo isto é que até hoje lhe soavam estranhas as circunstâncias que cercavam a suposta morte do pai. Ao que fora informada, saíram os três para almoçar: Geraldo, Petúnia e Dionéia, o que por si só já era um fato inédito em toda a história de relacionamento dos três. Geraldo, então, teria se excedido na comida e na bebida, vindo a falecer de um infarto súbito e fulminante na volta para casa.

Millah sequer teve tempo de comparecer ao enterro. Com seus conhecimentos, Petúnia providenciou para que o enterro acontecesse tão rápido que, ao ser informada do ocorrido, poucas horas depois, o pai já havia sido sepultado. E aquela perna manca? Como, quando teria ficado assim? De novo os fatos pareciam não se encaixar.

Vira o pai pela última vez pouco antes de se casar. A pedido da tia, ele fora até São Paulo, onde ela então vivia com Melquisedec e os futuros sogros. Naquele momento, tudo o que ela queria era pensar que tudo não passara de um engano seu, que sua família não era exatamente do jeito como ela então se vira obrigada a enxergar. E foi o que ela pensou quando avistou, pela janela do quarto, o pai chegado pela calçada, junto com aquele senhor que ela não conhecia. Era óbvio que ela não se opunha a voltar para casa, queria apenas ser respeitada em suas próprias decisões, ter o direito de escolher o que achava melhor para si.

E foi pensando assim que ela desceu correndo para recebê-lo. O pai, no entanto, exalando álcool como sempre, só se mostrou preocupado em convencê-la a conversar a sós com o senhor que o acompanhava.

Millah não entendeu. Era um homem esquisito. Parecia fixado no intuito de falar-lhe sobre o perigo da influência de demônios na vida de uma pessoa. Por fim, após quase uma hora de uma arrastada falação que não saía do mesmo lugar, ela expressou sua suposição:

– Desculpe perguntar, mas o senhor é padre?

Era. Mais do que isso: o pai havia levado um exorcista para persuadi-la a voltar para casa. Para a família, ela estava possuída. Mais algumas horas de conversa e o pai acabou convencendo-a com outra armadilha. Ao saber que sua mãe estava 'muito doente e sofrendo muito por sua causa', imediatamente ela prometeu voltar com ele, ainda que fosse apenas para vê-la por algumas horas, como o pai lhe pedia. Partiram, então, para o aeroporto, sem sequer avisar nada a Melquisedec. Ela, o pai e o padre.

Por problemas de filas de espera, no entanto, não havia como embarcar os três na mesma aeronave: só havia dois lugares disponíveis no avião. Depois de muita discussão, já mostrando-se um tanto quanto impaciente com a situação, o próprio atendente do balcão da companhia aérea surpreendeu-os com a inusitada sugestão:

– Por que não fazem um sorteio?

Fizeram. Por ironia do destino ficou Millah, sob a promessa de que iria no voo logo em seguida.

Todavia, chegada a hora de seu embarque, ao se aproximar do balcão, ainda dividida entre o dever da promessa e o receio de não estar tomando a melhor decisão, lembrando-se do temperamento de Petúnia e Dionéia, Millah foi novamente surpreendida pelo jamais esperado: como que tomada por uma espécie de transe, a atendente de repente parou tudo e deu o alerta:

– Isso nunca me aconteceu antes, mas preciso muito dizer uma coisa a você...

– Como assim? – estranhou Millah.

– Escute o seu coração antes de fazer algo contrariada! – sentenciou a moça.

Neste momento, Millah olhou para o lado e teve a sensação de ver seu avô, de costas, seguindo em direção à saída do aeroporto. Emocionada, tomou sua decisão e não foi. Pouco tempo depois, ficaria sabendo, por um de seus irmãos, que uma grande armação a aguardava em sua cidade natal, onde uma ambulância já aguardava sua chegada, com instruções de levá-la dali diretamente para uma instituição de tratamento psiquiátrico, com a desculpa de a estar levando para o hospital, onde teoricamente a mãe estaria internada. Seus irmãos... Por onde andariam seus dois irmãos?

Lembrando-se agora de tudo isso, subitamente Millah teve um rompante. Só naquele momento lembrou-se do marido, dos filhos, do carro batido, do aniversário do Johan! Onde estava com a cabeça, quando deixara tudo para trás para seguir Irelias até a casa da tia, em outro estado? – angustiou-se, já pensando no que fazer para ir embora dali. E Irelias? Fazia já muito tempo que saíra da casa de Petúnia, mas não voltara mais ali. Será que já recebera a visita do advogado? Millah perdera completamente a noção de tempo. Quantas horas fazia que ela estava ali?, perguntava-se.

Foi quando ouviu o barulho do telefone tocando, o som estridente ecoando por toda a casa. Do quarto onde estava, sua mãe foi quem atendeu.

– Millah? Em coma? Mas como isso aconteceu? – sua voz ecoou por toda a sala.

Petúnia veio vestindo o robe pelo corredor, Geraldo, em espírito, logo surgiu atrás dela.

– Eu? – Millah olhou para o próprio corpo. – Não! Não pode ser! Isso deve ser mais uma armação das duas! – concluiu, imaginando ser esta a explicação para que a tivessem ignorado desde o momento em que entrara ali.

– Entre a vida e a morte há quase uma semana? – exclamou Dionéia horrorizada.

– Quase uma semana? – Millah repetiu confusa. – Já tem todo este tempo que estou aqui?

– Nós estamos indo para aí! – disse Dionéia.

– Estamos? – questionou Petúnia.

– Sim, nós estamos – Geraldo disse a seu lado.

Foi nesse exato momento que os olhos de Millah, ainda atordoados com tudo aquilo, se encontraram de novo com os olhos de Geraldo e ela novamente teve a sensação de que ele a olhava com ternura de pai.

Do outro lado da linha, Melquisedec depositava o fone no gancho e apertava as mãos, angustiado. Tinha a sensação de que se precipitara em dar aquele telefonema.

– Você fez o que tinha que fazer, pai – Clara tentou tranquilizá-lo. – Nós tínhamos que avisar para elas!

– Tomara que você esteja certa, minha filha... O medo que eu tenho é de prejudicar ainda mais a sua mãe com essa atitude – ele lamentou, ainda inseguro.

ADÁGIO[3]

---

[3] Movimento de expressão terna e patética que comove a alma,
despertando nos outros os sentimentos de que estamos possuídos.

"Eu, Millah Edwiges, diante de uma situação de doença grave em progressão e fora de possibilidade de reversão, apresento minhas diretrizes antecipadas de cuidados à vida.

Se, em algum momento, chegar a padecer de alguma enfermidade ou situação manifestamente incurável, que me cause sofrimento ou me torne incapaz para uma vida racional e autônoma, faço constar, com base no princípio da dignidade da pessoa humana e da autonomia da vontade, que aceito a terminalidade da vida e repudio qualquer intervenção extraordinária, inútil ou fútil. Ou seja, qualquer ação médica pela qual os benefícios sejam nulos ou demasiadamente pequenos e não superem os seus potenciais malefícios.

Admito ir para a UTI somente se tiver alguma chance de sair em menos de quinze dias; não aceito que me alimentem à força; nem ter a continuidade da vida subordinada a máquinas artificiais. Se não puder demonstrar vontade de comer, recuso igualmente qualquer procedimento de suporte à alimentação; assim como não quero ser reanimada no caso de parada respiratória ou cardíaca".[4]

---

[4] Esta carta fictícia foi redigida com base no modelo de testamento vital publicado pela revista *Veja*, edição 2.286, de 12 de setembro de 2012, como parte da matéria de capa intitulada "Eu decido meu fim" e refere-se à então recente decisão do Conselho Federal de Medicina que teria mudado

Sentado diante da porta aberta de um cofre, no quarto do casal, Melquisedec relia, emocionado, o testamento vital da esposa. Em seu íntimo, abominava o dia em que ele mesmo redigira aquele documento, como modelo para os pacientes que desejassem deixar registrado o tratamento que gostariam de receber quando se vissem na iminência de seu momento final. E pensar que ainda fizera uma cópia para a esposa... Millah assinara o papel sem sequer pestanejar, numa atitude de total confiança em suas opiniões como médico. Como ele queria, agora, que ela o tivesse questionado naquela ocasião!

"E quem me garante que não vou querer ficar preso a uma máquina para ter o prazer de ver meu neto nascer?" – vinham-lhe à mente as argumentações de seu colega cardiologista que, justamente por sua posição considerada radical, acabara por perder para Melquisedec a diretoria do hospital.

A diretora acima deles no conselho, responsável por quase todas as nomeações e indicações de cargos de chefia na cidade onde residiam, era ferrenha defensora do testamento vital como "direito inalienável do ser humano decidir dignamente como viver quando a morte chegar". Para ela, o testamento vital, longe de ser encarado como qualquer procedimento que lembrasse a eutanásia, deveria ser considerado como grande avanço, uma das maiores conquistas da medicina nas últimas décadas, "servindo, inclusive, como uma proteção para situações comuns e quase inescapáveis, nas quais as inumeráveis inovações e modernidades científicas acabam por embaralhar os limites da vida tornada insuportável pela doença – e só mantida por meio de tubos, fios e sondas", como costumava sempre argumentar. Se era verdade, porém, que tal documento "reabria a possibilidade de uma morte digna e natural", como preconizavam seus defensores, Melquisedec, a essas alturas do campeonato, já não tinha mais tanta certeza disto.

Por diversas vezes, intelectualmente delirara ouvindo-os falar.

---

a conduta do médico brasileiro ao reconhecer a legitimidade do chamado testamento vital ou documento de diretrizes antecipadas.

Concordara com a diretora do conselho em gênero, número e grau; fizera dele as palavras dela. Afinal, era absurdo o custo gerado por todas estas máquinas para manter um único paciente! E era tão grande a sua empolgação quando narrava tudo isso a esposa que em nenhum momento Millah enxergara razões para pensar diferente do esposo. Talvez pela diferença de idade entre os dois, ou mesmo pela situação de fragilidade com que se vira colocada nas mãos dele, ainda tão jovem, Melquisedec sempre exercera uma espécie de domínio, de liderança inquestionável sobre a esposa.

Agora, no entanto, encarando com saudades a foto da pianista sorrindo para ele na mesinha de cabeceira, Melquisedec pensava que preferia vê-la submetida a todas as opções terapêuticas para prolongar sua existência, mesmo que isso lhe custasse todo o seu dinheiro e que não houvesse a menor possibilidade real de mantê-la sem nenhuma sequela. Millah era tudo para ele, era quase impossível imaginar a vida sem ela. Seria errado sentir isso?, questionava-se, olhando mais uma vez para o documento, ainda sem saber como fazer para quebrar sua validade.

Estava registrado em cartório e datado de poucos meses atrás. Ele próprio também assinara um igualzinho. Doía-lhe sobretudo pensar que a resolução do Conselho Federal de Medicina que regulamentava a legitimidade daquele tipo de documento era coisa recente e que Millah só optara por fazê-lo como forma de reforçar a posição política do marido para que pudesse assumir a direção do hospital, já que ela fazia absoluta questão de que fosse ele o escolhido para ocupar aquele cargo. E quem poderia imaginar que Millah, logo em seguida, aos 44 anos, sofreria um acidente que a deixaria refém de máquinas na Unidade de Terapia Intensiva do próprio hospital em que Melquisedec acabara de assumir o cargo de diretor, sem qualquer previsão de tempo de recuperação?

"Quinze dias... Quinze dias é muito pouco tempo". Melquisedec, em desespero, se dava conta da brevidade do tempo previsto no testamento. E como dizer isso aos médicos do hospital? Como explicar que a vontade dela, registrada em cartório, fundava-se apenas nas expectativas pessimistas dele próprio, médico tarimbado e experiente, que redigira tudo aquilo pensando apenas em seu pavor pessoal de sofrer, com base em tantas situações que já tivera a oportunidade de acompanhar profissionalmente; mas jamais cogitando a perspectiva de ver diminuídas as chances de recuperação, pela própria limitação imposta pelo documento, da pessoa que ele mais amava neste mundo? E se, em algum momento, alguém do hospital cobrasse aquele documento? Afinal, o outro colega já havia perguntado por ele!

– Posso dizer que não sei onde deixei... Que fiquei a tal ponto estressado com tudo o que aconteceu que me esqueci completamente onde guardei a pasta!... Sim, sem o documento, nada pode ser feito – disse a si mesmo, quase neurótico em seu desespero, escondendo a folha no meio de muitas outras dentro de uma pasta com muitos documentos. Tinha a testa e as mãos suadas, sentia-se como um contraventor, um bandido, só de pensar na hipótese de em algum momento ter de dizer isso a alguém. E quanto aos filhos? Como explicar tudo isso a eles?

– Falando sozinho, papai? – Frederico o surpreendeu de repente. – Que pasta foi esta que você acabou de guardar dentro do cofre? – disse, entrando no quarto e caminhando calmamente até onde o pai estava sentado.

– Na... na... nada! Não foi nada! – estremeceu Melquisedec. Girou depressa o segredo, de maneira a fechar logo o cofre e recolocou o mais rápido possível no lugar o quadro que costumava ficar sobre ele.

– Você queria falar comigo? – mudou de assunto. – Seu irmão já foi dormir? Parece que tem estado mais calmo estes dias... – comentou, enxugando o suor da testa com um lenço.

– Parece que sim. O psiquiatra mandou a Clara aumentar a dose do tranquilizante – disse Frederico, obviamente percebendo algo de errado no ar.

Achou, contudo, que era melhor ir direto ao ponto que o trouxera até ali. Há muito já se cansara de tentar desvendar as esquisitices do pai.

– Mas tem outra questão que eu precisava conversar com

você... – ensaiou, com os olhos fixos no retrato da mãe ao lado da cama.

Era como se, de alguma forma, através daquele retrato, Millah permanecesse ali no quarto, entre eles. Frederico também sentia muitas saudades da mãe.

– Precisa ser hoje? – tornou Melquisedec, deitando-se na cama, e ajeitando um tapa-olhos sobre a face. – Estou estourando de dor de cabeça! – mentiu.

– Eu sei, pai... Sei que o momento é muito complicado, também estou muito nervoso... Mas é que fiquei de dar uma resposta na secretaria até amanhã sem falta... O senhor sabe, já faz quase uma semana que estou aqui e... – Frederico tentou insistir.

– Resposta? Como assim uma resposta? – o pai levantou de novo o tapa-olhos, desconfiado.

Frederico respirou fundo, olhou mais uma vez para o retrato da mãe. Não gostava de conversar sobre aqueles assuntos com o pai, Millah era sempre a intermediária entre eles. Mas desta vez não havia outra solução. Ele realmente precisava de uma definição. E tinha de ser naquele momento. Não dava para esperar.

– É que eu estou querendo trocar de curso... – desabafou por fim. – Eu não estou gostando e...

– Trocar de curso? – Melquisedec sentou-se incrédulo. – Você só pode estar de brincadeira!

– Não, pai. Eu pensei muito. Agora estou certo do que eu quero. E ainda vou poder aproveitar quase todos os créditos se...

O pai, contudo, sequer se dispôs a ouvi-lo.

– De maneira alguma! Onde já se viu! – sua voz foi aumentando num crescendo. Você por acaso sabe quanto eu já gastei com você, entre idas e vindas, despesas de material, aluguel de apartamento, supermercado, mobília...

– Pai, preste atenção, eu não vou...

– Não vai e não vai mesmo! – Melquisedec exaltou-se por completo. – Preste atenção você, rapaz! Tenha ao menos consideração! Sua mãe está na UTI! Queira Deus que ela acorde até o final desta semana! Eu, no seu lugar, imploraria a Deus para que Millah desse um mínimo sinal de vida até o final desta semana, no máximo!

– Por que está dizendo isso? – Frederico não entendeu.

– Por hoje chega, rapaz! Vá para o seu quarto! – Melquisedec o expulsou num gesto ríspido, que simbolicamente era quase o mesmo de quem pega um gato pelo pescoço e o coloca para fora.

Frederico saiu. Humilhado e vencido. Sentindo muita raiva do pai, mas sem coragem de erguer a cabeça e dizer a ele o que pensava.

O relacionamento entre os dois fora sempre assim. Difícil, tenso. Por muitas e muitas vezes Frederico tivera a sensação de que Melquisedec era meramente seu padrasto, embora soubesse ser ele seu pai legítimo, nem tivesse nenhuma dúvida a esse respeito.

Por algum tempo ficou socando almofadas, trancado em seu quarto, até que passasse a vontade de chorar. Mas não conseguia parar de pensar na mãe. Era para ele quase impossível imaginar a vida sem ela. Ou, o que era ainda pior: com ele e sem ela. Há muitos anos, Frederico não tinha mais certeza se era amor ou ódio aquilo que sentia pelo pai.

– Pai? – enquanto isso, na casa da tia, Millah balbuciava incrédula. – O senhor... O senhor está me vendo?

Por algum tempo – Millah não saberia precisar quanto – ficaram os dois, ela e o pai, prisioneiros daquele encontro de olhares, que parecia descerrar para ambos um portal de tantas lembranças.

– O senhor pode me ver aqui? – ela insistiu, como que o despertando do longo devaneio. – Por que não falou mais comigo depois que me socorreu? Foi o senhor que me socorreu, não foi?

Ele, contudo, apenas balançou a cabeça assustado, como quem tenta livrar-se de uma ilusão de ótica, e seguiu pelo corredor, onde ficavam os quartos de Petúnia e Dionéia.

– Fantasmas! – disse consigo mesmo.

– Pai! Volte aqui! Por favor, fale comigo! – ela insistiu. – Eu não sou um fantasma!

Mas ele não voltou. Millah baixou a cabeça e se pôs a chorar. Todas aquelas lembranças, tantas confusões mentais, sentia-se emocionalmente em frangalhos. O que, afinal, estaria de fato ocorrendo? Correu até o piano. Sentia-se muito aflita, precisava tocar. Jogou-se sobre o instrumento e entregou-se ao clássico de

Bach que sentia pulsar dentro de si mesma. Era a *Fantasia em dó menor*. Entregou-se ao piano com toda a sua alma, como que derramando toda a sua dor e frustração, toda a confusão mental que lhe turvava o raciocínio, como a chorar por sobre as teclas.

Só depois de tocar a última nota, percebeu que do piano não saía som ao toque de seus dedos e angustiou-se ainda mais, olhando para as próprias mãos diante do instrumento que a acompanhara ao longo daqueles tantos anos. Como poderia ser isso possível? – perguntou-se, verificando novamente as teclas, que sequer se moviam ao comando de seus dedos. No entanto, ouvira nitidamente o som!

Tivesse olhado para o lado, veria que o pai a observava do canto de uma parede do corredor. Ele a escutara. Do piano não saía som, mas ele não só pudera ouvir a filha, como até sensibilizara-se com a melodia, como talvez nunca antes houvera acontecido.

O que, afinal estaria se passando? Que realidade seria aquela? A própria Millah não conseguia entender. As músicas continuavam tocando dentro dela mesma, querendo sair. Resolveu tocar assim mesmo. Uma valsa de Schubert, a *Valsa op. 9, nº 2*, com que brilhara em tantos concertos; um concerto de Liszt conhecido como *Um suspiro*. As músicas se sucediam, uma após a outra, entretecendo-se, escorregando, descendo, jorrando por sua alma, reacendendo vitalidade, sua individualidade por inteiro. Ao mesmo tempo, era como se uma dor imensa, monstruosa, fosse aos poucos se apoderando dela sem que ela mal tivesse tempo de transformar tudo aquilo em música como costumava fazer. No canto da parede, Geraldo chorava.

– Meu Deus! Será que ninguém pode me ouvir? Será que eu vou morrer, com toda esta música tocando por dentro de mim? – ela angustiou-se, sem perceber o pai.

Indignada, segurou com as duas mãos a tampa do piano e fechou-a com toda a força de seus sentimentos. O barulho ecoou por toda a sala, ela mesma se assustou. Petúnia veio correndo lá de dentro.

– Você ouviu isso? – aproximou-se do piano fechado, sem perceber a sobrinha, que chorava sobre o tampo. – Bateu sozinho!

– Você acha que... ela pode estar aqui? – assustou-se Dionéia.

– Será que já... – disse fazendo um sinal da cruz.

Geraldo se recompôs ao vê-las. O ódio que sentia pela cunhada e, sobretudo, pela ex-mulher, era maior do que tudo.

– Não! Isso não existe! – recuou Petúnia. – O último lugar que Millah viria, se isso fosse possível, seria aqui!

– Não tenho tanta certeza... Afinal, Millah cresceu aqui... É óbvio que sente alguma coisa por nós... – imaginou Dionéia.

O ódio de Geraldo cresceu ainda mais, ao constatar a falta de emoção das duas.

– Então... Então quer dizer que vocês não me veem? – desconfiou Millah, fazendo um gesto diante dos olhos das duas. – O tempo todo não me viram?

– De qualquer maneira, amanhã vamos chamar um padre, para benzer o ambiente! – decidiu Petúnia.

– Isso. Chamem o exorcista! Quem sabe desta vez ele não traz a ambulância do sanatório para levar vocês duas? – Geraldo não pôde conter-se. – Pensando bem, sabem que não seria uma má ideia... – novamente ele se aproximou das duas, com intenções de vingança.

Millah desta vez não se ateve à presença dele. Mas imediatamente sentiu voltar à lembrança, mais uma vez, as cenas de quando o pai fora buscá-la em companhia do padre exorcista. Por alguma razão que naquele momento não conseguia entender, Geraldo viu desprenderem-se da filha aquelas imagens, como se fosse um filme que se refletisse no espaço a partir de suas lembranças. Fechou os olhos e recuou envergonhado.

– Não! Eu... Eu não fiz isso por mal... eu não queria... A culpa foi delas! – apontou para as duas.

Millah sentiu-se ainda mais confusa, tomada de muita emoção. Caminhou até a janela, enquanto a mãe e a tia continuavam a discutir. O clima do ambiente era de grande perturbação. Geraldo virou-se para as duas e sentiu recrudescer ainda mais o seu ódio:

– Tudo culpa de vocês! Mulheres frias, hipócritas! – gritou aos ouvidos da esposa.

– Que horror, Petúnia!... Você é tão fria! – Dionéia acusou a irmã.

– Fria, eu? – Petúnia sentiu raiva de Dionéia. – E quanto a você? Não se esqueça de que a ideia de tudo isso foi sua!

– Minha? Então vai negar que faz quase um ano que vem ligando para Irelias só para especular sobre a amizade dele com Millah? Você tramou todo o plano! – acusou Dionéia.

– Mas foi você quem primeiro sacou parte do dinheiro para pagar sua nova operação plástica, que por sinal já está marcada para o final deste mês! – lembrou Petúnia.

Elas não paravam de discutir. Aliás, parecia ser esta a principal tarefa de Geraldo naquela casa: fazer com que Petúnia e Dionéia se desentendessem.

– Parem com isso! – chorava Millah, tapando os dois ouvidos com as mãos.

Não tinha mais certeza se aquilo estava mesmo acontecendo ou se havia voltado no tempo numa alucinação após o acidente. "E como fazer para sair dali? Como voltar para casa e ver de novo o marido e os filhos?" Sentia terríveis dores de cabeça e também no tórax, na região entre os seios, no abdômen. A sensação agora era de que de novo capotava dentro do carro, sem ter, contudo, o pensamento fixo na raiva que então sentia de Irelias, embora suas próprias frases de despeito e vingança no momento do acidente não lhe saíssem da cabeça.

Fechou os olhos, tentando fugir daquelas imagens e frases. Foi quando de um rompante, se viu de novo projetada para dentro do estranho sonho que antecedera àquilo tudo e passou a experimentar uma impressão de que o acidente tinha acontecido em pleno mar. Millah se viu afogar sob as ondas enormes de seu próprio ódio, sem condições de vencer a força da correnteza para respirar.

– Vovô! – ela gritou, em desespero, numa postura curvada sobre si mesma. – Pelo amor de Deus, me tira desta confusão mental! Me ajuda, vô Alarico, me ajude a sair deste redemoinho!

Abriu os olhos e deu com a figura do avô, de terno engomado, tal como o vira no sonho. Estava parado agora a seu lado. Por alguns instantes ficaram ali se olhando, sem nada dizer. Ela respirou aliviada, lágrimas escorriam-lhe dos olhos sem parar, até que não aguentou mais e correu até ele.

– Calma, Millah, eu estou aqui com você – ele respondeu, abraçando-a e conduzindo-a até o jardim.

Petúnia e Dionéia continuavam discutindo lá dentro, ainda decidindo se deviam ou não viajar para a cidade de Millah no dia seguinte. Mas sob a vetusta mangueira onde Alarico levou a neta para sentar-se, era como se nada mais existisse. Apenas a noite estrelada, o barulho dos grilos, uma sensação de calma e serenidade.

– Como pode, vô Alarico? Me explique! Eu não acredito no que ouvi. Não entendo o que está acontecendo! Como posso estar em coma e estar aqui ao mesmo tempo? – Millah finalmente perguntou, enxugando as lágrimas.

– Tudo o que posso dizer a você é que o espírito sopra onde quer, minha neta... Mais precisamente, onde quer o pensamento...

– Eu nem sei direito como consegui chegar até aqui! Estou tão confusa... Olhando agora, do ponto onde estou, acho que não possuo tanta força como imaginei no sonho que eu tive, antes de tudo isso acontecer... O senhor acredita que as pessoas possam ter sonhos simbólicos, de alguma forma premonitórios, antes de passar pelas dificuldades? Consegue crer que eu e minha filha Clara sonhamos com o senhor antes de tudo isso acontecer?

Estava ainda muito agitada.

– Millah, querida, os sonhos nada mais são do que o resultado da liberdade do espírito que se emancipa e desfruta de maneira completa de todas as suas faculdades durante esse momento. Mas esteja certa de uma coisa: tudo o que você viu em você mesma durante o período em que sua alma estava emancipada são qualidades que já existem dentro de você – observou vô Alarico.

– Não sei... – divagou Millah, lembrando-se mais uma vez da coragem com que enfrentara as ondas no sonho. – E por que eu tenho a sensação de que estou no meio de um pesadelo? – Millah tentou entender. – Afinal, estou dormindo ou acordada? Por que não consigo chegar a uma conclusão a este respeito?

– Millah querida, seu corpo permanece desacordado, em função do choque causado pelo acidente. Mas o espírito nunca fica inativo. O sono liberta, em parte, a alma do corpo. Quando dormimos, estamos momentaneamente no estado em que o homem se encontra após a morte. Ficamos ligados apenas como se por um cordão ao nosso corpo físico, o que nos dá maior liberdade de ação. E, uma vez liberta, a alma vai para onde se sente atraída – explicou o avô.

– Quer dizer então que o meu corpo está dormindo em algum hospital e eu vim parar aqui em nome da raiva que estava sentindo do Irelias... Do desejo de descobrir quem estava com ele naquele plano sujo... – ela deduziu magoada...

– Querida, antes de mais nada, livre-se desta mágoa. Pense que tudo o que nos acontece tem uma razão de ser, um plano divino, visando o nosso crescimento e a nossa evolução. Irelias foi apenas um instrumento que possibilitou este encontro com você mesma. Perdoe e siga adiante. Nossa viagem está apenas começando – explicou o avô.

– Como assim, vovô! O senhor não entende? Ele me difamou! Vou ter de responder a um processo na polícia por causa disso! E os meus amigos na Europa? E a minha carreira? – ela questionou, voltando a vibrar na mesma sintonia que a trouxera até ali.

Propositalmente Alarico permaneceu alguns momentos em silêncio, apenas olhando para as estrelas, antes de responder:

– E se você deixar a Terra amanhã ou depois, minha querida? O que vai levar com você? A calúnia arquitetada por Irelias, Dionéia e Petúnia? Ou toda a música que plantou no coração das pessoas? Tudo de bom que trouxe às pessoas através de sua entrega à arte? Na natureza, tudo é perfeito, Millah! Deixe que o próprio tempo se encarregue de mostrar quem está com a razão. O tempo sempre mostra...

Ela ficou pensativa. Olhava agora para o jardim cimentado e tinha a sensação de vê-lo como antes, com as roseiras em cachos, mimosas, as azaleias floridas, o perfume de dama-da-noite, as dioneias que a avó mantinha numa pequena estufa junto à entrada da cozinha.

– Então é por isso que elas não me veem? Que ninguém me vê? Eu agora sou um espírito, vovô? Mas então por que meu corpo continua vivo no hospital? – ela ainda não conseguira entender.

– Millah, querida, na verdade nós nunca deixamos de ser espíritos. Apenas vestimos uma roupagem material para poder habitar o planeta Terra, o nosso corpo físico, como o mergulhador, que necessita de todo um traje especial para poder penetrar no fundo do mar, Assim como ele dispõe de um acessório para ligar-se à superfície, nós também, quando encarnados, possuímos um cordão, muito tênue, muito delicado, responsável por nossa principal ligação com o corpo de carne. Olhe atentamente que você o verá – ele indicou.

Millah olhou para trás fixamente, até que percebeu uma luz tosca, um fio de luz muito fraco, que parecia estar prestes a se apagar. De imediato, ato reflexo, olhou para o mesmo ponto na figura do avô e percebeu que ele não estava ligado a nenhum fio. Pressentiu, no entanto, que havia algo de errado com aquele brilho fosco que saía de si mesma.

– Sempre foi assim? – perguntou.

– Não – respondeu o avô. – Apenas os encarnados, como você constatou, possuem este cordão. Ele é formado pelo conjunto de incontáveis e tenuíssimos filetes de energia enraizados na intimidade de cada célula do corpo físico. Mesmo tendo enraizamento intracelular por todo o corpo físico, seu núcleo mais denso é notado na região cerebral, sendo que na sua coloração predomina a cor branco-acinzentada brilhante, fosforescente.

– Quer dizer então que o meu cordão está se apagando? – deduziu Millah. – Isto significa que vou morrer?

– Não necessariamente. Diria que está se desvitalizando. O papel do cordão é justamente o de conduzir ao corpo físico as impressões e determinações originárias da consciência. Logo, quanto mais ausente esteja a consciência do corpo, menos estímulo chega pelo cordão – explicou Alarico.

Millah refletiu por mais alguns instantes. Tudo aquilo era tão novo para ela, tinha muitas dúvidas:

– E quanto a meu pai? Se é também um espírito, por que não

me viu? Por que não conversou comigo como o senhor está fazendo agora? Ele está morto ou não está? – ela quis certificar-se.

– Ninguém morre, minha filha. Apenas passamos para outra dimensão, onde não nos é mais necessário o corpo físico . Todavia, temos o perispírito, que é a condensação de uma matéria mais sutil em torno de foco de inteligência ou alma. A natureza desse corpo está sempre em relação com o nosso grau de adiantamento moral de cada um, envolvendo nossas emoções e pensamentos. Seu pai viu você sempre justamente porque vocês compartilharam intensamente um mesmo sentimento: por vezes de raiva, de indignação, por vezes de nostalgia e saudades – detalhou Alarico.

– Meu Deus! – Millah preocupou-se. – Mas se ele morreu, por que continua aqui há tantos anos... Ele não parece bem!

– Infelizmente, nem todos os espíritos, ao se desligarem do corpo físico, aceitam o socorro que lhes é oferecido, obcecados que se encontram em vingarem-se de atos que só a Deus cabe julgar – lamentou Alarico.

– Quer dizer então que meu pai está aqui para vingar-se de Dionéia e Petúnia? Isso significa que elas realmente o mataram? – indignou-se Millah.

– Não creio que devamos nos intrometer nesta história por agora, minha neta. Esteja certa de que não só eu, mas toda uma equipe de benfeitores espirituais, encontra-se já incumbida de cuidar desta situação, de forma a levar cada um deles a extrair preciosas lições com tudo isso.

– Mas eles estão aqui neste momento? Toda esta equipe? Por que não vejo ninguém? – Millah duvidou, olhando ao redor.

– Pela mesma razão por que seu pai não pôde vê-la o tempo todo, e nem você a mim nos momentos em que seu espírito esteve vagando após o acidente – explicou Alarico com simplicidade.

– Como assim? O senhor estava comigo?

– Millah querida, desde que me foi permitido pela espiritualidade maior estar com você para ajudá-la neste momento de transição, tenho estado sempre com você!

– Mas por que eu não o via? Por que não percebi sua presença durante todos esses dias tão difíceis para mim? – ela insistiu, ainda sem compreender direito.

– Como disse antes, para que dois espíritos se vejam, é necessário que vibrem numa mesma sintonia. Enquanto esteve presa a suas ideias de revolta, de mágoa e indignação, você vibrava numa frequência baixa, por isso não pôde me ver, embora eu sempre pudesse vê-la. Mas quando pensou em mim, quando pediu a minha ajuda, depois de purificar suas energias através da música que imaginou estar tocando ao piano, foi como se uníssemos as nossas vibrações de mútuo amor e então pudemos nos encontrar – ele explicou.

– E não há nada que eu possa fazer pelo meu pai?

– Apenas o que nos ensinou o mestre Jesus: Perdoa, filha, perdoa sempre, compreendendo que seus parentes, neste momento, são doentes da alma. Não estivessem todos tão enfermos, seu pai não permaneceria aqui em estado tão lamentável, nem tampouco elas estariam sujeitas a perigoso processo obsessivo... Perdoa e ora por eles, porque é da eterna lei que a justiça se faça... Todo aquele que fere será também ferido, pois todo delinquente está preso em si mesmo às algemas da própria consciência – novamente ponderou o avô com sabedoria.

– Mas vovô! E todo o mal que elas ainda há pouco me fizeram! Eu estou em coma! Sofri um acidente porque...

– Filha, perdoa sempre. Esquece todo o mal e faça sempre todo o bem que estiver ao seu alcance sem olhar a quem. Somente o bem é luz que nunca se apaga...

Millah ainda refletia sobre as palavras do avô, quando ele mais uma vez a trouxe de volta à realidade, estendendo-lhe a mão com o convite:

– Está pronta para prosseguir?

– Sim, estou – ela respondeu, embora sem entender exatamente o que aquilo significava.

2

NAQUELE SÁBADO DE manhã, Clara acordou cedo e rumou para a universidade onde a mãe trabalhava. Não disse nada a ninguém. Comeu rapidamente um pedaço de pão e saiu sem fazer barulho. Havia tomado uma importante decisão.

– Eu quero dar aulas no lugar de minha mãe – disse ao diretor.

– Você? – ele riu, incrédulo.

– E por que não? – ela insistiu. – Estudei piano até os 15 anos, faltavam apenas dois anos para que recebesse o diploma do Conservatório Nacional de Música, que me daria direito a lecionar oficialmente como professora de piano, teoria musical e canto coral!

– Tão jovem ainda... Que mal lhe pergunte, quantos anos você tem, Clara?

Ela demorou um pouco a responder.

– Podia dizer que tenho 18, só para conseguir a vaga mais facilmente. Mas não gosto de mentir... Ainda tenho 17. Estou no último ano do ensino médio – ela respirou fundo.

O diretor sorriu. Era uma jovem ingênua, quase pueril em sua sinceridade.

– E nunca pensou em fazer vestibular para música? Por que parou de estudar piano? – ele quis saber.

– Parei porque na época estava na dúvida se queria isso mesmo para mim, e também porque eram necessárias cada vez mais horas de estudo e isso começava a atrapalhar meu rendimento na escola. Meus pais queriam que eu prestasse vestibular para medicina. Mas não sei direito se é isso o que eu quero. Posso voltar com as aulas de piano na hora em que...

– Escute, Clara – ele a interrompeu, gentil. – Admiro muito a sua dedicação e competência. Aliás, todos aqui estamos bastante preocupados com o estado de saúde de sua mãe, a quem consideramos uma professora exemplar. Acontece, porém, que para dar aulas de história da música numa faculdade, não basta o diploma de um curso técnico de teoria e piano... São necessários diversos cursos de especialização, inclusive na área de pedagogia e...

– Eu posso estudar! Tenho todos os cadernos, todos os livros, todo o material de minha mãe! – ela insistiu. – Sou uma aluna aplicada, se o senhor me visse tocando, garanto que...

– Clara, você não terminou sequer o segundo grau, não tem idade para isto! Eu não poderia...

– É só por um tempo! Só para segurar a vaga de minha mãe, só até que ela tenha condições de voltar! – ela voltou a insistir. – Ela vai voltar! Eu tenho certeza de que vai!

– Sinceramente, eu também espero que isso aconteça, Clara. Só que, enquanto isso, nós já arranjamos um substituto para sua mãe... – revelou o diretor.

– Um substituto? – Clara não podia crer no que ouvia. – Mas quem? Que eu saiba, não existe ninguém aqui que...

– O senhor Irelias Prateado – disse o diretor.

– Quem? – Clara quase caiu para trás ao ouvir isso.

– Irelias Prateado, pianista e oboísta, sabe quem é? Se não me engano, ele toca harpa também... – o diretor lembrava-se vagamente do que lera no currículo há poucos dias.

– Mas o senhor não pode contratar esse homem! – Clara protestou, engasgada, mal conseguindo segurar as próprias lágrimas. – Não esse homem!

– E por que não, minha criança? – o diretor foi irônico.

– Porque esse homem é um mau-caráter! Foi por causa dele que minha mãe sofreu o acidente! – as lágrimas, a essas alturas, desciam livremente por seu rosto.

– Ora, Clara, tenha a santa paciência. Não diga bobagens! Ele nem estava no carro! Eu, se fosse você, não saía por aí afirmando uma coisa dessas! Pode até ser processada por calúnia e difamação! – argumentou o diretor.

– Mas ele lesou moralmente a minha mãe! Desviou um dinheiro da prefeitura e disse que foi ela! Minha mãe saiu de casa completamente fora de si por causa disso! Se não fosse...

– Clara, preste atenção: com o acidente de sua mãe todas as investigações tiveram de ser suspensas.

– O senhor não está querendo insinuar que...

– Nada pôde ser provado. Portanto, é mais prudente de sua parte guardar para você mesma as suas opiniões até que seja chamada a depor – opinou o diretor. – Agora, se me dá licença...

– Pelo amor de Deus, eu imploro! – ela quase se ajoelhou diante dele. – Não coloque esse homem no lugar de minha mãe! Ela não sobreviveria, se soubesse disso! Seria como um golpe de misericórdia, a pior das traições!

– Mas eu já até o convoquei para que viesse até a universidade para conversar sobre as aulas! É um absurdo o que está me pedindo! – argumentou o diretor.

– Então, ligue para ele e diga que se enganou. Que a universidade já havia encontrado outra pessoa e o senhor não sabia!

– Mas eu não posso fazer isso!

– Se tem mesmo pela minha mãe o respeito e a admiração que falou que tinha no começo da nossa conversa, por favor, pelo amor de Deus, não faça isso!

– Mas quem, Clara, quem eu vou colocar para substituir a sua mãe? Os alunos não podem ficar sem aulas!

Neste momento, ouviram três batidinhas suaves na porta, que se abriu levemente.

– Posso entrar?

Era Oberon. O grande músico brasileiro, amicíssimo de Millah, que há anos vivia na Europa. Fora graças a ele, a quem Millah e Melquisedec conheceram por acaso, durante um concerto de rua como tantos que costumam acontecer na Alemanha, que Millah conseguira retomar sua carreira como intérprete no exterior.

– Oberon Martinik! – o diretor nem sabia o que dizer diante de tão ilustre figura.

– Oberon! – Clara o abraçou ternamente.

Quando seus pais o conheceram na Alemanha, tinha ela apenas três anos de idade. Desde então, o músico nunca mais saíra de suas vidas.

– Eu vim para substituir Clara no que for necessário – ele disse, ainda abraçado à jovem. – Isto é, se vocês me quiserem...

– Mas é claro que sim! Você é sempre muito bem-vindo! – o diretor abriu um sorriso de orelha a orelha.

Só depois que saíram da sala do diretor, Clara descobriu que Oberon tinha vindo direto do aeroporto: suas malas estavam na portaria da universidade. Não podiam ver, mas Millah seguia logo atrás deles, agarrada fortemente à mão do avô.

– Estou até agora impressionado... – ele observou, olhando para ela encantado. – Você está a cara de sua mãe quando a vi pela primeira vez na Alemanha!

Clara corou levemente. Embora tivesse a mesma idade que sua mãe, Oberon não era casado, o que lhe emprestava sempre um ar mais jovial, que combinava com suas roupas sempre diferentes do convencional. Não era moderno, nem antiquado. Era diferente: autêntico e original. Sem contar que era um dos maiores violoncelistas da atualidade. Mas não só isso. Tocava também piano muito bem, conhecia todos os instrumentos de corda. Sua mãe costumava dizer que era um dos músicos mais completos que já conhecera em toda a sua vida. Acima de tudo, Oberon era uma pessoa formidável, um amigo fora do comum.

– Até agora não entendi... Como é que você ficou sabendo de tudo, como veio parar aqui? – Clara perguntou, no momento em que entravam juntos no táxi.

Millah e Alarico também seguiram junto com eles, no banco de trás do veículo. Millah estava muito emocionada.

– Sua mãe me mandou um e-mail contando tudo pouco antes de sair para a delegacia... E imediatamente eu entrei em contato com todos os músicos, nossos conhecidos, contando o ocorrido, e todos eles, sem exceção, abriram mão do pagamento de imediato, compreendendo a situação. Afinal, todos conhecem Millah e não é de hoje! Só que, quando eu tentei entrar em contato com ela para avisar sobre esta decisão coletiva, não consegui. Tentei durante dois dias, até que resolvi ligar para o celular de seu pai e fiquei sabendo de tudo...

Millah baixou a cabeça envergonhada ao ouvir isso. Talvez, se não tivesse se entregado daquela forma ao desespero, se tivesse simplesmente ido até a delegacia depor, como estava previsto, sem ter se deixado levar pelos arroubos da emoção, sua situação agora não fosse tão delicada; tudo poderia ter se resolvido de forma bem menos dramática do que ela imaginava... O tempo teria se encarregado de resolver tudo, como previra o avô. Talvez até bem antes do que ela imaginara.

Alarico sorriu ao perceber que ela sozinha estava fazendo esta avaliação.

– Meu pai não comentou nada que você havia ligado – disse Clara.

– Confesso que fiquei bastante preocupado com ele também, com todos vocês. Por isso, depois de mais duas noites sem dormir, decidi cancelar todos os meus compromissos, peguei o primeiro avião e vim para cá. Acho que meu coração só começou a se acalmar no momento em que vi você sentada naquela cadeira na sala do diretor da universidade! – ele fez um cafuné nos cabelos dela, como se ainda fosse uma menininha. – Parecia até uma moça de verdade!

Clara fez um ar de quem não gostou muito da brincadeira. Ajeitou os cabelos, cruzou as pernas, fez questão de mostrar que era mesmo uma moça de verdade.

– Então você também acha que eu não tinha condições de dar aulas no lugar da minha mãe? – ela perguntou, com olhar desafiador.

Oberon pensou por alguns instantes antes de responder.

– Sinceramente? Se estivesse agora na Alemanha, imaginaria que não. Mas vejo que você cresceu muito. E, se teve a coragem de ir até a faculdade, até a sala do diretor para fazer esta proposta a ele, certamente deve saber muito sobre história da música. Talvez até mais do que eu... Certamente vou precisar muito de sua ajuda para preparar as aulas!

Clara sorriu, feliz com o elogio.

– Não sei tanto assim... Se soubesse como me controlei para não chegar aos soluços na frente dele... Mas o tempo todo estava falando sério. Sempre gostei muito de estudar com minha mãe. Ela dava aula para nós como uma espécie de treinamento... Sem brincadeira, nós três aprendemos muito com isso. Até mesmo o Johan, que estuda todos os dias um pouquinho, sob o pretexto de aumentar um pouco mais seus álbuns de ouro...

– Que bacana! Quer dizer então que ele ainda coleciona aquelas gravuras?

– Já está no quarto volume, indo para o quinto! – brincou Clara. – Mas como adivinhou que eu estava na universidade conversando com o diretor? – quis saber Clara.

– Se eu contasse a você que tudo não passou de uma feliz coincidência, você acreditaria?

Neste momento, Millah e o avô se entreolharam, cúmplices, sem nada dizer.

– Como assim, uma feliz coincidência? – Clara não entendeu.

– Pedi ao motorista do táxi que me levasse até a sua casa, do outro lado da cidade. Mas na hora, sei lá por quê, ele se confundiu, entendeu que eu queria ir para a universidade e, quando vi, estava parado lá na porta. O coitado do homem não sabia nem o que dizer, talvez até estivesse com algum problema sério para se distrair desse jeito. O fato é que, enquanto ele dava a volta na universidade para fazer o retorno, eu me senti invadido por uma saudade imensa dos tempos em que estudei ali e...

– Caramba! Você estudou aqui na universidade? Dessa eu não sabia!

– Pois é. Fazia tanto tempo, que eu resolvi entrar. E fui entrando, como se uma força nostálgica fosse me puxando lá para dentro, até que, de repente, ouvi uma voz parecida com a voz de sua mãe e estremeci no corredor.

– Era eu? – deduziu Clara.

– Sim. O resto você já sabe.

– Quer dizer que você decidiu tudo aquilo ali na hora, de supetão?

– Acho que foi mais ou menos isso... – ele concordou.

O táxi chegou finalmente à porta da casa onde Millah vivia com o marido e os filhos. Ela novamente olhou para o avô, desta vez de forma tensa, como se temesse o que poderia encontrar.

– Bem, agora você fica por aqui que eu vou procurar um hotel e... – despediu-se Oberon.

– Sem chances! Dessa vez você vai se hospedar aqui com a gente! – Clara adiantou-se em pagar o táxi e foi logo puxando a mala dele do banco.

– Não, eu não quero dar trabalho, eu... – Oberon ainda tentou segurar a mala.

– Trabalho nenhum. Nós precisamos de você! – decretou Clara. – Por sinal, o que é que está acontecendo aqui? – ela parou assustada, diante da enorme Van, de onde entravam e saíam uma porção de pessoas carregando coisas em direção a sua casa.

Oberon também desceu do carro e ficou olhando surpreso a grande movimentação. Os portões estavam abertos, havia vários ramalhetes de balões de hélio coloridos amarrados por todo o jardim, e também uma enorme lona de circo montada no meio de tudo. Dispostos em torno da piscina, pipoqueiros e fazedores de algodão doce já começavam a preparar suas panelas e apetrechos.

– A festa de Johan! – Clara levou a mão à testa, preocupada. – Esquecemos de cancelar o pessoal do circo!

– Como assim? – Oberon não entendeu de imediato.

– Era uma surpresa que a mamãe preparou para o Johan! Hoje iríamos fazer uma grande festa para comemorar os 18 anos dele, com circo, palhaços, uma porção de atrações... Era um espetáculo especialmente preparado para ele! – Clara se emocionou. Nós cancelamos os doces, os salgadinhos, o bufê com os garçons, avisamos a todos os convidados! Mas esquecemos de...

Neste momento, deram com Johan, que corria pelo jardim extasiado, seguido pelos dois labradores da família. Naqueles instantes, parecia mesmo ter esquecido da doença da mãe.

– Vem para o circo, gente! – ele gritava contente. – O circo chegou!

Millah escondeu o rosto entre as mãos e começou a chorar.

– Meu Deus... E agora? – Clara também se desesperou. – Meu pai nem está em casa! Vai passar o dia no hospital!

Oberon olhava a cena pensativo. Até que Alarico aproximou-se dele e pareceu dizer-lhe algo ao ouvido.

– Tenha calma, Clara! Nem tudo está perdido. Acho que ainda podemos fazer deste sábado o momento mágico que sua mãe imaginou para Johan! – ele exclamou otimista, já seguindo, decidido, em direção ao interior da casa.

3

– MINHA MÃE pediu para você trazer da Alemanha este presente para mim? – Johan ouviu entre incrédulo e absolutamente maravilhado a surpreendente explicação que Oberon acabara de inventar para a festa que estava sendo montada no jardim.

– Sim! Naquele dia, quando sofreu o acidente, antes de sair de casa, sua mãe escreveu no computador um e-mail para mim que dizia: aconteça o que acontecer, você não pode se esquecer da surpresa do Johan – continuou Oberon.

– Eu também sei mandar e-mail! Tenho MSN, facebook... Mas você tem certeza de que *a minha mãe* escreveu isso mesmo? – por um instante, Johan duvidou.

– Mas é claro que sim! Se quiser, depois até encaminho o e-mail para você ver! – prometeu Oberon, já pensando no jeito como poderia aproveitar a correspondência que recebera de fato de Millah para 'fabricar' esta prova para Johan.

Clara olhava a cena encantada. Era quase como se estivesse diante de um mago! Só mesmo Oberon para inventar tudo aquilo numa situação tão trágica como a que estavam vivendo. Para tornar mais crível o que dizia, vestira seu melhor fraque, uma roupa especial que tinha uma faixa acetinada na cintura, e que usava só para apresentações muito importantes. Era estranho olhar para ele assim, dava mesmo a impressão de que ela já o vira antes, ou a alguém muito parecido vestido daquele jeito.

– Impossível! – Oberon riu quando ela disse isso. – Comprei essa roupa em um brechó na Alemanha, se não me engano é de mil oitocentos e alguma coisa! É linda, não é?

– O pano parece novo! – Paula constatou. – E esta maleta comprida? O que tem dentro? – perguntou curiosa.

– O meu instrumento, ora essa! Como iria me apresentar sem ele? – brincou o violoncelista.

Como Johan gostava muito de música, Oberon combinou com o pessoal do circo de iniciar o espetáculo com uma apresentação de 'cello', especialmente dedicada ao aniversariante.

– Mas... Na festa não vão vir outros convidados? Outras pessoas para trazerem presentes? – quis saber Johan.

– Na verdade, não. A festa é o seu presente. Como sua irmã explicou a você, vai ser um espetáculo particular, que a sua mãe me pediu para planejar lá da Alemanha, especialmente para comemorar o seu aniversário.

– Até poderíamos convidar outras pessoas, mas não vamos fazer isso, porque mamãe está muito doente no hospital e não seria legal fazer uma festa com muitas pessoas nesta situação – complementou Clara.

– É só um jeito que ela encontrou para que você soubesse que ela não esqueceu o seu aniversário – explicou Oberon, lutando muito intimamente para não se emocionar diante do menino ao dizer isso.

Efetivamente, era Millah quem chorava emocionada a seu lado.

– Agora trate de se arrumar que o espetáculo já vai começar! – pediu Clara.

Nem foi preciso pedir duas vezes.

– Vou querer colocar a roupa nova que eu ganhei da minha mãe! – foi logo avisando à Paula. – E... e também uma gravata! – decidiu, empolgado.

De fato, Millah e vô Alarico eram os únicos convidados sentados na arquibancada. Millah continuava muito emocionada com a sensibilidade do amigo em transformar um simples esquecimento da família em uma homenagem tão bonita. Por ter brigado com o pai na noite anterior, Frederico saíra de casa cedo, logo depois da irmã, também não explicara a ninguém aonde ia. Mas naquele momento Millah não estava preocupada com isso. Tinha olhos apenas para Johan, para a alegria de seu Johan tão amado, sentado de gravata do outro lado da arquibancada, delirando com cada momento do espetáculo. Aquilo, sim, parecia um sonho!

– Vovô! – ela estremeceu de repente. – Quem são aqueles vultos estranhos sentados em volta de Johan.

– Provavelmente antigos cobradores, espíritos a quem Johan pode ter lesado em vidas passadas com atitudes que vão contra o equilíbrio das leis divinas e que, tendo-o reconhecido nesta vida, a despeito das restrições mentais que ele ora apresenta foram magneticamente atraídos a ele, assim como limalhas de ferro são naturalmente atraídas por uma barra de ferro imantada... – analisou Alarico.

– Não entendi nada do que o senhor falou. Mas eles não parecem boas pessoas, vovô! Não os conheço, não posso ver o rosto deles daqui, mas não sinto uma coisa boa vindo desses espíritos! – observou Millah, ainda tensa. – Não temos como afastá-los de meu filho?

– É muito comum esse tipo de perturbação em torno dos que portam em vida restrições mentais. Cabe aos pais, o tanto quanto possível, cuidar para que cresçam num lar onde imperem pensamentos de amor ao próximo, de gratidão a Deus, de preces, de religiosidade de uma maneira geral. É muito importante que todas as criaturas cultivem uma sintonia elevada para manterem-se longe dos problemas da perturbação espiritual, mas sobretudo aqueles que pouco domínio têm sobre a mente, e que mais facilmente podem ser utilizados como canal de comunicação por espíritos em desequilíbrio.

– Eu sempre me perguntei, vovô, desde o momento em que Johan nasceu... Por que uma criança nasce com problemas assim como o Johan? Não que em algum momento eu tenha deixado de amá-lo, isso nunca! Chorei muito nos dois primeiros dias, mas foi justamente de medo de não conseguir dar conta de uma tarefa tão difícil, tão delicada... Mas juro ao senhor, de toda a minha alma, amei meu filho desde o momento em que soube que ele estava na minha barriga, amei-o mais ainda quando percebi que tinha nascido com os olhinhos típicos de uma criança com síndrome de Down, embora todos tivessem ficado com medo de me dizer o que eu já sabia... Mas por que, vovô, por que um espírito tão maravilhoso como o de meu filho Johan precisa nascer com uma restrição, muitos até mais aprisionados do que ele, por uma doença dessas e ainda por cima sujeito a ser atormentado por essas entidades?... – ela mal conseguiu terminar a frase, de tão embotada pela emoção.

Ao longe, alheio a seu desespero, Johan vibrava ao participar de um número de mágica, onde eram tirados os mais coloridos lenços da ponta de sua gravata. As sombras nenhum mal lhe faziam, sequer se misturavam a ele. Apenas permaneciam na retaguarda, como que à espera de algum ato falho de sua parte, algo que lhes possibilitasse uma aproximação mais efetiva, como Alarico, de longe havia constatado.

– Na verdade, querida, nenhuma alma foi criada por Deus com qualquer restrição ou algum dano que a vincule definitivamente a uma categoria, por exemplo, a de necessidades especiais – ele começou a explicar a Millah, depois que ela se acalmou um pouco. – Essas restrições, sejam elas físicas ou mentais, podem ter causas diversas e quase sempre estão vinculadas a atos que tenham nos comprometido no caminho de nossas inúmeras encarnações.

– Quer dizer então que deve haver algum motivo justo para que meu Johan tivesse nascido com a síndrome, é isso? Mas o que isso tem a ver com o perispírito que o senhor falou? – ela tentou entender.

– Nele ficam registrados não só os seus dados físicos, por assim dizer, mas também todos os seus sentimentos, todas as suas ações, tudo o que você faz ao longo da existência, de bom ou de ruim, que de alguma forma marcou o seu ser. É com base em tudo o que está registrado que futuramente será elaborada uma nova vestimenta física para que seu espírito continue da melhor forma sua trajetória evolutiva, ainda que seu corpo traga limitações – elucidou Alarico.

– Sabe, eu tenho uma grande amiga aqui na cidade que é espírita. Ouvindo o senhor agora, eu fico até arrependida de todas as vezes que ela tentou me explicar esse tipo de coisa e eu não quis ouvir... Precisei estar nesta situação para entender que tenho um espírito, ou melhor, sou um espírito que já viveu muitas vidas...

– E que provavelmente ainda vai viver muitas outras, até atingir uma condição de plenitude – observou vô Alarico.

– No fundo, sempre rejeitei o espiritismo porque tinha impressão de que todo aquele que portasse alguma restrição mental teria sido um suicida no passado, sabe? alguém que tivesse pego uma arma e ...

– Não, não, não! Não diga bobagens – o avô Alarico não a deixou terminar o raciocínio. – Minha querida, cada caso é um caso, não tente encontrar regras gerais para assuntos do espírito como individualidade. Pode acontecer, sim, de um espírito ter lesado voluntariamente o seu cérebro, através de atitudes impensadas como o suicídio, o uso de drogas ou qualquer outro tipo de experiência radical que possa ter danificado o cérebro. Mas existem também casos de pessoas que usaram mal o cérebro moralmente falando, causando muito mal por causa disso. O grande mentor de uma falange de bandidos, um terrível avarento que prejudicou toda a família com seu egoísmo e sua ganância desenfreada, um fofoqueiro, um delator, um traidor... São tantos casos... Muitas vezes, depois de conscientizar-se de todo o mal provocado por sua atitude, pelo mal uso de sua inteligência, esses espíritos imploram para renascer restritos em sua inteligência, como garantia de não recaírem no mesmo ponto em que se consideram fracos. Outros ainda imploram por nascerem com inúmeras outras restrições na função cerebral, como um momento de repouso do espírito, enquanto não se sentem fortes o suficiente para serem testados mais uma vez, também com medo de recaídas no erro. Sem contar aqueles que pedem a prova como meio de compreender os que portam alguma restrição física ou mental para melhor poder ajudá-los em encarnações futuras. Enfim, são inúmeras as possibilidades, assim como são também inúmeras as nossas experiências particulares – tentou detalhar o avô desencarnado.

– Mas... E nós, os pais? O que fazer para ajudar a esses seres para que possam extrair o máximo dessa oportunidade? – tentou imaginar Millah.

Nesse momento, para alegria total de Johan, o mágico tirava pombos e coelhos de dentro da cartola.

– É exatamente isso o que o mágico está fazendo... Descobrir os pombos e coelhos escondidos no fundo da cartola, procurar com paciência, ajudá-los para que eles próprios consigam encontrá-los. Pesquisas recentes comprovam que o cérebro de uma criança com síndrome de Down amadurece continuamente. Há melhoras progressivas, principalmente quando estimuladas, quando levadas a pensar, a expressar-se, a descobrir soluções. Não considere nunca o seu filho um coitadinho. Considere-o, sim, como um espírito inteligente, que tem vontades, que dia após dia é capaz de superar os próprios limites. Ainda que num tempo diferente do de seus outros filhos, de outras crianças da idade dele ou com o mesmo quadro de sintomas – especificou Alarico. – Veja! Parece que chegou o momento mais especial da festa! – ele apontou para o palco. – Você não gostaria de ir até lá?

Millah olhou para o palco e viu que haviam levado para lá o seu piano. Em seguida, deu com a filha toda arrumada, de um jeito como nunca vira antes. Embora muito bonita, Clara fazia mais o tipo descuidada. Não gostava de usar brincos, nem maquiagens, quase sempre só andava de tênis e calça jeans. Estava, contudo, usando um dos vestidos da mãe. Era um vestido preto sem muitos adereços, elegante em sua simplicidade. Havia também prendido os cabelos num penteado diferente, estava toda maquiada, usava até mesmo um sapatinho com salto. Millah ficou emocionada ao vê-la, sobretudo quando se sentou ao piano para tocar. A mãe sentou-se a seu lado.

De onde estava, Johan teve a sensação de estar vendo a mãe sentada ao piano.

– O que você vai tocar? – perguntou Oberon, afinando seu instrumento, preparando-se para acompanhá-la.

– Vou tocar uma composição de Liszt, que é também uma das favoritas de minha mãe... Chama-se...

– *Bénédiction de Dieu dans la solitude* – adivinhou Oberon, surpreso.

Ele guardou seu instrumento. Tocaram apenas as duas: Clara e Millah. Cada vez que as mãozinhas trêmulas de Clara iam errar uma nota, a jovem sentia-se como que puxada para o lugar certo por um calor muito forte que parecia rondar o piano como uma aura de luz. Aos poucos foi como que se entregando àquele calor e sentindo-se tomar inteira por aquelas notas, que pareciam acarinhá-la como um abraço de mãe.

Todos os artistas do circo sentaram-se para ouvir. Parecia mesmo uma bênção caindo sobre todos naquele fim de tarde. Era como se o piano tomasse cor e vida na arena circense, se metamorfoseasse nas mãos mágicas que ali se entrelaçavam invisíveis.

Envoltos na música tocante e enternecedora que emocionava a todos, nem perceberam quando Petúnia e Dionéia tocaram a campainha muitas vezes de maneira estridente.

– Um absurdo! Está tendo uma festa lá dentro! – protestou Dionéia. – Um verdadeiro circo! Será que Millah está mesmo doente?

– Espere... Você está ouvindo isso? – Petúnia estava paralisada. – É Liszt! Só conheço uma pessoa capaz de tocar deste jeito!

A seu lado, Geraldo chorava, emocionado:

– É a minha filha... Eu tenho certeza de que é ela!

Melquisedec, que estava acabando de chegar do hospital, abriu a porta do carro e desceu assustado, sem nada entender:

– Afinal de contas, o que é que está acontecendo aqui? – já foi logo explodindo.

4

ACCELERANDO. SE FOSSE uma peça musical, estaria escrito no alto, marcando o ritmo do compasso. Foram todos adentrando a festa, um após o outro. Primeiro, Melquisedec; logo em seguida, Petúnia e Dionéia e, em espírito, Geraldo. De tão perturbado, Melquisedec nem percebeu a presença de ninguém. Só queria uma explicação. Queria, não. Exigia! A sensação era a de um *tsunami* energético, invadindo o ambiente. Clara imediatamente parou de tocar, todos os artistas olharam para o local de onde provinha o escândalo:

– Frederico, desta vez você passou dos limites! Com ordem de quem organizou esta palhaçada? A quem, afinal, está querendo chamar de palhaço? – vociferou exaltado, procurando ao redor.

O silêncio era tão profundo que suas palavras ficaram por um tempo ecoando na arena.

Petúnia e Dionéia também pararam, um pouco atrás dele.

– Parece que ele não estava sabendo da festa – Dionéia cochichou ao ouvido de Petúnia.

– Sempre achei esse Melquisedec um homem tosco! Millah merecia coisa melhor! – Petúnia respondeu de pronto.

O clima era de constrangimento geral.

– Andem! Estou esperando uma explicação! Onde está Frederico? – o médico continuava exaltado.

– Frederico não está aqui! – Clara levantou-se e enfrentou o pai de longe.

– Saiu cedo hoje de manhã, nem sabemos para onde ele foi! – Paula se apressou em explicar.

– Fui eu o responsável por tudo! – Oberon também se levantou.

– É a surpresa do meu aniversário! – explicou Johan, inocente. – Minha mãe preparou tudo com Oberon! Vem, pai! – ele mostrou um lugar para que o pai viesse se sentar a seu lado.

– Até que é um rapaz bonito o meu neto deficiente! – cochichou Dionéia.

– Acho melhor nós voltarmos uma outra hora – Petúnia fez menção de sair, mas Dionéia fez questão de ficar mais um pouco, acompanhando os acontecimentos. – Espera! Deixa eu ver a menina!

Melquisedec não foi sentar-se ao lado do filho. Continuava sério, encarando Oberon, como se estivessem no meio de um duelo, aguardando apenas o sinal para o momento de apresentar sua arma.

– Meu Deus! – ele não pode fazer isso! – Está machucando as pessoas, sendo cruel e injusto com todo mundo! – Millah já estava prestes a começar a chorar. – O senhor não vai fazer nada? – virou-se nervosa para o avô.

– Nessas horas, filha, a única arma de que dispomos é a oração. Concentre-se e peça a Deus para que o conflito se dissolva. Ore e confie! – ele aconselhou, antes de fechar seus olhos em prece.

Millah levantou-se, depois sentou de novo, levantou mais uma vez, deu dois passos, voltou. Por fim, constatou que não havia mesmo o que fazer. Naquele momento, era apenas um espírito temporariamente desligado de seu corpo físico, que mal sabia utilizar direito aquele estranho veículo de que agora dispunha, tão igual a seu corpo e ao mesmo tempo tão diferente. Sem alternativas, obedeceu ao avô e procurou concentrar-se em oração de forma a pelo menos acalmar os próprios sentimentos.

– Com que direito você entra aqui na minha casa, sabendo da gravidade do estado de minha esposa e traz um circo para o meio do jardim? – Melquisedec enfrentou Oberon.

– Pai, eu posso explicar tudo, na verdade... – tentou Clara.

– Você fique quieta – Melquisedec foi ríspido com a filha.

– Eu não disse? – cochichou Petúnia ao ouvido da irmã.

– Não há necessidade de nada disso – ponderou Oberon. – Não vim aqui para afrontar você. Aliás, jamais tive esta intenção. Eu e Millah somos amigos. Quase irmãos. Espero que um dia você consiga entender isso...

– Amigos? – Melquisedec repetiu irônico. – Sei...

– Meu Deus! Não suporto quando Melquisedec se torna ciumento desse jeito! – angustiou-se Millah.

– Ore! – insistiu o avô.

– Que coisa... Não estou lembrada deste rapaz... Você se lembra, Petúnia? – cochichou Dionéia.

– Se não estou enganada, é aquele instrumentista brasileiro famoso, que vive na Europa. Sempre o vejo nos jornais... Ele já tocou várias vezes com Millah, você não se lembra? – disse Petúnia.

– Mas se é assim, Melquisedec jamais poderia tratá-lo desse jeito! – observou Dionéia.

– Eu sempre fui contra esse casamento! – respondeu Petúnia.

– Acredite você ou não, Millah realmente havia comentado comigo a respeito da surpresa que pensava em fazer para Johan. E, diante do que aconteceu, já que efetivamente o circo não foi cancelado, achei que seria bom para ele viver alguns momentos alegres diante do intenso estresse a que já foi submetido ao longo de toda essa semana. Achei que...

– Achei, achei... Será que você não estaria 'achando' demais para uma família que não é sua? Ora essa! O médico aqui sou eu. Quem é você para dizer se meu filho está ou não estressado?

– Pai! – gritou Clara, vendo que ele estava passando dos limites.

– Hum, hum – pigarreou Petúnia, fazendo-se notar. – Desculpem interromper, mas cheguei agora de viagem e gostaria de saber alguma notícia de Millah antes de ir para o meu hotel! – ela se colocou entre os dois.

– Dona Petúnia? – Melquisedec assustou-se. – Por onde a senhora entrou?

– Ora essa! Pelo portão que você mesmo deixou aberto quando passou! Só vim até aqui porque tinha apenas este endereço, ninguém nunca me deu o telefone daqui!

– A senhora pode ficar hospedada aqui, não precisa ir para nenhum hotel – interferiu Clara. – Afinal de contas... – ela olhou demoradamente para Dionéia, que continuava verificando cada detalhe ao redor. – Aquela ali é minha avó?

– Mas é claro! Deixa eu apresentar as duas! – Petúnia logo se empolgou.

Melquisedec continuava encarando Oberon com um ar raivoso, na posse de seu próprio território, enquanto os artistas cuidavam de desmontar apressadamente a lona e todos os detalhes do espetáculo.

Johan entristeceu ao perceber isso.

– Bom, eu já vou indo – Oberon despediu-se, tomando nas mãos o seu instrumento.

– Não vai, não! – Johan abraçou-se a ele. – Eu quero muito que você fique. Meu pai está nervoso. Não liga para o que ele fala, não.

A sinceridade e a espontaneidade de suas palavras de alguma forma desarmaram os dois aparentes rivais.

– Não precisa ir embora – reconsiderou Melquisedec. – Talvez seja mesmo bom que fique... – ele seguiu em direção ao interior da casa.

Petúnia e Dionéia, a essas alturas, já crivavam Clara de perguntas, enquanto a jovem preparava-lhe o quarto de hóspedes.

– Elas não podem ficar na minha casa! Isso é um absurdo! – protestou Millah.

– Controle-se, Millah – pediu Alarico. – Tudo tem seu tempo e sua razão de ser.

– Era você mesma quem estava tocando? – Dionéia perguntou à Clara.

– Incrível! Você toca igualzinho à sua mãe! Nunca pensou em fazer carreira como intérprete fora do país? – Petúnia se antecipou.

A um canto do jardim, Millah e seu avô continuavam em oração. Vibrações de muita luz fortaleciam Millah, ampliando naquele momento seus sentimentos e sua sintonia com os espíritos do bem. Só quando Millah abriu finalmente os olhos pôde perceber o pai, com a fisionomia desolada, sentado sob uma árvore próxima à piscina.

– Ele pode nos ver? – ela perguntou

– Neste momento não. Mas é conveniente que permaneça assim por enquanto. Estes instantes de reflexão poderão ser vitais para a recuperação de Geraldo. Vendo sua casa, seus filhos crescidos, sentindo de alguma forma a sua presença em cada pequeno detalhe do jardim, ele imagina quantos momentos felizes deixou de viver a seu lado apenas por falta de coragem de expressar sua opinião, de lutar pelo que 'ele' achava melhor para você... Em seu íntimo, sente-se de alguma forma culpado por tudo o que aconteceu. A semente do arrependimento começa a brotar em seu espírito. É o primeiro passo para que o socorro aconteça.

– Meu pai... – novamente Millah se emocionou. – Queria tanto poder conversar com ele...

– Entre um mundo que rui e outro que ainda não construímos, a sensação de atordoamento é inevitável. No fundo, ele mesmo está cansado de sofrer, porque a vingança e a perseguição tanto sacrificam o perseguido quanto o perseguidor. Mas é necessário que ele mesmo chegue a esta conclusão e queira receber ajuda – explicou Alarico, após envolvê-lo com as energias de um passe magnético, de forma a favorecer ainda mais a sua íntima reflexão.

Em casa, Johan conseguira convencer Oberon a passar aquela noite no quarto dele. Depois de tantas horas de viagem e de um dia tão movimentado, o músico estava tão cansado que mal tivera forças para discutir. Acabara cochilando, sem querer, de fraque e tudo, antes que Johan terminasse de lhe explicar o primeiro volume de seu livro dourado.

– Amanhã conto a ele sobre Julius Tausch... – Johan disse a si mesmo, depois que ele dormiu. – Oberon precisa saber quem é Julius Tausch...

Pouco tempo depois, Melquisedec saía do banho em seu roupão e dava outro ataque:

– Como não apareceu até agora? Já passa de onze horas da noite! O que esse menino está pensando? Ele me deve satisfações!

– Não tem jeito, seu Melquisedec. O celular dele está fora de área e... – tentava explicar Paula.

– Mas tem que ter um jeito! Se Millah estivesse aqui, estaria enlouquecida!

"Se dona Millah estivesse aqui, Frederico nunca teria feito isso", Paula não pôde deixar de pensar.

Millah ouviu seus pensamentos e novamente entristeceu. Estava tão cansada dos ataques de Melquisedec... A vida inteira imaginara que sendo esposa dedicada e boa mãe, abrindo mão até mesmo de sua carreira para acompanhá-lo em cada uma das especializações que optara por fazer no exterior, sufocando-se para que Melquisedec crescesse, seria o suficiente para uma vida feliz. Mas, mesmo com o passar dos anos, o marido se mostrava a cada dia mais intolerante, ciumento e temperamental; irascível com os filhos, e até mesmo com os amigos mais próximos.

– Tem razão, Paula. Meu Frederico é um menino de ouro – disse à empregada em pensamentos. – Imagino que deve estar agora sofrendo para fazer uma coisa dessas... Por favor, ajude-o enquanto eu não estiver por perto!

– Imagine! Sair assim, sem dar satisfações a ninguém! Quem ele pensa que é? Assim que ele chegar, diga que quero falar com ele – esbravejou Melquisedec.

– Sim, senhor – respondeu Paula.

– Pode bater no meu quarto, sejam lá que horas forem! Onde já se viu! – retrucou, antes de fechar a porta.

Millah saiu com o avô à procura de Frederico.

– Onde quer que ele esteja, o ideal seria encontrarmos uma pessoa sensível à nossa influência, uma pessoa de bem, por intermédio da qual pudéssemos convencê-lo a voltar logo para casa – explicou o avô.

As horas passavam e nada. De tempos em tempos, Melquisedec se levantava e ia até o quarto de Frederico verificar. Nada. De tão cansado, houve um momento em que começou a ter a sensação de que todos os relógios da casa funcionavam em coro. Tic-tac, tic-tac. Parecia uma tortura. Millah em coma no hospital; Frederico que não voltava para casa; Petúnia e Dionéia no quarto de hóspedes; Oberon dormindo no quarto de Johan. O que mais faltava acontecer?, perguntava-se. E se tivesse acontecido alguma coisa com o filho? Melquisedec também sentia-se exausto por tudo aquilo.

Ligou para o hospital e certificou-se de que ninguém com o nome, nem as características de Frederico havia sido internado nas últimas horas.

– Ainda bem que não! – suspirou aliviado, após ouvir a resposta da telefonista. – Mas onde se meteu esse menino? Será que não tem a mínima consideração?

Desceu as escadas e ficou um tempo andando pela sala, esperando o momento em que a porta iria se abrir e Frederico finalmente chegar da rua, como tantas outras vezes acontecera, com cara de farra. Será que só pensava nele? Culpa da mãe, que o criara tão cheio de caprichos. Será que a vida inteira ia ser assim? E se Millah não resistisse? Como iria dar conta sozinho do gênio de Frederico?

Tic-tac, tic-tac – os relógios continuavam cantando em coro e ecoando pela casa. Sensação de angústia e silêncio. De já ter vivido aquela mesma situação em alguma outra época de sua vida. Mas não que ele se lembrasse. Apenas uma sensação muito vaga, não dava para saber nem ao certo por quem esperava. Era uma espécie de repetição de uma experiência de angústia, sobretudo isso. De muita angústia.

Olhou para o piano, que já havia sido colocado no lugar, e

sentiu uma vontade irresistível de tocar. Abriu o instrumento, alisou as teclas amareladas pelo tempo, pensou em Millah. Mas não era uma vontade de ouvi-la tocando para ele, como tantas vezes acontecera. Era uma necessidade de jogar-se no piano e pairar por sobre as notas como quem nada numa piscina; como se ele já tivesse feito isso por toda uma existência: uma vontade de "nadar como antigamente". Mas não conhecia uma nota sequer.

Encostou novamente os dedos no teclado, fechou os olhos e quase pôde imaginar-se jogando para trás a 'cauda' do roupão, pisando nos pedais com seus chinelos puídos. Como um sonho. Lembrou-se então da época em que esta sensação aparecia com frequência, das aulas com Petúnia, da frustração que sentia cada vez que chegava à casa da professora e ela fechava o piano para contar-lhe histórias da sobrinha prodígio.

– Devo ter sentido tudo isso só porque ela está aqui... – pensou, fechando o piano, vencido.

Carregava, contudo, dentro de si uma tristeza, como se toda a música que ele tencionava tocar tivesse ficado presa em seu peito, em sua respiração. Já estava quase chegando no alto da escada quando, de repente, ouviu o barulho da chave girando na porta. E também risadas em seguida.

– Pssssttt... Fica quieta! Ninguém vai ouvir, entendeu?

Era Frederico. Pelo tom da voz, dava para perceber de longe que havia bebido.

– Você tem certeza de que aguenta subir as escadas? – uma voz feminina perguntou baixo, de certo para não acordar ninguém na casa.

– Vem ... Sobe comigo, vamos! – ele insistiu, sem qualquer preocupação com o volume da voz.

– Não posso, Frederico! Imagina se minha mãe descobre! – ela sussurrou.

Melquisedec continuava quieto, só ouvindo. Os dois ficaram ainda um tempo conversando na porta.

– Vem! – insistiu Frederico.

De repente, um barulho. Frederico tropeçou em alguma coisa, possivelmente nos próprios pés.

– Tudo bem, eu vou. Mas só para levar você até lá em cima – ela cochichou, austera. – Está vendo no que dá beber desse jeito?
– Beber é bom! Ajuda a esquecer... – ele tentou explicar.
– Em compensação, no dia seguinte... – ponderou a jovem.

Subiram os dois abraçados no escuro, ele amparado no ombro da garota até baterem de frente com Melquisedec no alto da escada.

– Onde você pensa que vai, seu... seu.... sem-vergonha?

MILLAH VEIO CORRENDO lá de fora, mas não teve como evitar.
– Na minha casa você não entra nunca mais, entendeu bem? Ponha-se daqui para fora! – do alto da escada, Melquisedec gritava com o filho.
– Espera, seu Melquisedec, o senhor está nervoso. O Frederico apenas... – a jovem tentou explicar.
– Seu Melquisedec? – ele tirou os óculos do bolso do roupão e acendeu as luzes para enxergar melhor.

Todas as luzes da escada e do corredor.

– Como sabe meu nome? Você me conhece por acaso, sua... Isso aqui é uma casa de família!

A jovem baixou os olhos envergonhada.
– Não fala assim com ela! – Frederico cambaleou na escada.
– Eu sou a Lavínia, seu Melquisedec... A filha da Heloísa, amiga da Millah – ela explicou, bastante constrangida. – A médica homeopata, o senhor se lembra?
– Bem que eu vi que não podia ser boa coisa! – Melquisedec ironizou, completamente fora de si. – E será que lá na farmacinha mágica da sua mãe não tem remédio para falta de vergonha na cara? Sim, porque é disto o que o meu filho está precisando! E, pelo visto, você também!

Desde que Millah sofrera o acidente, ele parecia uma metralhadora descontrolada. Não pensava mais no que dizia, ofendia a todos sem o menor discernimento. Era como se nada mais fizesse sentido para ele.

– Melquisedec, não fale assim com a menina! – a seu lado, Millah implorava.

Ela se deteve assustada ao perceber os estranhos vultos que o rodeavam.

– A minha mãe sempre gostou de homeopatia, ouviu? Você é que sempre foi implicante! – desafiou Frederico, sentindo-se encorajado pelo efeito da bebida. – Pensa que é o maior e o mais sábio de todos os médicos, só porque entende muito de músculos e ossos! Horrorizada, Millah percebeu que as mesmas estranhas entidades que rodeavam o marido pareciam rodear também Frederico, envolvendo os dois numa espécie de nuvem acinzentada. Ela recuou alguns passos.

– Não fale assim! – pediu Lavínia. – É seu pai!

Por sua vez, ela parecia cercada por uma espécie de halo dourado que impedia a aproximação da nuvem acinzentada. Sempre que se aproximava de Frederico, a fumaça se dissipava para o outro lado, como que repelida por sua energia. De onde estava, Alarico parecia de alguma forma contribuir para que a neta observasse tudo.

A essas alturas, todos já começavam a aparecer à porta dos quartos.

– Homeopatia, homeopatia... Uma coisa que não serve para curar câncer, que não cura doença grave não pode ser chamada de medicina! – extrapolou Melquisedec.

– Tudo bem, seu Melquisedec, vamos deixar essa discussão para um outro dia. Agora, o que o Frederico precisa é deitar na cama dele e... – Lavínia novamente tentou agir com equilíbrio, de forma a apaziguar a discussão.

Mas Frederico não conseguiu ficar quieto e logo se viu envolto novamente por aquelas estranhas entidades com aspecto vaporoso e gosmento.

– Pois alguma coisa me diz, pai, que você só está falando tudo isso por causa daquele papel que você escondeu no cofre no outro dia! Alguma coisa tem ali que está deixando você mais nervoso do que o estado da minha mãe! Alguma coisa que só você e ela sabem! Vai ver foi até isso que provocou o acidente!

– Seu... Seu...

Melquisedec lançou o braço com tal força contra o filho, que só não o derrubou escada abaixo porque a mãe o puxou depressa para o lado, com a ajuda de Lavínia.

– Ponha-se imediatamente daqui para fora! Você e sua namoradinha! Na minha casa, sob o meu teto, você não fica mais! E pode trancar aquela matrícula que você queria, porque a sua faculdade eu também não pago mais, seu moleque!

– Melquisedec, não faça isso! Não faça com o nosso filho o mesmo que fizeram comigo! Ele não merece isso! – implorava Millah, atônita.

Lavínia desceu correndo com Frederico as escadas, o mais depressa que pôde, enquanto Melquisedec permanecia imponente no alto da escada, esperando que os dois saíssem. Só faltava espumar de ódio.

– Melquisedec, deixe o menino voltar – pedia Millah, a seu lado. – Mande ele voltar para o quarto, não deixe que ele saia de casa assim!

Ele, porém, sequer registrava longinquamente suas palavras. Estava inteiramente imerso em outra sintonia.

– E nada de levar a chave! – avisou, cada vez mais envolto pela estranha nuvem. – Aqui você não pisa mais!

– Não diga isso! – Geraldo apareceu de repente, diante dele.

Mas Melquisedec também não lhe registrou a presença. Manteve firme sua posição até que o rapaz deixasse a casa, amparado por Lavínia, sem levar uma peça de roupa sequer. Geraldo foi atrás deles.

– Pai! – soluçou Clara.

– Não tem pai nem meio pai. Disse e está acabado. A autoridade aqui sou eu – Melquisedec impôs, antes de se trancar no quarto.

Petúnia e Dionéia também entraram discretamente e fecharam a porta com o mínimo de barulho.

– Coitado do rapaz, fiquei com pena dele – observou Dionéia.

– Você ouviu o que ele disse? Precisamos descobrir esse papel! – respondeu Petúnia. – Que papel será esse? – ela mal podia esperar para descobrir.

Não parecia nem um pouco sensibilizada com a cena.

– Depois sou eu que não tenho sentimentos! – protestou Dionéia.

Depois que tudo silenciou, apenas Oberon continuou parado na porta do quarto, sem saber o que fazer. Em sua angustiosa sensação de impotência, tinha mesmo a sensação de poder ver Millah, sentada na escada ainda chorando por causa da cena que acabara de presenciar. Até que, depois de pensar por longo tempo, ele voltou a entrar no quarto onde Johan continuava dormindo.

– Fique calma, minha neta. Lembre-se de que continua ligada ao corpo de carne. Se continuar neste desespero, seu estado pode piorar muito, você pode até vir a desencarnar ... Você não quer ir embora daqui agora, quer?

– Não sei, vovô... Fiquei tão desanimada diante de tudo isso... Lutei tanto para construir uma história familiar diferente da que eu vivi e no entanto... O senhor viu isso? Meu filho foi expulso de casa! Melquisedec não tem jeito. Sempre esse gênio difícil, avança um passo, retrocede dois... Só eu sei o quanto é complicado conviver com ele... Não sei, vovô... Não sei se eu quero mais continuar vivendo esta vida... Há tempos tenho andado tão cansada de tudo... – ela desabafou sincera. – Tenho vontade de desistir de tudo...

– Pense nos seus filhos, nos espíritos que Deus confiou a você, Millah... – ponderou o avô.

– Eu penso, vovô. A vida toda, tudo o que eu mais quis foi ser uma boa mãe, uma boa esposa... Até mais do que ser uma grande pianista. Não sei de onde me vem essa vontade imensa de tocar, que me faz sofrer nos dias em que não posso me aproximar do piano, que durante tantos anos me fez suportar as loucuras e os desmandos de Petúnia e Dionéia... e até mesmo as crises de Melquisedec, que vêm e vão... É uma coisa que vem de dentro – seus olhos se enchiam d'água quando ela falava –, como se toda a minha força viesse da música que eu toco... Sinto-me devorada pelo desejo sempre renovado de apresentar-me em público, de balsamizar as feridas das pessoas com minha música, sensibilizá-las, elevá-las... É a forma que eu tenho de amar ao próximo com a máxima intensidade... Mas ainda assim, desde que me casei com Melquisedec, eu escolhi dar minha música para ele e para os meus filhos, abrir mão dos aplausos, do *glamour*, dos títulos, para viver e me doar acima de tudo para eles... E agora, vovô, depois de todos estes anos, eu me pergunto, será que valeu a pena?... Será que fez alguma diferença? Não sei se quero mais continuar com isso...

À medida que ela ia falando, a luz de seu cordão fluídico ia perdendo cada vez mais o brilho.

– Minha filha, você, que desde menina sempre gostou tanto de trabalhar comigo no jardim de casa, talvez tenha se esquecido na dureza da luta do dia a dia de que todo trabalho tem seu tempo de plantio, de germinação, até que a planta brote e venha finalmente o tempo da colheita. Lembro-me ainda hoje de sua alegria em colher os pequenos cachos de mini-rosas que sua avó gostava de plantar para enfeitar e perfumar toda a casa. Contudo, Millah querida, vejo que com sua ansiedade está querendo agora colher as rosinhas antes que os botões se formem completamente, sentindo-se infeliz porque eles não exalam perfume... – observou o avô, cuidadoso como um jardineiro, ao falar dos sentimentos da neta.

Ela estava, porém, tão triste, tão negativa, tão decepcionada com as últimas atitudes do marido, que mal conseguia captar a grandeza do que o avô tentava lhe dizer.

– É como se eu tivesse passado toda a minha vida martelando um prego numa viga... Melquisedec não tem jeito, não tem solução. Sempre aquela emotividade violenta, aquele mutismo, aquela distorção entre o interior e a aparência. Até que por alguma razão ele explode, a ponto de não conseguir conter a vazão de sua própria ira contida... O senhor pensa que é fácil conviver com uma pessoa assim? E então vem a depressão. Uma depressão permeada de culpa, que muitas vezes mais parece que vai engoli-lo inexoravelmente. E que contamina as pessoas ao redor, rói as minhas forças, como um ratinho miúdo que fosse pouco a pouco devorando minhas raízes, contagiando tudo e todos com sua tristeza... Sinceramente, vovô, fazia tanto tempo que eu segurava isso, tanto tempo que me sentia sem coragem sequer para verbalizar minhas angústias... Começo a perder a esperança não só de vencer seu mal, como de dominá-lo... – ela continuou seu desabafo.

– Mas em algum momento você o amou... – observou Alarico.

– Amei, vovô... Amei e amo – ela agora chorava. – Quando Melquisedec apareceu em minha vida, ele era tudo de mais especial, de mais maravilhoso que existia na minha vida. Não havia um só minuto em que ele não ocupasse o meu pensamento. Eu vivia por ele, graças a ele e para ele, queria dar-lhe todo o meu amor, fazê-lo o homem mais feliz que pudesse existir neste mundo! Larguei tudo para seguir o meu coração... – ela fez uma pausa, como que contrapondo passado e presente. – ... Mas agora me sinto muito cansada...

Ela parecia ir como que murchando cada vez mais.

– Millah, dizia o mestre Jesus que uma boa árvore não pode dar maus frutos, nem uma árvore ruim dar frutos bons. Cada árvore dá o seu fruto. Abrolhos não produzem figos! Nem uvas nascem dos espinheiros, pois eles não produzem frutos. Mas também não podemos colher frutos de nenhuma árvore antes do tempo da colheita. E quanto mais arduamente trabalhado for o campo, quanto mais paciente for o cuidado, mais frutos a árvore vai dar... A ponto de multiplicar infinitamente aquilo que um dia foi plantado. E então o jardineiro verá seus esforços coroados de sucessos, e um grão produzir cem, e outros sessenta, outros trinta por um... Você mal começou a preparar a massa, minha filha, e já quer o bolo pronto?

Interromperam a conversa ao perceber os primeiros ruídos na casa, que amanhecia.

No andar de cima, em sua rotina de sempre, Clara levantou-se após ouvir o despertador e foi bater na porta do quarto do pai:

– Será que eu poderia conversar um pouquinho com você?

Ele a fez entrar e fechou a porta. Tinha os olhos muito inchados e tristes, parecia esvaziado em toda a sua ira.

Oberon, enquanto isso, descia as escadas em passos silenciosos, carregando sua bagagem. Deixou um bilhete sobre a mesa onde a família costumava fazer as refeições, olhou mais uma vez para o piano com um ar triste e saiu, batendo a porta com cuidado.

Millah não pôde deixar de chorar mais uma vez ao ver o amigo partindo daquela maneira. Para onde estaria indo?

– Não pense nisso agora, minha neta! Estamos aqui apenas por pouco tempo. Aprenda a lição que a vida quer lhe ensinar com tudo isso e encontre a sua liberdade! – Alarico, em vão, tentou reanimá-la.

Estava, contudo, tão fraca e desiludida, que aos poucos foi silenciando, permanecendo como que desfalecida em seus braços.

6

– Coitadinha, está tão inchada... – observou Petúnia.

Seu tom de voz, porém, era frio, contido, quase artificial.

– Uma menina tão bonita... – foi tudo o que Dionéia conseguiu dizer, enquanto Melquisedec conversava com os médicos plantonistas.

Apesar de tudo, parecia sentir um pouco mais do que a irmã. Mas nada que lembrasse o sentimento de uma mãe naquelas circunstâncias.

O estado de Millah havia piorado muito desde o dia anterior. Os batimentos haviam diminuído, a pulsação era fraca, como se o organismo fosse paulatinamente entregando-se. Não apresentava resposta a nenhum medicamento, nenhuma reação.

– Um pecado que um talento como ela tenha sido desperdiçado de forma tão brutal... – observou Petúnia, verificando-lhe os dedos também inchados. – E pensar que tudo poderia ter sido tão diferente...

– Poderia estar agora sendo aplaudida em qualquer lugar do mundo... – complementou Dionéia. – Cortejada por todos os homens que quisesse...

Melquisedec tomou fôlego, chegou a abrir a boca para expulsar aquelas duas dali, pronto a dizer-lhes a porção de desaforos que durante todo o tempo de convivência com a esposa guardara dentro de si, a pedido de Millah, que sempre preferira calar-se a revidar qualquer maldade das duas, preservar-se ao máximo da sujeira e do lodo que naturalmente delas provinha. Mas trazia ainda na mente as palavras que ouvira da filha naquela manhã:

"Não é porque a mamãe não está bem que você agora vai ficar assim, tão atormentado! E o que a minha mãe diria se visse você nesse estado, agredindo todo mundo?" Melquisedec calou-se.

Também fora ideia de Clara levar Petúnia e Dionéia até o hospital de manhã cedo, para que, com sua autorização, pudessem entrar na UTI para ver Millah rapidamente. O que Clara, na verdade, queria era que o horário oficial da tarde de visitas na UTI ficasse exclusivamente para os filhos, de forma a que Frederico também pudesse ir ver a mãe, sem precisar passar por nenhum tipo de constrangimento familiar. E também Oberon, que certamente iria querer visitá-la naquele dia.

Melquisedec trazia no bolso amassado o bilhete que encontrara na mesa do café da manhã. Não tivera coragem de abri-lo, mas também não ousara jogá-lo fora.

– Você sabe se aqui neste hospital tem um bom cirurgião plástico? – perguntou Dionéia, quando já estavam de saída.

Agia com uma naturalidade de quem acaba de sair do supermercado. Nem por um momento agia como uma mãe que acaba de ver sua filha desacordada numa UTI, possivelmente até pela última vez. O tempo todo, parecia só ter olhos para si mesma e para suas próprias necessidades fúteis e materiais. Melquisedec mal pôde crer no que ouvia. Por sorte, a própria Petúnia deu um cutucão na irmã, de forma que ele nem precisou responder.

Deixou as duas no shopping, como haviam pedido, e seguiu em silêncio. Estava tão chocado que nem sabia o que dizer. Chocado e desnorteado.

Pela primeira vez na vida, Melquisedec sentiu muita falta de um amigo, de alguém com quem ao menos pudesse desabafar. Sentia-se empanzinado de tanta dor, tanto desconforto, tanta insegurança, tanto medo de que aquela solidão se tornasse ainda pior, caso Millah efetivamente partisse. Embora lidasse diariamente com a vida e a morte no hospital, nunca se preparara para a hipótese de um dia vir a perder a companheira que tanto amava.

Só agora, no entanto, percebia o quanto tantas vezes deixara de expressar-lhe o seu amor, o quanto os dois haviam se afastado de todas as pessoas, em nome dos ciúmes que ele tinha de dividir com alguém as atenções dela. Sim, acabara criando uma situação difícil para ele mesmo agindo dessa forma. Fechara-se tanto e a tal ponto que nem com os filhos sentia-se à vontade para expor seus sentimentos.

"E se tomasse coragem e procurasse Heloísa, a médica homeopata de quem Millah sempre fora amiga?", uma ideia de repente passou-lhe pela mente. "Não", ele respondeu imediatamente a si próprio. "Procurar Heloísa seria expor sua fraqueza, 'engolir' homeopatia e a ideia que ela defendia sobre o espiritismo era demais, , era assinar falência sobre todas as suas convicções." "E por que não?", algo que parecia vir de dentro dele, mas que lembrava igualmente um alter ego externo , voltou a insistir. "De que adiantam tantas convicções? Não vale muito mais um amigo sincero com quem dividir suas angústias? E por que não ouvir a opinião de outro lado para tomar uma decisão mais segura?" "Mas e se Frederico estiver lá?", Melquisedec perguntou a si próprio, sempre em pensamentos. "Tanto quanto melhor", respondeu de pronto sua voz interior. "Assim Heloísa te ajuda a resolver também este problema, por que não? O máximo que vai acontecer é você precisar pedir algumas desculpas. Será que é tão difícil assim?"

Por mais alguns instantes, Melquisedec avaliou custos e benefícios, de novo consultou o relógio, preocupado com o horário em que ficara de buscar Clara e Johan. Acabou entrando no primeiro retorno e seguindo pelo caminho que iria dar na casa de Heloísa, que ficava no antigo condomínio para onde ele e Millah se mudaram, logo que vieram da Europa.

Millah, enquanto isso, abria os olhos, ainda sentindo-se ao lado do avô. Percebia-se agora numa casa que também lhe era muito familiar:

– Mas aqui é a APAE! – ela exclamou surpresa. – Por que me trouxe para cá? Pelo que entendi, hoje é um domingo, não tem ninguém aí dentro! Ou será que estou enganada?

– Venha! – o avô convidou simplesmente.

Foram entrando devagar. Ela estava agora tão fraca que necessitava ser amparada por ele. Achou curioso, no entanto, que o caminho estivesse todo enfeitado com pequenos vasinhos de kalanchoe, uma plantinha simples e vistosa, com pequenos buquês florais de tons que variam entre vermelho, alaranjado, amarelo, rosa, lilás e branco. Ela sempre ganhava muitos desses vasinhos no dia do mestre naquela escola, os alunos sabiam que era apaixonada pelo colorido e pela delicadeza de suas florezinhas.

Há muitos anos, desde que Johan começara a frequentar a Associação de Pais e Amigos dos Excepcionais, Millah trabalhava ali como voluntária, ajudando a extrair o máximo de potencial daquelas crianças através da música. Eram muitos os frequentadores da Associação que com seu auxílio haviam conseguido tocar um instrumento, os que aprenderam a controlar suas crises através da simples audição de uma música clássica confortadora, os que Millah conseguira sensibilizar com seu toque mágico e transformador.

Passando agora pelos corredores, ela se lembrava dos muitos momentos ali vividos e novamente sentia-se emocionar. Havia, porém, algo mais ali. Algo que estava além das fotos e desenhos afixados nas paredes, das lembranças trazidas na memória. Tal como se pairasse uma energia diferente ali dentro, uma força muito amorosa que parecia envolvê-los. Esta sensação foi aumentando à medida que seguiam a trilha de vasinhos pelo pátio, pelo corredor, até que chegaram finalmente a uma sala, onde Millah se deparou com imensa roda de pessoas em prece.

Havia muitos pais, alguns avós, muitos alunos, Clara e Johan estavam entre eles! – ela constatou, cada vez mais surpresa e emocionada, pela energia que a envolvia. No centro da roda, cercada por vasinhos de todas as cores, estava uma foto sua tocando piano.

Delicadamente, o avô a conduziu até o centro da roda, onde estava a foto. Millah chorou muito. Não era, contudo, como o choro de horas atrás, tão cheio de tristeza e desgosto. Mas um pranto de gratidão. Como se o reconhecimento fosse uma luz brilhante a emanar de todos aqueles seres até enlaçá-la e envolvê-la completamente tal como um manto resplandecente, para depois retornar a eles multiplicada, feito uma resposta de sua própria gratidão a toda aquela vibração.

Podia sentir o abraço de cada um dos ali presentes, seus aluninhos menores como que derramando-se pequenos botõezinhos de kalanchoe coloridos por sobre a cabeça. Fechou os olhos e, entre muitas lágrimas, deixou-se ficar, enquanto eles oravam por sua recuperação.

Melquisedec, enquanto isso, chegava até o portão da casa de Heloísa. Cachorros latiram no quintal, percebendo sua presença. Ele elevou o dedo para apertar a campainha, mas não teve coragem de completar o gesto. "Bobagem, melhor ir para casa", pensou. Já ia entrar de novo no carro, quando ouviu uma voz conhecida entre os latidos dos cachorros:

– Melquisedec? Foi você quem tocou a campainha?

Era Heloísa. Curiosamente, tinha ouvido a campainha mesmo sem ele tocar.

PARA GRANDE SURPRESA de Melquisedec, Frederico e toda a família de Heloísa encontravam-se reunidos em torno da mesa da sala, no momento em que ele apontou na porta. Mas não entrou. Havia uma espécie de jardim de inverno, que era na verdade uma varanda coberta e envidraçada, com vasos de plantas, poltronas de vime, muito aconchegante. Preferiu ficar lá.

Atento ao que acontecia na sala, Frederico nem percebeu a presença do pai na varanda.

– Você fique à vontade – ainda surpresa com a inesperada visita, Heloísa ofereceu uma cadeira a Melquisedec. – Todo domingo nós fazemos nosso estudo semanal do Evangelho neste horário, mas já estamos quase terminando. Você se importaria de esperar só um pouquinho para conversar com seu filho? – ela explicou gentil.

Era tão intensa a vibração energética que emanava do ambiente que Melquisedec sentiu-se fortalecido só de estar ali. A sensação era comparável a de alguém que chega a um oásis depois de perambular muito tempo por um árido deserto. Sentia vontade de desfrutar um pouco daquela paz. E como era unida a família de Heloísa! – não pôde deixar de constatar com respeito e admiração. Como era bonito ver uma família reunida num domingo, naquele clima de tranquilidade e harmonia, para um estudo do Evangelho.

Toda a sua família era católica. A mãe e as tias eram catolicíssimas, por assim dizer. Mas nunca as vira reunidas em um estudo como aquele, numa situação de tanta plenitude como a que naquele momento tinha a oportunidade de observar.

Talvez, se não experimentasse tanta dor diante da eminência de ver seu núcleo familiar estilhaçado pela possível partida prematura da esposa, Melquisedec não se comovesse tanto com o quadro. Ao contrário do que era de se esperar, porém, ele nem mesmo se zangou em ver o próprio filho fazendo parte daquela reunião com aqueles espíritas – a quem sempre tentara banir do convívio dos seus, como se fossem portadores de uma espécie de moléstia contagiosa.

– Espero que não fique zangado por Frederico estar participando de nossa reunião... – disse Heloísa como que adivinhando seus pensamentos, e foi logo tentando explicar. – Com todo respeito, sei que você não simpatiza muito com o espiritismo. Mas foi ele quem pediu para participar e achei que ele estava...

– Pode ir lá terminar sua reunião que eu fico aqui esperando – ele a interrompeu gentil. – Na verdade eu não vim exatamente para... Mas vá. Termine seu estudo. Depois eu explico.

Heloísa ficou por alguns instantes ainda parada, sem saber o que fazer ou dizer. Estava realmente admirada. Depois de tantos anos de luta para poder continuar amiga de Millah... Voltou a sentar-se à mesa em silêncio, deixando Melquisedec entregue a suas próprias reflexões.

Heloísa tinha três filhos, todos mais ou menos da idade de Frederico. Os jovens estavam empolgados, discutindo o assunto em questão, apenas Vinícius, seu marido, percebeu vagamente o que se passava. Olhou cúmplice para a esposa, que lhe respondeu com um largo sorriso de "não se preocupe, está tudo sob controle".

Geraldo, o pai desencarnado de Millah, estava agachado num canto da sala, próximo ao neto, prestando atenção a tudo o que era dito. Também experimentava uma sensação diferente de todas as que já vivenciara desde o seu desencarne, uma vontade de permanecer ali, apesar de toda a fraqueza que paulatinamente sentia ir se apoderando de seu ser, um sono quase impossível de ser controlado. Mas sobretudo sentia-se muito bem por estar perto de Frederico e a firme determinação de protegê-lo mantinha-o de olhos abertos.

Complementando o tema que estavam estudando, Verônica, a filha mais velha de Heloísa, lia agora mais um trecho de *O evangelho segundo o espiritismo*:

– Olha só o que diz aqui: "Se o amor ao próximo é o princípio da caridade, amar aos inimigos é a sua aplicação máxima, pois esta virtude é uma das maiores vitórias alcançadas sobre o egoísmo e o orgulho."

Ao ouvir isso, Heloísa lançou rápido olhar na direção da varanda e sorriu, como se tomasse para si aquela mensagem. Sim, sentia-se extremamente grata a Deus pela oportunidade de ter Melquisedec ali, numa atitude de paz, considerava mesmo uma vitória não ter sentido nenhuma mágoa ou indignação quando o vira parado diante de sua porta.

– É importante a gente destacar que todas as palavras de Jesus que chegaram até nós são, na verdade, traduções. E nem sempre uma tradução dá conta de toda a riqueza de uma palavra, quando transferida de uma língua para outra. No caso da palavra amor, por exemplo, vale lembrar que os gregos dispõem de várias palavras para designar os diversos tipos de amor – explicou Vinícius, que era professor de línguas latinas na universidade.

– Como assim? – Frederico não entendeu.

– Nossa, estou sentindo uma dor de cabeça – comentou Verônica, de alguma forma pressentindo a presença de Geraldo.

– Logo vai passar, concentre-se no estudo – a mãe recomendou baixinho.

– *Eros*, por exemplo, é o amor sensual, da carne, originando palavras como erótico, no português – Vinícius prosseguiu na explanação. – Já o vocábulo grego *storge* designa especificamente o amor entre pessoas da mesma família. Implica confiança mútua, valores compartilhados. *Philos*, por sua vez, que deu origem à filantropia, é aquele amor ligado à fraternidade, entre pessoas conhecidas, entre amigos, sendo, porém, um amor condicional. Ou seja: se você me faz o bem, eu faço o bem para você. Do contrário...

– E qual desses seria o amor a que Jesus se refere? – tentou entender Verônica, que era sempre a mais rápida e também a mais impaciente dos três filhos de Vinícius e Heloísa.

– Nenhum desses, filha. Creio que Jesus fala aqui de um outro tipo específico de amor, entre vários outros que existem no grego clássico... Que é o amor *ágape* – classificou Vinícius.

– E o que seria exatamente isso? Já ouvi falar outras vezes deste negócio de *ágape*, mas nunca entendi direito o que era – confessou Frederico.

– Ágape é um amor sem condições, o amor incondicional, que envolve escolha de atitude: eu vou escolher como me portar. Era desse amor que Jesus veio falar para nós. Age bem para com os vossos inimigos, sejam eles quem forem!

Ficaram todos em silêncio por alguns instantes, pensando no que aquilo queria dizer.

– Impossível! – retrucou Geraldo, em seu canto. – Coisa de filósofos. Seria até bonito se fosse verdade! Ágape! Imagine se Petúnia está preocupada com o que seja ágape! – comentou, cheio de íntima amargura. – Se Dionéia merece isso de alguém!

– Você tem que reconhecer que não é uma coisa muito prática, né pai? Na verdade, a gente não consegue nem ficar muito tempo perto de uma pessoa que a gente não gosta! Dá um nervoso! Um mal-estar... – comentou Verônica, fazendo uma careta. – Ai, que dor de cabeça! – ela reclamou de novo.

– Eu sinto ódio só de pensar naquelas duas! – Geraldo disse ao lado dela.

– É uma sensação horrível! Dá vontade de sair correndo! – opinou Tarso, o filho do meio.

– Mas isso também está escrito no próprio Evangelho – observou Heloísa.

Ela tomou nas mãos o exemplar para ler o trecho a que se referia:

– "Entre as pessoas que desconfiam umas das outras não poderá haver os mesmos laços de simpatia que existem entre aqueles que têm a mesma maneira de pensar. Quando encontramos um inimigo, não podemos ter para com ele a mesma alegria que sentimos quando encontramos um amigo. Este sentimento resulta de uma lei física: a da assimilação de fluidos".

– E o que seriam exatamente fluidos? – tentou entender Frederico.

– Os fluidos são o veículo do pensamento. Eles nos trazem o pensamento como o ar nos traz o som – esclareceu Heloísa.

– Quer dizer, você não aguenta ficar muito tempo ao lado de uma pessoa que não te é agradável porque é como se o pensamento dela ficasse o tempo todo te enviando coisas que não se afinam com o nosso pensamento – complementou Lavínia.

Geraldo começava a sentir-se agora envolvido por um sono fora do comum. De imediato, Verônica teve a sensação de que a pressão sobre sua cabeça começava aos poucos a ir se afrouxando.

– Ok. Até aí eu acho que entendi. Mas então o que o Evangelho, o que Jesus recomenda que a gente faça numa situação dessas? – Frederico perguntou, expressando um pouco da angústia que sentia em função de seus constantes desentendimentos com o pai. – O que fazer com esse sentimento de animosidade natural que temos com relação a uma pessoa, às vezes até da nossa família?

– Nada de tão complicado – explicou Heloísa. Amar os inimigos não é dedicar a eles uma afeição artificial, forçar a natureza das coisas, mas simplesmente não lhes guardar ódio. Pelo menos da minha parte, eu não vou permitir que o pensamento leve estes fluidos!

– Nem ódio, nem rancor, nem desejos de vingança. É fazer a opção de não querer reagir! – complementou Vinícius.

– Mas isso é muito difícil! – reiterou Tarso. – Como amar alguém que já fez coisas horríveis com a gente? Que pode vir a fazer tudo de novo, se a gente não tiver cuidado?

Imediatamente, os olhos de Geraldo voltaram a se acender ao ouvir isso.

– Impossível! – ele deixou escapar, de novo sentindo muita raiva.

Verônica outra vez levou as duas mãos à cabeça, voltando a sentir muita dor com a presença daquela vibração no ambiente.

– Tarso, presta atenção! Jesus não quis dizer para a gente sair por aí, que nem bobo, abraçando todo mundo que nos fez mal. Não é dar a essas pessoas o mesmo lugar que damos no coração aos nossos amigos queridos, não é isso – ela ponderou, mesmo com dor.

– Acho que perdoar os inimigos é simplesmente compreender que a pessoa que te fez o mal não vai ser má para sempre, é apenas um momento evolutivo por que aquela alma está passando e cabe a nós desejar, com pureza de sentimentos, que aquele ser se melhore, que se conscientize, que se ilumine, não fazendo, de nossa parte, nada que possa prejudicá-lo, seja em palavras ou em atos, pagando o mal com o bem, com as nossas orações, com os nossos pensamentos puros, sem humilhar ninguém – acrescentou Lavínia.

Enquanto ela falava, a mãe tomou uma caneta fosforescente e passou a marcar um trecho de um parágrafo que lhe chamara a atenção.

– Percebe a mudança dos fluidos que emitimos numa postura como essa que a Lavínia está falando? – observou, ao terminar a tarefa.

Frederico tomou nas próprias mãos o livro sobre a mesa e, como que conduzido por uma sugestão sutil, passou a ler alto e pausadamente o trecho que Heloísa acabara de grifar:

– "É não colocar nenhum obstáculo à reconciliação... É desejar-lhes o bem no lugar do mal... É alegrar-se pelo bem que lhes aconteça ao invés de se entristecer... É socorrê-los em caso de necessidade... É não fazer nada que possa prejudicá-los, em palavras ou atos". – Cara! É preciso muito controle para conseguir fazer isto! Muita determinação mesmo – admirou-se Frederico.

Novamente ficaram todos um tempo em silêncio, a refletir sobre as palavras lidas. Geraldo voltou a sentir muito sono, envolvido pelas vibrações de paz e tranquilidade.

– Sabem, outro dia estava vendo um filme sobre Gandhi e me chamou a atenção uma frase que era mais ou menos assim: "Nunca precisei perdoar ninguém porque nunca me senti ofendido. Se não me senti ofendido, não tinha o que perdoar" – comentou Lavínia, com sua voz pausada e doce. – Acho que o segredo está em a gente não se ofender com o que os outros fazem!

– Vai dizer que você não se ofendeu com tudo aquilo que o meu pai te disse? – questionou Frederico.

Heloísa olhou para Vinícius com os olhos muito arregalados, sem poder dizer mais nada. Sabia que da varanda Melquisedec podia ouvir tudo o que diziam lá dentro.

De fato, lá fora, Melquisedec foi pego de surpresa pelo comentário. Sentiu pulsar mais forte a respiração, chegou mesmo a levantar-se da cadeira, disposto a ir embora. Os jovens, porém, continuaram o debate naturalmente, alheios a esta possibilidade:

– Sabe que não? – respondeu Lavínia. – Eu entendi naquele dia que o seu pai não estava bem. No começo eu até me exaltei um pouco, quando ele falou da minha mãe, mas depois eu olhei para ele, para a fisionomia dele, e pensei: meu Deus, essa pessoa não está bem... Acho que no lugar dele eu também não estaria! Sinceramente, Frederico, eu acho que você deveria olhar com mais carinho para o seu pai. Você já parou para pensar o tamanho da angústia que ele deve estar sentindo com tudo isso?

Melquisedec sentou de novo na cadeira, vencido. Que grandeza de espírito tinha aquela menina! Que valores elevados tinha aquela família! Por que será que ele nunca tinha enxergado isso antes? Será que Heloísa havia comentado alguma coisa que ele estava ali?

Em um dia como outro qualquer, Melquisedec ficaria agitadíssimo diante desta hipótese. Mas naquele momento, sentia como se algo a seu lado lhe dissesse: "fique calmo, nada disso aconteceu". Desfrute a oportunidade de aprendizado. Decidiu aguardar até o final do estudo, como havia prometido.

– Chico Xavier tem uma frase maravilhosa que eu acho que resume tudo isso muito bem – lembrou Verônica. – Ele diz: "Fico triste quando alguém me ofende, mas, com certeza, eu ficaria mais triste, se fosse eu o ofensor!"

– É uma coisa boa para a gente pensar, quando nos sentirmos magoados por alguma razão. Devemos sempre pensar que aquela pessoa é uma oportunidade que Deus nos dá para mostrarmos o quanto já conseguimos amadurecer espiritualmente – lembrou Heloísa.

– Mas e se os dois forem inimigos de outras vidas? – questionou Tarso.

– É a mesma coisa. Tem uma passagem do Evangelho de Mateus, onde Jesus diz: "Em verdade vos digo que tudo o que ligares na Terra será ligado no céu, e tudo o que desligares na Terra será desligado no céu". Ou seja, quanto mais os espíritos se odeiem e se ataquem na vida física, mais a lei natural que rege a todos nós os aproxima e os reúne em vidas futuras, fazendo com que colham os frutos de seus próprios desmandos, até que desfaçam os laços de ódio que um dia, numa outra época, foram atados na Terra – explicou Heloísa.

– A lei sempre se encarregará de aproximar novamente os que se odeiam, até conseguir fazer com que se unam e se amem. Não há outra solução para o problema do ódio, pois o amor é lei universal. – esclareceu Vinícius.

Geraldo continuava pensativo e sonolento. Tudo aquilo lhe era tão novo e ao mesmo tempo parecia ter tanta ligação com as situações que vivenciava, que ele fazia um esforço incrível para vencer o cansaço natural e tentar entender um pouco mais sobre aqueles conceitos.

– Achei superlegal quando uma amiga lá do centro me contou que tinha sido assaltada e ficou com muita raiva. Mas depois, chegando em casa, ficou pensando na situação espiritual do bandido, no sofrimento horrível que seria para ela, se tivesse de passar um único dia na condição dele, que no final das contas nem ia ficar com o celular que roubou dela. Provavelmente iria vender por qualquer dinheiro, talvez até gastar esse dinheiro com drogas e, no outro dia, sair de novo na rua e se endividar ainda mais perante as leis divinas, assaltando outra pessoa, correndo risco de morrer ou de matar uma outra pessoa! Minha amiga disse que, depois de toda esta meditação, ela experimentou um sentimento de compaixão enorme pelo bandido, e até orou para que ele se iluminasse – contou Verônica.

– Em poucas palavras, devemos sempre esquecer o mal que nos foi feito e pensar apenas no bem que podemos fazer – sintetizou Heloísa. – É fácil? Não, não é. Mas estamos aqui para nos exercitar. Amar aos nossos inimigos é sobretudo uma questão de treinamento. E quanto mais nós conseguirmos caminhar neste sentido, mais estaremos crescendo em espírito.

Enquanto eles faziam a prece de encerramento do estudo, Melquisedec pensava na grande dificuldade de relacionamento que sempre tivera com Frederico. Será que os dois, conforme havia acabado de ser explicado no estudo lá dentro, haviam sido colocados juntos, na mesma família, como pai e filho, para que conseguissem diminuir diferenças trazidas de outras vidas? Será que existia mesmo isso? E quanto à Millah e à família dela? O que a ligaria àquelas pessoas por laços tão fortes? Haveria alguma esperança de transformar em laços de amor todo o mal que haviam feito à esposa? Por mais que naquele momento estivesse disposto a enxergar novas explicações, Melquisedec julgava impensável a transformação de duas pessoas como Petúnia e Dionéia. Afinal, eram tantos os seres não simpáticos por quem se sentia cercado...

Tirou do bolso o bilhete que Oberon deixara na mesa do café da manhã. Havia lido tão afobadamente, que mal conseguira registrar o que estava escrito. Abriu de novo o papel e tentou relê-lo com um pouco mais de calma. Irritava-o, porém, ao extremo a maneira doce, quase poética, como Oberon referia-se à esposa:

"Prezado Melquisedec, gostaria que tivesse absoluta certeza de que entre mim e Millah jamais houve nada além de uma amizade preciosa. Tão solar e imprescindível quanto uma clave a desvelar as notas de uma partitura musical. E é em nome da música, desta sinfonia leal e verdadeira que nós construímos ao longo de todos esses anos com a nossa parceria em tantos palcos da Alemanha, do Brasil e do mundo, que eu peço o seu olhar compreensivo e generoso para a minha presença aqui na sua cidade. Também desejo que Millah possa se restabelecer o mais rápido possível e me coloco a sua inteira disposição para tudo o que puder ajudar nesse sentido, inclusive com relação aos meninos. Precisando de mim, estarei no hotel de sempre.

Respeitosamente,

Oberon Martinik"

Melquisedec amassou com raiva o bilhete e ficou a refletir por mais alguns instantes, apertando-o com força numa das mãos. Não. Aquilo ele não conseguia!

– Sabe que muitas vezes eu penso que Millah teria sido muito mais feliz se tivesse conhecido Oberon antes de conhecer Melquisedec? – olhando um vestido na vitrine do shopping, Dionéia displicentemente comentou com a irmã.

– Não foi por falta de aviso! Tantas vezes eu mesma disse a ela: espere! No momento certo você encontrará o seu Liszt! Ou até mais do que isso! – observou Petúnia. – Mas ela preferiu uma vida estreita, caseira e burguesa... uma vida de professorinha de música comum... Olhe só no que deu!

– Você está mesmo pensando em investir no talento de Clara? – imaginou Dionéia. – A menina até que toca bem...

– Talvez não tão bem quanto a mãe... Precisaria vê-la tocando de novo para me certificar... – respondeu Petúnia, passando devagar para a outra vitrine.

– E você acha que ela aceitaria? – cogitou Dionéia, ainda admirando vestidos.

– A questão não é 'se ela aceitaria, mas se ela vale a pena'!

Você vai querer experimentar algum vestido? – sintetizou Petúnia, consultando o relógio. – Se vai, decida logo, porque está quase na hora que marquei com Irelias...

– Não sei... Você acha que ficaria bem usar um vestido desta cor, caso acontecesse alguma coisa a Millah? – Dionéia ficou na dúvida.

Petúnia olhou para ela com certo espanto:

– Imaginei que precisasse de um vestido porque tivesse trazido poucas peças de roupa e não que estivesse procurando uma coisa em especial para esse tipo de ocasião!

Dionéia recuou de imediato:

– Meu Deus, Petúnia! Por quem me tomas? Só falei porque...

– Eu te conheço, Dionéia Edwiges!... – tornou Petúnia.

– Você sempre encontra um jeito de estragar o meu entusiasmo! Tem prazer em me machucar!E eu que pensei que você estivesse compreendendo a minha dor e quisesse encontrar um jeito de me animar! – a irmã mais nova dramatizou, fazendo-se de vítima. – Vamos embora, então! Melhor mesmo é ficar em casa sofrendo, diante do que possa vir a acontecer! – Dionéia saiu andando, com ar de profundamente ofendida.

– Dionéia, espere! Não foi isso o que eu quis dizer! – Petúnia foi atrás dela, depois de consultar mais uma vez o relógio. – Venha, vamos comprar o vestido! Vamos ver aquele outro mais caro de que você tinha gostado!...

Na sede da APAE, ainda muito emocionada com a homenagem, Millah acompanhava a saída dos alunos, um a um. Até que chegou a vez de Johan e Clara despedirem-se de Celina, a diretora.

– Foi tão bonito... Nem sei como agradecer – Clara também continuava emocionada.

– Foi tudo por causa do Julius Tausch... Mas ela logo vai voltar... – Johan fez questão de explicar à diretora.

– Johan! – Clara ralhou com ele, enxugando rapidamente as lágrimas.

– Foi bom isso acontecer, Clara. Precisávamos mesmo conversar. Faz mais de uma semana que ele vem falando neste tal Julius...

– Tausch! – complementou Johan. – Julius Tausch!

Ele saiu da sala e começou a andar de um lado para outro. Sempre ficava agitado quando falava nisso.

– É algum parente de vocês? – tornou Celina, preocupada, trancando o auditório.

– Não! – respondeu Clara. – Acho que é só um pianista do livro de ouro dele! Não sei por que ele cismou com isso de uns tempos para cá...

– Ele não está no meu livro de ouro! – protestou Johan, que continuava andando pelo corredor irritado. – Ele é um traidor! Nunca vai estar!

Clara e Celina se olharam intrigadas.

– Ele fala tanto desse homem, que chegamos a pensar que existisse! Que fosse algum parente de sua mãe, enfim... ela sempre faz tanto mistério a respeito de seu passado... – comentou a diretora.

Ouvindo isso, Millah imediatamente lembrou-se do estranho sonho que tivera no avião. Tausch... Tinha quase certeza de que era este o mesmo nome que ouvira.

– O que significa isso? – ela perguntou ao avô. – Quem é esse homem? Por que sonhei com ele quando estava perseguindo Irelias? Como meu filho sabe da existência dele?

– Significa apenas que o Johan, por sua extrema sensibilidade, associa toda ideia de traição às lembranças que seu espírito guarda desse homem – disse Alarico.

– Quer dizer que não foi apenas um sonho? Então... Ele realmente existiu? Eu já fui outra pessoa antes de ser Millah? O que tem a ver tudo isso com o que eu agora estou passando? – de novo ela estava confusa. – E com Irelias? Qual a ligação de Irelias com esse tal Julius Tausch?

Sentiu então como se sua mente fosse atravessada pelas imagens que vira no sonho. A decisão do regente da orquestra de substituí-la por outro pianista, a descoberta de que ele havia assumido as funções do próprio regente. "É preciso criar enquanto é dia", uma voz de homem começou a se repetir em suas lembranças. Mas não era a voz de Irelias. E nem do tal regente. Mas também não sabia dizer ao certo de quem era aquela voz, nem o que se passava. Apenas sentia dor. Uma dor lancinante e profunda, como se algo de muito terrível estivesse prestes a acontecer. Ainda experimentava uma sensação de estar muito fraca. Grande pesar abateu-se sobre ela. Era preciso evitar alguma coisa. Mas o quê?

– Acho que, antes de mais nada, você precisa se fortalecer. As recordações estão vindo mais depressa do que o esperado, é necessário mudar a sintonia, fazer algo para que retome seu equilíbrio, antes que seja tarde – avaliou Alarico, percebendo seu estado.

– Tausch... Julius Tausch... – repetia Millah, fazendo o possível para se lembrar de mais alguma coisa.

"É preciso criar enquanto é dia", repetia a voz em sua mente. Uma voz que lhe era extremamente familiar.

– Venha comigo, Millah – disse o avô, depois de refletir por breves instantes, quando pareceu inspirado por amigos espirituais. – Você precisa urgentemente de socorro!

Heloísa, enquanto isso, vinha lá de dentro com uma pequena bandeja com um copo de água fluidificada para oferecer ao visitante. Era também um hábito da família deixar sempre uma garrafa de água sobre a mesa para que recebesse os fluidos balsamizantes dos amigos espirituais durante o estudo do Evangelho, para depois ser oferecida a todos os presentes.

– Melquisedec?

– Pai? – Frederico chamou timidamente, vindo logo atrás dela. Não havia, contudo, mais ninguém na varanda. Procuraram pelo jardim, por toda a parte externa da casa e nada. Por fim, abriram o portão e constataram que o carro também não estava mais lá. Ele tinha ido embora.

– Você tem mesmo certeza de que ele veio até aqui? – questionou Frederico.

– Mãe, será que você não teve um *insight* e imaginou tudo isso? Ninguém ouviu a campainha tocar! – cogitou Lavínia, delicadamente.

– Eu acho que meu pai nunca viria até aqui... – observou Frederico, ainda olhando para todos os lados como que a tentar certificar-se.

Geraldo Magela, enquanto isso, era recolhido, com muito cuidado, em uma espécie de maca pelos espíritos de luz presentes na sala e por eles levado.

– Não, gente! Eu vi quando ele entrou na varanda junto com Heloísa! – tornou Vinícius. – Não foi uma viagem astral dela, nem nada do gênero!

– Que coisa... Sabem que a minha dor de cabeça passou completamente? – observou Verônica.

– Nunca, em todo o tempo em que eu conheço a Millah, eu tinha visto o Melquisedec daquela maneira... – comentou Heloísa, preocupada, juntando os livros sobre a mesa, enquanto os jovens conversavam na varanda. – Resta saber agora para onde ele foi... O pior é que estou sentindo uma coisa estranha aqui no peito... – ela parou por alguns instantes, como a refletir sobre o que acabara de dizer.

De um impulso, pegou a bolsa que estava sobre a cadeira e foi em direção à porta que ligava a cozinha à garagem.

– Heloísa, onde você vai? Está na hora do almoço! – Vinícius foi atrás dela.

– Vocês podem almoçar, não precisam esperar por mim. Está tudo pronto no fogão... – ela disse, caminhando em direção ao carro, já na garagem.

– Mas aonde você vai a uma hora dessas? – insistiu Vinícius, caminhando atrás dela.

– Eu preciso ir! Sinto que Millah está precisando de mim! – ela entrou no carro apressada, já virando a chave na ignição.

– Mas... Você está indo para o hospital? O horário de visitas é só... – ele tentou dizer.

– Não se preocupe, Vini. Eu não vou ao hospital – ela despediu-se, já saindo com o carro da garagem.

RITORNELLO[5]

[5] *Ritornello* em italiano, ou simplesmente ritornelo, em sua forma aportuguesada é o termo musical que exprime ação de retorno, podendo ser aplicado em variadas circunstâncias: refrão de madrigais, estribilhos, repetição de introdução instrumental a composição vocal, coro. Para muitos, o ápice de uma música; o segredo de uma boa canção. Para os filósofos franceses, mais do que uma célula que se repete e nos faz seguir a melodia, o ritornelo conduz a uma espécie de lugar entre o "eu" e "o que está fora de mim" (o outro, o mundo), em que essa conexão (interior/ exterior) parece fazer sentido – ao menos momentaneamente. (in: Gilles Deleuze & Felix Guattari, 'Acerca do ritornelo', in *Mil platôs*, vol. 4)

Heloísa estacionou o carro e adentrou o imenso parque verde. Ficava a leste da cidade, em pleno perímetro urbano. Fazia isso sempre que precisava colocar as ideias em ordem, respirar, meditar, entrar em prece. Sim, sabia que orar era tudo o que naquele momento podia fazer por sua amiga. E precisava ser ali.

Durante muitos anos, ela e Millah se encontraram na entrada daquele parque no final da tarde para caminhar, depois de um dia de trabalho. Enquanto se exercitavam, conversavam sobre a vida, os filhos, riam, trocavam conselhos, receitas de xaropes caseiros, explicações sobre remédios de homeopatia, pedidos de prece para pessoas próximas em dificuldades. Era um momento só das duas, talvez a etapa de vida em que a amizade houvesse efetivamente se solidificado.

Ao longo daquelas caminhadas em torno do lago, sob a copa das árvores e o barulho de jovens praticando esportes, Millah e Heloísa se descobriram irmãs em espírito. Houve uma época, inclusive, em que as duas costumavam pegar Johan na natação após a caminhada. Paula o levava nas aulas, que aconteciam dentro do próprio parque, Millah os esperava na saída da piscina com Heloísa.

"Às vezes me sinto tão angustiada... Fico sempre com a sensação de que não estou fazendo tudo o que eu poderia para estimular ao máximo as capacidades de Johan..." – ainda podia ouvir dentro de si a voz da amiga comentando.

"Que bobagem, Millah! Posso dizer a você que, de todas as mães que já passaram pelo meu consultório, pela minha vida, trazendo filhos com síndrome de Down, você foi a que conseguiu mais progressos, a mais dedicada, a mais amorosa que já conheci! Seu filho toca até piano! Sabe ler, conhece música, aprendeu sobre a vida de diversos compositores, ganhou medalhas de natação! Olhe! Veja como ele nada! E que sorriso! Você corrigiu até as alterações no alinhamento dos dentes, típicas da síndrome, conseguiu que ele usasse aparelho fixo por três anos! Sem brincadeira, amiga, seu filho é um menino lindo!", respondera-lhe então.

Era fato. Se havia uma virtude em Millah que ninguém jamais poderia negar era sua total dedicação à família e aos filhos, especialmente a Johan. Fora uma mãe e tanto, sempre atenta aos mínimos problemas, debruçara-se sobre cada um de seus filhos, como se cada qual fosse a mais especial de todas as composições, estudara até homeopatia e psicologia para aprender a lidar melhor com seus humores e personalidades. Aos poucos, Heloísa foi se lembrando de todo o diálogo que tiveram naquela ocasião sobre Johan.

"Você fala tanto do sorriso dele... Tudo o que eu queria era que pudesse ser um menino mais alegre... Sabe, mesmo com os últimos remédios de homeopatia que você me passou, eu continuo achando que ele parece tão triste..." – lamentara Millah. "Me explica, Heloísa... Segundo o espiritismo, quais as razões para uma pessoa nascer com essas limitações?"

"A superioridade moral não está sempre em razão da superioridade intelectual, e os maiores gênios podem ter muito a expiar; daí resulta, frequentemente, para eles uma existência inferior a que tiveram e uma causa de sofrimentos. O mesmo pode acontecer conosco se abusarmos das faculdades que a Providência nos concedeu.

Os que têm limitações, em espírito, têm consciência de seu estado mental. Muito frequentemente; eles compreendem que as cadeias que entravam seu voo são uma prova e uma expiação.", tentara, com todo o carinho, esclarecer à amiga.

"Mas o quadro da síndrome de Down, em si, necessariamente não implica tristeza", fizera questão de acrescentar. "Os estados de ânimo, de uma maneira geral, têm mais a ver com a personalidade, como um todo, que é algo que perpassa, que independe das restrições do corpo físico em si" – refletira Heloísa.

"Mas então será que é por nossa causa que ele é assim? Será que tem relação com a família esta tristeza? Será que nós também somos culpados por ele ter nascido assim?" – questionara, na época, Millah em sua aflição de mãe.

"Cada caso é um caso específico. Os pais ou afins que convivem com o portador de uma restrição, seja ela qual for, certamente têm um histórico que os une e sobretudo uma oportunidade de crescimento em comum. Mas nunca devemos pensar em castigo, nem em punição: são ideias distorcidas, de raízes nas tradições judaico-cristãs medievais que em nada contribuem para o real entendimento das questões. Geralmente todos estão envolvidos por um passado em comum. Lembro que este envolvimento pode ser também por amor. Um espírito mais adiantado pode muito bem se oferecer para auxiliar um ente querido que ficou na retaguarda. Mas não há o 'acaso' simplesmente", destacara Heloísa.

"Mas o que especificamente meu Johan precisa aprender com esta encarnação?", Millah queria a todo custo entender.

"Ao reencarnar em um corpo com limitações físicas, o espírito está automaticamente se matriculando em curso de aprendizado moral. As restrições impostas pela síndrome de Down são para o espírito uma rica experiência. Nessas condições, ele terá oportunidade de se dedicar intensamente ao aprendizado da paciência, da resignação, da humildade, da simplicidade; assim como poderá aprimorar a sua determinação no cumprimento de um objetivo; e também trabalhar a sua força de vontade e a sua capacidade de ser perseverante", a homeopata explicara na ocasião à amiga.

Millah sempre se mostrara interessada pelos estudos espíritas, ficava fascinada com as explicações que ouvia de Heloísa e sobretudo com a lógica que lhe era oferecida pela doutrina codificada por Allan Kardec. Contudo, tinha sempre muito medo de levar para casa algum dos livros que esta lhe sugeria, temendo ser pega em flagrante pelo marido e criar ainda mais problemas em seu casamento, já tão difícil em certos aspectos.

Com o passar dos anos e as implicâncias cada vez mais frequentes de Melquisedec, fora se tornando mais difícil o convívio entre as duas famílias. Tanto que, depois que Millah se mudou para a parte mais nobre da cidade, nunca mais as duas tiveram oportunidade de caminhar juntas no parque.

Ainda assim, a amizade entre elas jamais se arrefeceu. Sempre que possível, se falavam por telefone, por mensagens de computador. E era incrível como mesmo quando muitos meses haviam se passado desde o último contato, o reencontro guardava sempre o mesmo frescor, a mesma sintonia, a mesma intimidade, como se as duas houvessem se falado pela última vez há poucos minutos.

Em nome desta cumplicidade, Heloísa podia sentir o quanto sua amiga devia estar precisando dela naquele momento difícil. Sabia que algo de muito profundo angustiava Millah; tinha mesmo a intuição de que naquele momento ela se sentia desencorajada de lutar pela vida. Por que razão? E quanto a Johan? Abandonaria Millah tão abruptamente a luta que com tanto sacrifício travara até poucas semanas atrás? Decididamente, Heloísa não conseguia entender os motivos que existiam por trás de tudo isso. Mas tinha absoluta certeza de que somente algo muito sério seria capaz de desviar a amiga de seu caminho contínuo e perseverante. Mas o quê?

Lágrimas escorriam por trás de seus grandes óculos escuros enquanto pensava nisso, ao mesmo tempo em que seus passos entravam por caminhos por onde tantas vezes seguira junto com Millah. Sentia como se carregasse agora consigo uma incumbência muito especial, a exigir que ela fizesse a prece mais importante de toda a sua vida.

Mas era domingo. O parque estava tão cheio de gente. Onde encontraria a tranquilidade necessária para fazer isso sem ser incomodada? Heloísa inquietava-se ao cruzar com tantas pessoas em alvoroço. Será que estavam mesmo todos tão agitados ou era ela quem os enxergava assim?. Naquele momento não conseguia chegar a uma conclusão.

Alarico, enquanto isso, chegava com Millah ao Grupo Espírita Façamos o Bem, o mesmo que Heloísa costumava frequentar com a família. Embora durante a tarde teoricamente não houvesse nenhuma atividade no local, a casa funcionava a pleno vapor no plano dos desencarnados que, desde cedo preparavam-se para as atividades que seriam realizadas durante a noite.

– Vim em busca de socorro para minha neta. Encarnada, ela se encontra em estado de coma e está muito fraca – explicou Alarico às entidades responsáveis pela segurança da casa.

Logo Millah era encaminhada para o departamento de enfermaria, onde foi prontamente acolhida. Quem via de fora a simplicidade da construção, não podia imaginar o tamanho do edifício espiritual a que estava acoplada.

– Nosso centro é na verdade uma espécie de posto de socorro da espiritualidade aqui localizado. Para cá são trazidos diariamente um número muito grande de desencarnados necessitados de atendimento – explicou o mentor que os recebeu.

Millah foi acomodada em uma espécie de leito hospitalar e logo cercada por vários trabalhadores desencarnados, que passaram a aplicar-lhe um passe magnético em conjunto. As energias que lhe eram destinadas, porém, pareciam não conseguir penetrar no corpo espiritual de Millah ali presente, que as repelia de imediato.

– Nem mesmo a força da gratidão de seus alunos conseguiu penetrá-la – observou Alarico, profundamente consternado.

– Isso porque nossa irmã não se considera digna de tal sentimento – explicou o médico que a observava.

– Mas ela é merecedora! – asseverou Alarico.

– Ainda assim. Infelizmente, o sentimento de culpa, o arrependimento mal canalizado se aloja nas camadas mais íntimas da alma como um parasita a desmerecer os melhores esforços dos companheiros que intimamente se sentem em débito com as leis universais – lamentou o médico.

Heloísa, enquanto isso, continuava a caminhar pelo parque angustiada, à procura de um local onde pudesse silenciar sua mente para fazer sua prece. Foi quando notou os movimentos de um jovem casal praticando *tai chi chuan* nas proximidades do lago.

Só de vê-los sentiu-se invadir por uma agradável sensação de tranquilidade. Lembrou-se dos tempos em que ela própria praticava esses movimentos junto com o marido, nas aulas públicas que costumavam acontecer ali mesmo no parque. Ouviu dentro de si a voz de seu antigo mestre de *tai chi*, narrando "o caminho do venerável guerreiro", como a descrever as etapas dos movimentos que ela acompanhava agora, diante de si: "Depois de ter atingido certo grau de conhecimento, o homem parte em busca de novas fronteiras. Ele vai em busca de mais sabedoria. Procura nos céus e os céus generosamente lhe dão mais sabedoria. Ele então incorpora a si esta sabedoria e procura novamente transmitir tudo ao mundo. Mas as pessoas muitas vezes não o compreendem, levando este homem a ser agredido. Ele se defende e retira todos os obstáculos do caminho, mas suas forças não são suficientes. Pede então mais ajuda aos céus e mais força vem. E como um tigre, como uma cegonha, ele limpa seus obstáculos e prossegue".

Heloísa ficou um tempo observando a coreografia do casal, a sombra dos dois a se projetar sobre as águas em meio às sombras das árvores. Sua amiga lutara tanto, chorara tanto, sobrevivera a tantas agressões. Seriam suas forças suficientes para limpar mais uma vez o caminho e pedir mais ajuda aos céus? Ela mesma sentia-se muitas vezes fraca e sozinha quando pensava nisso... Neste momento, os praticantes de *tai chi* chegavam a um ponto do movimento chamado 'a montanha', que ela sabia simbolizar um grande obstáculo na vida de cada um de nós. Foi quando ouviu atrás de si uma outra voz conhecida, desta vez ao vivo, citando mais um trecho da história que tantas vezes ouvira na voz de seu saudoso mestre Wu:

"Se o obstáculo existe, ele tem que ser enfrentado, porque temos que transpô-lo. E o discípulo não fugirá à luta. Pois sabe que a montanha e todas as coisas que existem no seu caminhar são elementos para a sua experiência na Terra".

Era Vinícius. Havia dado almoço aos meninos, depois dividira as tarefas para a arrumação da cozinha e viera atrás da esposa.

Os dois tinham uma ligação tão forte que ele sempre sabia exatamente onde ela estava.

– Você também se lembra? – ela sorriu ao vê-lo.

– E como poderia esquecer? – ele disse, sentando-se a seu lado, também com os olhos fixos no casal.

– Que bom que veio – Heloísa apertou sua mão.

– Senti que estava precisando – ele disse, beijando a mão dela.

Permaneceram os dois em silêncio na beira do lago, de mãos dadas, até o final do movimento. O sol já começava a se pôr, tingindo todo o horizonte de riscos rosados, quando Heloísa novamente começou a se sentir angustiada, com muita vontade de chorar. Vinícius fez uma sugestão:

– Por que não vamos nos sentar debaixo do ipê que fica perto da piscina? Está inteirinho florido, você já viu?

– Nossa, como não pensei nisso antes! – Heloísa gostou da ideia.

Era um ipê rosa e amarelo, fruto da mistura de duas mudas diferentes que cresceram juntas, como se fossem uma só árvore, do tronco bifurcado e retorcido. Era a coisa mais linda que se pode imaginar. Millah costumava dizer ser ele o símbolo de sua amizade com Heloísa. Em épocas como aquela, maravilhoso tapete de pétalas coloridas formava-se sob a copa, compondo um dos mais belos postais do parque.

– Vem – convidou Vinícius, sentando-se no chão, em postura de meditação. – Vamos fazer aqui a nossa prece.

Heloísa sentou-se ao lado dele.

No centro, Millah continuava repelindo todas as energias benéficas que lhe eram dirigidas pelos benfeitores da casa.

– Então quer dizer que nada pode ser feito? – preocupou-se Alarico.

– Espere... A misericórdia divina nunca falha... Veja... Ela está reagindo... Está começando a aceitar as forças que lhe são enviadas por nossos trabalhadores... Alguém, alguma força conseguiu tocar seu coração... Vamos observar as projeções de sua mente!

Alarico e o médico concentraram-se então nas fortes imagens que pareciam emanar da mente adormecida de Millah, onde esta se via sendo fortemente abraçada por sua amiga Heloísa, sob uma chuva de pequenas folhas de cor rosa e amarelo, muito delicada, que lhe despertavam lembranças ternas, agradáveis e revigorantes. Em instantes, abria os olhos e conseguia dizer:

– Vovô! Sonhei com Heloísa! Ela me disse que está tudo bem com Frederico. Que vai cuidar dele até que eu fique boa e também de todos os meus filhos. Ela me garantiu que Melquisedec está mudado, prometeu que também vai ajudá-lo! – só então olhou ao redor. – Mas onde nós estamos?

– Aqui é um centro espírita, Millah. O mesmo centro espírita que frequenta sua amiga Heloísa – explicou o médico.

– Trouxe você aqui, porque estava muito fraca – explicou Alarico.

– Convém que fique por mais algumas horas – avaliou o médico. – Enquanto isso, descanse um pouco.

– Mas... E meus filhos? Será que...

– Descanse, Millah. Faça como nosso amigo sugeriu – pediu o avô.

Estava ainda sob tão forte efeito dos fluidos recebidos que nem teve como discutir. Só não imaginava que em seus 'sonhos' fosse voltar justamente ao ponto onde todo o seu sentimento de culpa houvesse fincado raízes mais profundas em seu ser.

2

EM SEU 'SONHO', desta vez Millah se viu sentada diante de antiga escrivaninha. Havia volumoso livro de couro aberto a sua frente. Parecia um diário. Por sinal, desde que fora expulsa de casa pela tia na vida atual, tinha o hábito de anotar tudo o que lhe acontecia numa sequência de caderninhos de capa dura, que depois guardava em caixas de papelão finamente decoradas e escondida no fundo do armário. Era, contudo, um exemplar muito grosso para ser apenas um diário.

Algo em seu íntimo sabia exatamente do que se tratava, teve mesmo a sensação de que seu coração havia disparado só de olhar para aquele livro. Sentia como um medo de constatar o inevitável. Por mais que relutasse, sabia que aquele diário também lhe pertencia. Aproximou-se devagar e só de tocar na página aberta diante de si, sentiu como se lesse exatamente o que estava escrito:

"Tudo o que nos afeta em nosso lar e em nosso casamento; nossos desejos e esperanças devem ser escritos aqui. Este será um livro de comunicação entre nós quando as palavras ditas não forem suficientes, um veículo de mediação e reconciliação quando nos desentendermos – em suma, um amigo bom e fiel a quem tudo confiaremos..."[6]

Não era, contudo, a primeira página do livro, apesar da introdução. Havia muitas outras páginas anteriores a essa, mais de uma centena. Millah não quis voltar atrás. Lágrimas escorriam de seus olhos. Desceu um pouco os dedos de forma a ler o que estava escrito no final daquela mesma página: "Se estás de acordo, minha bem-amada, assine seu nome aqui, abaixo do meu, e pronunciemos as três palavras sobre as quais repousa toda a felicidade da vida: TRABALHO, ECONOMIA, FIDELIDADE."[7] Millah fechou os olhos e repetiu aquelas palavras de cor, sem sequer precisar passar os dedos para ler o que estava escrito, como se estivessem gravadas no âmago de seu próprio ser.

Não leu as assinaturas. Passou a virar nervosamente as páginas, até se deter numa observação em letra diferente da primeira, datada de junho de 1841, cerca de um ano depois da primeira anotação:

"Minha técnica pianística está ficando para trás, isto sempre acontece quando ele está compondo. Não tenho uma única hora no dia inteiro para mim!"

Titubeante e emocionada, virou então mais algumas páginas com informações sobre aquela família. A primeira filha, Marie,

---

[6] In: Silva, Eliana Monteiro da. *Clara Schumann: compositora x mulher de compositor*. SP: Ficções Editora, 2011, p. 32.

[7] Idem, ibdem.

veio em setembro de 1841. Em seguida nasceu Elise, dizia o diário: "Nesse momento, minha esposa está arrumando e classificando seus *lieder* e nossas composições para piano. Ela continua sempre com a intenção de dar aulas, mas Marie está o tempo todo atrás dela, Elise toma-lhe muito tempo e seu marido está afundado nas meditações sobre sua primeira ópera, que levou menos de quatro meses para escrever. Apesar de tudo, através da alegria e da dor, sempre avante, minha amada, ame-me sempre como sempre me amou, com um amor infinito, tanto na alegria, como na dor",[8] estava escrito com a outra letra, supostamente do esposo.

Vieram então Julie e Emil. Eram tempos difíceis. "Emil, o primeiro e querido varão, morreu pouco depois de completar um ano, quando ela já estava grávida de Ludwig. E as coisas só tendiam a piorar... A família crescia e o dinheiro insuficiente que ganhávamos com aulas, ensaios, o jornal e as composições de meu marido (eu já quase não compunha mais) praticamente me obrigaram a voltar aos palcos.",[9] estava escrito de novo com a letra feminina.

O tempo todo via-se que havia ali uma grande história de amor, porém sempre permeada de momentos de muita dor. A essas alturas, Millah já sabia perfeitamente de quem era aquele diário. Mas teimava ainda em aceitar a realidade, não queria que suas suspeitas pudessem ser confirmadas. Não era possível! Sentindo-se cada vez mais gelada por dentro, virou mais algumas páginas até encontrar novamente a outra letra:

"Fevereiro, 26. Ela foi à corte e retornou radiante por sua recepção. A ideia de minha indigna posição nessas situações não me permite sentir nenhuma satisfação. Não é a primeira vez que isso acontece. Constantemente sou excluído de jantares e recepções em sua homenagem. Embora ela faça questão de sempre incluir minhas músicas em seu repertório, continuo a ser ignora-

---

[8] In: Lépront, Catherine. *Clara Schumann*. SP: Martins Fontes, 1990, p. 88.
[9] In: Silva, Eliana Monteiro da. *Clara Schumann: compositora x mulher de compositor*. SP: Ficções Editora, 2011, p. 32.

do pelo seu público. Ela se apresenta com seu nome de casada, no entanto, é como se eu não existisse para seus fãs fanáticos, de 'aplausos tão unânimes', como ela gosta de dizer".[10] Millah sentiu-se de certa forma apunhalada por aquelas palavras amargas, como se tivessem o poder de fazer ressurgir dentro dela antiga e malfadada ferida; uma sensação de peso e solidão.

Avançou mais um pouco, ainda incrédula com as ideias que lhe vinham à mente. "Não é possível... Não pode ser", repetia, todo tempo, para si mesma.

Seguiu-se, então, no diário, um momento de breve empolgação, quando toda a família muda-se de cidade, com cinco filhos pequenos. Era uma cidade luminosa, ensolarada, movimentada pelo comércio de manufaturas e pela vida intelectual. Pela primeira vez, o marido assume um posto de regente, com todas as pompas. Passa a dividir o trabalho à frente da orquestra com as horas intermináveis em que fica trancado em seu quarto de estudos, esquecido do mundo, o que resultou num dos mais frutíferos períodos de sua vida, tendo concluído várias composições belíssimas, embora obviamente sem poder conduzir a orquestra tão bem quanto a esposa desejaria. Ainda assim, ela parece revigorada, com novas esperanças nas palavras de seu diário:

"Há algo mais magnífico do que um espírito dotado da força de trabalhar sem descanso? Como me considero feliz por ter recebido do céu compreensão e coração suficientes para entender tão plenamente essa alma... Muitas vezes uma angústia lancinante toma conta de mim, quando penso como sou feliz em relação a milhares de outras mulheres, e então pergunto ao céu se não é felicidade demais! Que são os dissabores da vida material perto da alegria e das horas de delícias que conheci, graças ao amor e à obra do meu marido!..."[11]

Estava grávida de novo. O esposo, contudo, não parecia tão pleno. Sua atuação na regência logo começa a despertar o des-

---

[10] Idem, p. 33.
[11] In: Lépront, Catherine. *Clara Schumann*. SP: Martins Fontes, 1990, p. 120.

contentamento dos músicos. Para piorar sua ansiedade e seu mal-estar, durante um concerto em que ela atuava como solista e ele regia a orquestra, o público pediu bis. A ela e não a ele. Foi a gota d'água.

"Desde este dia, ele passou a dirigir toda a sua irritação a mim, criticando minhas apresentações ao piano e substituindo-me, algumas vezes, por aquele que costumava ser seu assistente de regência..."[12] – Millah se deteve ao ler o nome escrito no diário.

– ... Julius Tausch! – ela pronunciou de olhos arregalados, antes de ler o final da frase – ... que logo assumiria também suas próprias funções como diretor da orquestra. – fechou o diário assustada.

– Não pode ser! – exclamou, ainda de olhos arregalados.

Oberon, enquanto isso, dava sua primeira aula na faculdade, em substituição a Millah. Clara não dissera nada ao pai, mas fizera questão de matar aula na escola só para estar presente. Estava agora sentada na classe, numa das últimas carteiras. Seguindo o que previa o programa elaborado por Millah, era uma aula sobre a obra de Johannes Brahms, que por sinal costumava ser um dos carros-chefes das apresentações que ela e Oberon realizavam em conjunto. Era ele um dos compositores mais admirados por Millah no conjunto de sua obra. Todavia, lendo o programa, Oberon sentiu necessidade de ir um pouco mais além:

– Embora não tenha sido pedido pela professora de vocês, creio que seria impossível falar de Brahms sem falar um pouco também de Clara e Robert Schumann. Diria que o trabalho dos três, a própria existência dos três, foi indelevelmente marcada por este encontro, pela amizade, pelo intenso convívio entre eles.

Houve risinhos entre os alunos, piadas sussurradas.

– É verdade que o filho mais novo de Clara Schumann era filho de Brahms? – uma aluna não se conteve.

Oberon não se abalou com as brincadeiras. Calmamente, tirou

---

[12] In: Silva, Eliana Monteiro da. *Clara Schumann: compositora x mulher de compositor*. SP: Ficções Editora, 2011, p. 37.

um dos livros da pilha que tinha sobre a mesa e o abriu em uma página previamente marcada:

– Na verdade, acho pouco provável. Isso não se coadunava com a sua natureza sincera e nobre de nosso Johannes Brahms... Vejam o que ele próprio diz, no trecho desta carta que atualmente faz parte do arquivo dos Robert-Schumann, no museu Hauses, na cidade de Zwickau, na Alemanha... Ele leu alto para os alunos, traduzindo diretamente do inglês:

"Não sei se poderia, como poderia me conter de tanta felicidade, se por ventura tivesse um filho como Félix Schumann."[13]

Os alunos ficaram em silêncio para ouvi-lo:

– Tudo o que sabemos, justamente por estas cartas que Clara e Brahms trocaram ao longo de toda uma vida, é que existiu de fato um amor intenso entre os dois – ele tomou nas mãos um outro livro, bastante antigo, específico sobre a vida do compositor:

"Quisera Deus me fosse concedido nesse dia, em vez de estar-lhe escrevendo essa carta, poder repetir-lhe de meus próprios lábios que estou morrendo de amor por você. As lágrimas, porém, me impedem de continuar...",[14] ele escreveu a Clara, logo que soube da doença de Schumann.

– Mas espere, professor! Conte a história do começo! – pediu uma das alunas.

– Puxa, imaginei que já soubessem de tudo... – exclamou o músico surpreso.

Decidiu então contar um pouco sobre cada um deles. Afinal, todos haviam entrado muito cedo para o mundo da música.

– Teoricamente, Robert Schumann foi criado para ser um advogado. Era filho do dono de uma livraria em Zwickau, vivia cercado de livros por todos os lados. Mas desde menino era acometido por súbitos transes musicais no meio da noite.

– Como assim? – um aluno não entendeu.

---

[13] In: Reich, Susana. *Clara Schumann: piano virtuoso*. NY: Clarion Books, 1999, p. 76.

[14] In: Holmes, Paul. *As vidas ilustradas dos grandes compositores: Brahms*. RJ: Ediouro, 1993, p. 43.

146 | LYGIA BARBIÉRE AMARAL

– Uma música não parava de tocar dentro de sua cabeça. Ele então ia até o piano, sentava-se e tentava tocar as notas que tinha em sua cabeça. Mas não conseguia encontrá-las no piano e então começava a chorar quando se dava conta de que não sabia como tocar sua própria música. Isso se repetiu até que sua mãe decidisse colocá-lo para ter aulas de música com o organista da igreja. Aos 11 anos, Schumann dava seu primeiro concerto![15]

– E quanto a Clara? – quis saber uma jovem.

– Clara começou ainda mais cedo. Por sinal, já nasceu filha de um professor de piano bastante famoso em sua cidade, chamado Frederich Wieck. Teve seu nome escolhido pelo próprio Wieck, já pensando que "ficaria bem nos cartazes" que futuramente já imaginava para ela: Clara Josephine Wieck! – ele fez um gesto espetacular com os braços, como a apresentar o nome. – Abandonada muito cedo pela mãe, Marianne Tromlitz, uma mulher jovem, bonita, rebelde, e muito ambiciosa, Clara foi criada apenas pelo pai e aprendeu a ler e escrever música antes mesmo da língua alemã. Aos cinco anos, iniciou seus estudos de piano, aos seis já fazia sucesso como criança-prodígio em sua primeira apresentação pública.[16]

À medida que ele ia contando a história de Clara Wieck, Clara, a filha de Millah, ia se sentindo tomada por uma emoção muito forte. A história da compositora era por demais parecida com a história de sua mãe! Eram muitas as coincidências. A maneira como ambas foram criadas (a Clara Wieck, futura Clara Schumann pelo pai, Millah pela tia, ambos professores de piano muito requisitados e conhecidos, em suas respectivas cidades); o destaque precoce nos palcos; a maneira de tocar...

Como se não bastasse, até mesmo o encontro de Millah e Melquisedec parecia de alguma forma repetir os percalços que cercaram o casamento de Clara e Robert Schumann: a forte oposição

---

[15] In: Rachlin, Ann e Susan Hellard. *Schumann* – coleção "Crianças Famosas". SP: Callis, 1993.

[16] In: Lépront, Catherine. *Clara Schumann*. SP: Martins Fontes: 1990.

da família, as intrigas para tentar separá-los, os métodos desleais e até mesmo a necessidade de abrir mão de todos os bens para optar por este caminho. Se Millah não pôde levar sequer uma agulha ao sair de casa, Clara foi completamente deserdada para poder juntar-se a Robert. Foi preciso até que entrasse na justiça para obter o direito de casar-se com ele.

A jovem fazia o possível para concentrar-se de forma a ouvir o que Oberon estava dizendo, mas era impossível não pensar na mãe a cada trecho narrado.

– Brahms, por sua vez, aos 15 anos de idade já dava aulas de música em domicílio. Iniciou-se no piano aos sete, e aos dez já tinha suficiente técnica para seu primeiro concerto. Seu pai, de quem herdou o nome, também era músico e tocava vários instrumentos, tendo como especialidade o contrabaixo. O jovem Brahms foi educado para ganhar a vida com esse ofício em Hamburgo. Quando terminava o dia de trabalho como professor, esperava-o uma série de atividades noturnas: nos cabarés, onde tocava piano, em bailes de casamento, em todo tipo de festividade. Desde os 12 anos, idade em que começou a exercer este variado ofício musical, até os vinte, quando pôde pelo menos diminuir um pouco o ritmo de trabalho, Brahms além das aulas, tocou como acompanhante de cantores, no teatro municipal, no teatro de marionetes; ao mesmo tempo em que publicava suas primeiras obras sob pseudônimos (fantasias dançantes, árias ao gosto da moda), tocava órgão em cerimônias religiosas e, à noite, ainda acompanhava canções de marinheiros bêbados ou polcas, tão familiares e conhecidas que podia se dar ao luxo de ler um livro que colocava na estante enquanto continuava tocando![17]

– Como é que é? O cara lia enquanto tocava piano? – espantou-se um aluno.

– Não é tão difícil assim... se você toca todo dia a mesma coisa – explicou Oberon.

---

[17] In: *Johannes Brahms: Royal Philarmonic Orchestra*. SP: Publifolha, 2005 – coleção "Folha de Música Clássica", p. 12.

148 | LYGIA BARBIÉRE AMARAL

– Minha mãe também sempre faz isso... – Clara sussurrou baixo, apertando a ponta do lápis com os olhos tristes.

Vários alunos começaram a fazer comentários ao mesmo tempo, achando incrível e formidável a proeza do compositor, muitos já querendo treinar para fazer o mesmo.

– Clara Schumann era capaz de ler um romance inteiro enquanto fazia seus estudos de piano! – continuou Oberon empolgado. – Colocava o livro no lugar da partitura e ia só virando as páginas com cuidado... Fazia, digamos assim, o fundo musical ao vivo para a história que estava lendo!

– Mas... E as partituras? – tentou entender uma aluna.

– Não! – riu Oberon. – Em geral, não havia partituras no piano de Clara Schumann. A menos que ela pedisse às filhas mais velhas para irem buscar alguma, para verificar um ou outro detalhe, mas sim uma antologia de poemas, sua correspondência, um romance... Enquanto isso, tocava escalas, que rebentavam como ondas, enchendo-se e quebrando-se em oitavas, terças, sextas, décimas, terças duplas, às vezes com uma só mão, enquanto a outra executava os acordes de acompanhamento. Depois vinham os arpejos de todos os tipos, trinados, tudo isso num ritmo rápido, alucinante, sem a menor interrupção, passando em acordes esplêndidos de uma tonalidade a outra, com os filhos correndo à sua volta... Depois então ela atacava Bach, Beethoven, Chopin, Mendelsson, Schumann, é claro...[18]

Clara entreabriu os lábios quando ele disse isso, mas não conseguiu dizer nada. Estava chocada com mais esta coincidência! Parecia até que estava vendo a mãe tocando piano em meio à rotina da casa, lendo romances, verificando deveres, tantas vezes com a cabeça de Johan pousada em seu colo... Sentiu enorme vontade de chorar ao pensar nisso...

– Por sinal, este é mais um detalhe importante na ligação entre Clara, Robert Schumann e Brahms – continuou Oberon, a essas alturas já se sentindo completamente à vontade entre os alunos.

---

[18] In: Lépront, Catherine. *Clara Schumann*. SP: Martins Fontes, 1990, p. 116.

– Os três eram ávidos leitores! Robert era filho de um livreiro! Culturalmente, isso era um elo muito importante que os unia – observou ele.

Oberon virou páginas e mais páginas dos muitos livros que tinha sobre a mesa. Tinha a mesma emoção de quem está regendo uma orquestra imaginária, o tempo todo atento em conciliar dados, verificar fontes, dosar conhecimentos, peneirar informações que nem sabia direito de onde vinham, tamanha a profusão de detalhes com que desfilavam em sua mente naquele momento.

– Um outro fato para o qual não podemos deixar de chamar a atenção é a dificuldade que permeou o caminho de todas essas grandes personalidades da música. Bach, o grande Bach, era apenas um mestre de capela da corte e teve muitas vezes de se segurar para suportar os desmandos de um monarca autoritário. Chegou a ser preso por três meses, quando ousou aceitar o convite para experimentar o órgão de outro reino, sem autorização expressa do seu senhor! Strauss era funcionário de um banco e foi mandado embora depois de ser pego compondo em serviço; o gênio Mozart vivia sempre endividado, empregou suas últimas forças para compor um *réquiem*[19] que lhe havia sido encomendado.

– E muita gente escuta as peças compostas por estes grandes nomes do passado e fica imaginando que a vida deles era só *glamour*... – divagou uma aluna.

– O detalhe é que todos eles queriam 'a música'. Tinham a sensação de ter nascido com essa finalidade, não conseguiam fazer outra coisa. Com Brahms não foi diferente. "Poucos lutaram com tantas dificuldades como eu". Era assim que o compositor costumava resumir sua juventude.[20]

– Mas afinal, como foi o primeiro encontro de Brahms com o

---

[19] Prece para os mortos. (N.E.)

[20] In: Nagel, Willibald. *Vida de Brahms*. Traduzido do alemão por Joaquim Clemente de Almeida Moura – coleção "Biblioteca Musical". SP: Atena Editora, 1922, p. 27.

casal Schumann? Como eles se encontraram? Ele já era famoso na época? – perguntou um aluno mais curioso.

Oberon sorriu. Havia estudado tanto sobre aquele assunto durante a noite para dar aquela aula e, por outro lado, conhecia tão bem tantos dos lugares por onde passaram os ditos compositores, porque afinal há anos vivia na Alemanha, que de certa forma sentia-se como se estivesse contando ali a história de sua própria vida.

– Em 1851, Brahms já havia escrito sua primeira obra que sobreviveu, o *Scherzo em mi bemol*, para piano, quando uma amiga o convenceu a deixar algumas de suas composições no hotel onde Robert Schumann e sua esposa, Clara, já uma pianista internacionalmente famosa, estavam hospedados, em Hamburgo. Mas os Schumann estavam ocupados demais para examiná-las e o pacote foi devolvido sem sequer ter sido aberto. Brahms ficou muito decepcionado. Só voltaria a vê-los dois anos depois, quando foi pessoalmente bater à porta dos Schumann, em Dusseldorf. Desta vez com a recomendação do violonista Joseph Joachim, que fazia parte do círculo íntimo dos Schumann e viera a tornar-se também grande amigo e admirador de Brahms. Aliás, um amigo em comum que permaneceria ao lado de Clara e de...

– Como assim "ele foi bater à porta dos Schumann?" – interrompeu uma aluna.

– Exatamente assim. Aliás, tem um filme antigo, com a Katharine Hepburn, chamado *Sonata de amor*, baseado na vida e na obra de Robert Schumann, que narra esta cena de maneira surreal![21] – ele se empolgou, lembrando-se do filme.

– Caramba! Onde será que ele arranjou tempo para pesquisar tudo isso em tão pouco tempo... – Clara deixou escapar num sussurro.

– Imaginem só... – continuou Oberon, contando a cena. – O

---

[21] Filme de 1947, produzido e dirigido por Clarence Brown, baseado na vida e obra de Robert Schumann, com Robert Walker, Katharine Hepburn e Paul Henreid.

jovem Brahms, de vinte anos – ele tomou nas mãos um livro e leu alto a descrição –, "lindo como uma pintura, com seus longos cabelos ruivos, quase loiros, que o faziam parecer mais jovem do que de fato era".[22]

– Ai, continua... – pediu uma jovem, empolgada.

– Enfim, ele entra, mas a senhora Schumann não está. O senhor Schumann, por sua vez, está ocupado com um aluno, enquanto uma pobre empregada se descabela tentando tomar conta de seis crianças pequenas e arteiras. Brahms, então, começa a correr atrás das crianças, no intuito de ajudá-la, no que Schumann entra na sala vazia, encontra suas partituras sobre o piano e começa a executá-las.

Os alunos pareciam ver a cena.

– Ao ouvi-lo – Oberon continuou –, Brahms vem lá de fora com uma criança no colo, ao mesmo tempo em que Clara chega da rua, e Schumann então se desfaz em elogios ao compositor... – ele mudou o tom da narrativa para voltar ao clima da aula. – É mais ou menos assim que o filme narra, poeticamente o encontro dos três. E, sinceramente, acredito que não deve ter sido muito diferente... A partir daí inicia-se uma relação de intensa amizade e mútua admiração entre os três – ele sorriu.

– Como assim, entre os três? Afinal Brahms teve ou não teve um caso de amor com Clara Schumann? – questionou um senhor de meia-idade.

– Isso ninguém nunca saberá. Mas digo os três, porque, por tudo o que existe documentado, ambos realmente faziam parte do ideal artístico de Brahms, eles tinham de fato muita afinidade, pelo menos no princípio. Tanto que Robert Schumann, que na época já era um reconhecido crítico e compositor, faz questão de redigir um artigo, na revolucionária revista musical fundada por ele, com os maiores elogios ao talento de Brahms, apresentando-o e recomendando-o a toda a comunidade musical da época: "Sempre achei que alguém iria aparecer de súbito, destinado a

---

[22] In: *Johannes Brahms: Royal Philarmonic Orchestra.* SP: Publifolha, 2005 – coleção "Folha de Música Clássica", p. 13.

encarnar idealmente a mais alta expressão de uma nova era. E aconteceu. Um jovem nascido num berço guardado por heróis. Chama-se Johannes Brahms"[23] – ele leu alto um trecho do artigo, para total deslumbre da classe.

– Você falou que eles tinham muita afinidade "pelo menos no princípio"? Em algum momento Robert Schumann e Brahms chegaram a brigar por causa de Clara? – quis saber um aluno.

– Na verdade, nem houve muito tempo para isso. Ao que tudo indica, quando Brahms bateu à porta dos Schumann, Robert já vinha apresentando sinais cada vez mais acentuados de uma crise psiquiátrica, passando a maior parte do tempo recluso, inteiramente mergulhado em suas composições, num mundo que era só dele. Algumas fontes mencionam também problemas com alcoolismo e certos autores chegam a se referir à dependência de medicamentos, embora todos sejam unânimes, no que se refere à genialidade de Schumann, mesmo a despeito de tudo isso. O fato, porém, que consta em toda literatura, é que pouco tempo depois desse primeiro encontro, o compositor teria começado a sentir uma dor de ouvido, seguida por enxaquecas, que nada acalmava. Até começar a ouvir insistentemente uma nota dentro da cabeça, sempre a mesma, a nota lá, como uma alucinação, às vezes dobrada por outro som metálico, mas a dor não cessava e ele sofria atrozmente. E Clara não dormia mais.

– Não seria alguma coisa de ordem espiritual? – cogitou uma senhora.

– Quem poderia dizer? – lastimou Oberon. – Havia momentos em que Schumann dizia que os acordes se prolongavam em uma música celestial, emanando de instrumentos com ressonâncias

---

[23] A revista chamava-se *Neue Zeitschrift für Musik*, e havia sido criada no ano em que Brahms nasceu para "combater os filisteus da música". Schumann acabara retirando-se de seus quadros e não escrevia nada para suas páginas há mais de dez anos. O artigo em questão, intitulado "Novos caminhos", era na verdade um eloquente hino de louvor a Brahms. In: Holmes, Paul. *As vidas ilustradas dos grandes compositores: Brahms*. RJ: Ediouro, 1993, p. 33.

maravilhosas, como nunca se ouviu na Terra. Mas, de repente, desesperava-se, dizendo que o canto dos anjos cedera lugar ao dos 'demônios vermelhos', que gritavam como hienas e tigres, acusando-o de criminoso e condenando-o ao inferno. Então era preciso que viessem os médicos para dominá-lo em seus gritos de dor, para que parasse de se debater, até que caísse esgotado na cama – narrou Oberon com dramaticidade.[24]

– E a obra dele? Como ficava no meio disso tudo? – quis saber um rapaz.

– Paradoxalmente, Schumann continuava produzindo de maneira febril e alucinada. Mas de alguma forma, já não reconhecia mais em sua obra o mesmo traço de qualidade, da mesma forma como já não reconhecia mais em si próprio um perfil de equilíbrio a unificar a própria personalidade. – Ele tomou novamente um de seus livros para ler um trecho de uma frase.

– "Clara, minha querida, já não sou senhor de mim, já não posso responder por meus atos, já não sou digno do seu amor!...", chegou a escrever em seu diário. Toda essa agitação culminaria com uma tentativa de suicídio, quando, vestindo apenas um roupão e chinelos, escapuliu sorrateiramente à vigilância da filha mais velha para ir lançar-se, no meio da noite, nas águas do rio Reno, exatamente do jeito como havia sonhado em sua juventude – narrou o violoncelista, sem conseguir disfarçar sua emoção.

Os alunos ficaram quietos por algum tempo, muitos deles imaginando as cenas.

– Morreu? – perguntou o rapaz na primeira fila.

– Não. Foi literalmente pescado e trazido de volta à superfície por alguns barqueiros, embora tivesse suplicado para que o deixassem morrer...[25] – relatou Oberon.

– Espera aí! E Brahms no meio disso tudo? Como era o relacionamento dele com os Schumann? Mudou-se definitivamente para a cidade deles? Frequentava a casa deles a todo momento?

---

[24] In: Lépront, Catherine. *Clara Schumann.* SP: Martins Fontes, 1990, pp. 130-131.
[25] Idem, p. 133.

– uma aluna da frente não se conteve.

Oberon sorriu, fechando alguns livros e deixando outros abertos sobre a mesa. Tinha intenção de falar um pouco mais detalhadamente sobre a obra de Brahms, sobre o porquê de o músico ter sido considerado um dos três 'bês' da música, juntamente com Bach e Beethoven. Mas pelo visto, os alunos estavam mais interessados na história particular do compositor. E já que o seu intuito era conquistar sua atenção, os detalhes musicais poderiam ficar para uma próxima ocasião. Sentou-se ele próprio, descontraidamente, sobre o tampo da mesa, com os poucos livros abertos que restavam empilhados agora sobre o colo:

– Na verdade, também sobre isso existem algumas controvérsias. Alguns livros dizem que Brahms ficou hospedado na própria casa dos Schumann durante alguns meses, até se descobrir perdidamente apaixonado por Clara, quando então teria partido. Outros narram que teria ficado hospedado em uma pensão próxima à residência dos Schumann durante esse tempo, frequentando a casa assiduamente, até que Robert, sempre disposto a ajudá-lo ao máximo, tivesse escrito a seus editores em Leipzig, sugerindo que "levassem em consideração qualquer coisa que aquele jovem tivesse a oferecer" – ele leu exatamente como estava grifado no primeiro livro em seu colo. Enfim, o fato é que Brahms veio imediatamente socorrer Clara, que por sinal estava grávida do filho mais novo do casal, tão logo foi informado da tentativa do suicídio de Robert. Schumann foi internado no sanatório em Endenich, Clara ficou em estado de choque. Os médicos desaconselharam que ela visse o marido. Até porque, ele não manifestava o desejo de vê-la. Só perguntava por Brahms...

– E o Brahms? – insistiu outra aluna. – O que ele fez?

– Brahms ajudou Clara na tarefa de cuidar dos sete filhos, do recém-nascido inclusive, enquanto o marido se encontrava internado. Parece que Clara o tomou como padrinho do menino.[26] Com o mesmo desvelo, dedicou-se também ao doente, sendo um

---

[26] In: Silva, Eliana Monteiro da. *Clara Schumann: compositora x mulher de compositor*. SP: Ficções Editora, 2011, p. 44.

dos poucos amigos a ir visitá-lo com frequência. Mais tarde, comporia o compungente e belo *Concerto nº1 para piano e orquestra*, em memória de Robert Schumann. Em nenhum momento pode-se dizer que se sentia alegre por esta situação. Como nos conta a própria Clara em seu diário:

– "Brahms não fala muito, mas sua expressão demonstra o quanto ele sofre comigo, pelo ente amado que ele tem em tão alta conta... Sendo ele tão jovem, fico duplamente consciente do sacrifício, pois sem dúvida para qualquer um é sacrifício estar comigo neste momento."[27]

– Quantos anos ela era mais velha do que ele?

– Quatorze anos. E Robert, 23. Era nove anos mais velho que a esposa.

– Caramba... E após a morte de Robert? Brahms não quis se casar com Clara? – perguntou um aluno lá de trás.

Oberon tomou novamente um de seus livros e leu alto para a turma um trecho previamente marcado:

"Dava aulas aos alunos de Clara, quando esta não se sentia bem, fazia compras e levava recados, serviu como uma espécie de pai adotivo aos filhos de Schumann; tocava para ela tanto a música de Schumann quanto suas próprias composições recentes, incluindo o recém-concluído *Trio para piano*".[28]

– E Clara? Como era Clara? Era mesmo todo esse deslumbre? – questionou um rapaz?

Todos na classe riram do jeito como ele fez a pergunta, que acabou servindo para quebrar um pouco o forte clima de emoção que se estabelecera.

– Ao que se sabe – Oberon retomou a palavra de maneira leve, – Clara era uma mulher bonita e culta, com apenas 35 anos, e demonstrava mais gentileza e compreensão para com Brahms do que qualquer outra mulher, sem contar a grande afinidade musical que realmente existia entre os dois. A grande questão é que

---

[27] In: Holmes, Paul. *As vidas ilustradas dos grandes compositores: Brahms*. RJ: Ediouro, 1993, p. 41.

[28] Idem, p. 40.

Brahms também admirava muito Schumann, o que, imagino eu, fazia com que o tempo todo se sentisse em um grande dilema – o professor especulou. – Até porque, de fato existia também uma grande amizade entre eles. Tanto que, quando Schumann deu seus primeiros sinais de recuperação, ele escreveu a Brahms – ele tomou novamente o livro para ler:

"Se ao menos eu pudesse ir ao seu encontro, voltar a vê-lo e ouvir suas magníficas 'variações'... Como é fácil reconhecer você no brilho mais rico da sua imaginação, e também sua arte profunda, de uma maneira que ainda não aprendi a conhecer".[29]

– Mas o Brahms não ia visitar o Schumann com frequência? – perguntou um rapaz.

– Ia. Tanto que, após receber este elogio, ele foi até lá e até tocou piano para Schumann, mas logo ficou sabendo que a melhora seria apenas temporária, já que havia sido diagnosticada uma lenta degeneração das células cerebrais de Schumann, ligada possivelmente a sífilis terciária – esclareceu Oberon.

– E Clara? Como ficou o relacionamento de Clara e Brahms depois desse diagnóstico?

– Houve um momento em que parecia completamente esvaziada de toda a sua vitalidade, sempre à espera de novas cartas do marido, que nunca mais chegaram. Brahms então partiu com ela e com a governanta Bertha para uma estação de águas, onde Clara deveria se apresentar; em seguida, terminados os concertos, persuadiu Clara a fazer uma viagem de lazer por várias cidades.[30]

– E nesse tempo todo, não aconteceu nada entre os dois? – voltou a insistir uma aluna.

Apesar de toda a informalidade que tomou conta da turma, Oberon mantinha sua postura séria de pesquisador, sempre apoiando suas falas nos livros que, de repente, abria para complementar uma ou outra explicação:

– Após a viagem, vieram várias temporadas de concertos para ambos e as cartas mais ternas de toda a história dos dois. Se an-

---

[29] Idem, p. 43.
[30] Lépront, Catherine. *Clara Schumann*. SP: Martins Fontes, 1990, p. 147.

tes ele a chamava apenas de "querida senhora Schumann", agora ousava dizer: – ele abriu um livro para ler um rápido trecho: "minha querida Clara, todos os dias penso na senhora e beijo-a mil vezes".[31] – Clara, porém, jamais voltaria a se permitir a alegria experimentada nos dez dias em que viajara sozinha com Brahms e a governanta. Por fim, após receber um telegrama da clínica de Schumann, correu a Endenich e encontrou o marido agonizante. Nunca mais se perdoou.

– Mas ele chegou a pedi-la em casamento? – a própria Clara não se conteve.

– Parece que sim. Clara, Brahms e a família ainda passaram algumas semanas juntos de férias, após a morte de Robert. Quando, porém, todos esperavam o anúncio de que se casariam, nada aconteceu.

– E o que garante que efetivamente aconteceu mesmo um romance entre os dois? – perguntou um rapaz.

Oberon desceu da mesa e ajeitou os livros antes de responder:

– A julgar pelas cartas de Brahms a Clara – ele destruiu as dela, e pelas poucas anotações dos diários de Clara que chegaram até nós, o romance foi incendiário, apesar de aparentemente platônico. Continuaram amigos íntimos, trocaram cartas e visitas até o final da vida, sendo que por muitas vezes Brahms, depois de consolidar-se como pianista e regente coral, e definitivamente instalado em Viena, ajudou Clara financeiramente. Pessoalmente, considero muito bonitas as últimas palavras que Brahms escreveu sobre Clara – ele abriu uma última marcação em um livrinho fino e comprido que ainda restava sobre a mesa:

"A esplêndida mulher que tivemos o privilégio e o encanto de amar e admirar em toda a sua longa vida", disse numa carta a Joachim, por ocasião da morte de Clara.[32] Logo em seguida, sua saúde começou a piorar. Sofrendo de um câncer de fígado, morreu em 3 de abril de 1897, menos de um ano depois de Clara,

---

[31] Idem, p. 150.
[32] In: *Grandes compositores da música clássica: Brahms*, São Paulo: Abril Coleções, 2009, p. 16.

como se suas vidas estivessem tão estreitamente ligadas que um não pudesse existir sem o outro...

Tocou o sinal. Enquanto a turma saía para o intervalo, Clara correu a abraçar Oberon, mas deteve-se envergonhada, ao se ver diante dele. Em vez disso, baixou os olhos:

— Foi uma excelente aula! — disse, visivelmente emocionada.

— Obrigado — ele respondeu, terminando de juntar seu material.

Só então ela reparou o quanto estava trêmulo. Oberon colocou a mão dela debaixo do braço e os dois seguiram em silêncio pelo longo corredor da universidade, em direção ao pátio de saída.

— Está tudo bem? — Clara perguntou, encostando sem querer no dorso gelado da mão dele.

— Não... — ele respondeu com sinceridade. — Não estou me sentindo muito bem...

Ela acenou depressa para um táxi que vinha passando, que, contudo, não parou.

— Mas o que exatamente você está sentindo, Oberon? Você tem problema de pressão? — a jovem angustiou-se.

— Não. Na verdade estou sentindo uma emoção muito forte... Uma vontade muito grande de chorar, Clara... — ele disse, apertando a mão dela com a voz embargada. — Agora, se você me perguntar por quê...

Um táxi finalmente parou e os dois entraram.

IRELIAS ACORDOU ATORDOADO. Sua fisionomia era de confusão mental, trajava ainda as mesmas roupas amarfanhadas da véspera, sequer ajeitara a cama antes de deitar-se. Com os cabelos ainda revoltos, saiu andando pé ante pé e verificou cada centímetro do quarto em que dormia. Tinha a nítida certeza de que alguém o espreitava. Olhou debaixo da cama, atrás das cortinas, até mesmo atrás da porta do banheiro. Não havia ninguém. Ainda assim, no momento em que passava diante do espelho que ficava acima da pia, novamente teve a sensação de que alguém o observava de longe.

Angustiado, retirou o espelho do banheiro e o enfurnou dentro de um armário no quarto de hóspedes. Há dias vinha tendo estas crises de perseguição. Precisamente desde que voltara de sua cidade natal e soubera do acidente de Millah. Havia papéis espalhados por toda parte, contas, muitas contas espalhadas pela casa inteira.

– A culpa foi sua... A culpa foi toda sua – sentia como se uma voz lhe dissesse, por dentro da cabeça.

– Hoje não! – respirou fundo, entrando na cozinha para tomar um pouco de café.

A voz, no entanto, era insistente:

– Você não mudou nada. Continua invejoso... Prepotente... Querendo tirar o lugar dos outros...

– Já disse para parar, droga! – Irelias jogou o copo de café inteirinho no chão.

O copo se espatifou. A voz silenciou. Foi até o tanque, pegou um pano e começou a limpar. Só então percebeu que havia cortado as mãos.

– Droga!

Foi até o banheiro disposto a fazer um curativo.

– Quem com vidro fere, com vidro será ferido – debochou a voz, enquanto ele enrolava o corte com esparadrapo.

– Escuta aqui! – Irelias procurou em torno.

Mas não havia ninguém. Levou as duas mãos ao alto da cabeça nervosamente.

– Acho que estou ficando maluco...

O telefone tocou. Demorou um pouco a encontrar o aparelho. Estava debaixo de várias almofadas. Era Petúnia.

– Um almoço? Com vocês? Ontem? Não, não me lembro de ter combinado nada ... O telefone? Não... não ouvi... Hoje?... Não, não sei se vai dar...

– Como assim? – ela estremeceu do outro lado.

Não estava acostumada a ser tratada dessa forma. Não estava

nem um pouco interessada se Irelias estava ou não tendo crises.

– Pois eu também não estou nem um pouco interessado no que você pensa ou deixa de pensar. Já disse que não vou e pronto – disse, batendo o telefone. – Cara de pau! Não é que ainda teve a coragem de ir se hospedar na casa de Millah?

As vozes silenciaram por um tempo. Irelias tentou se arrumar bem rápido. Em seu desequilíbrio, imaginava que precisava correr ao máximo. Trocar suas roupas e conseguir sair de casa sem que as vozes percebessem. Justo ele, que era tão vaidoso, que fazia questão de combinar a cor do cinto com a cor do sapato e a correia do relógio. Vaidoso a ponto de inventar um novo sobrenome, por medo de ser associado a uma conhecida marca de produtos e higiene. Irelias Prateado soava muito mais glamoroso!

Agora, no entanto, era como se nada lhe caísse bem. Enquanto revirava o armário em busca do que vestir, deparou-se com uma camisa que ganhara de Millah e ficou como que grudado a ela por intermináveis instantes. Em sua mente, voltaram-lhe as imagens de quando vivera o pior momento de suas crises, depois de ser demitido do importante cargo que há anos ocupava. Na época, fora Millah quem o ajudara:

– O que é isso, Irelias? Você não pode se entregar! Não pode ouvir o que dizem estas vozes. Elas não existem! O que existe é você. Só você! Esse Irelias talentosíssimo que eu conheço, uma sumidade no oboé! Que se danem aqueles que não sabem reconhecer o seu dom!

Agora, como se não bastasse, era a voz dela que o atormentava. Não queria se lembrar de Millah, da bondade dela. Por que ela tinha de ser tão boa? E outra vez a mente voltava para aquele dia, aquelas lembranças, o encontro em São Paulo e as palavras que agora não lhe saíam da cabeça. Mas ele sabia que não merecia mais ouvi-las. O telefone começou a tocar de novo. Era Petúnia. Desligou o aparelho celular para não ser incomodado. Mas a voz de Millah não parava de falar em suas lembranças:

– Ninguém toca oboé como você! A maioria das pessoas hoje em dia nem conhece o seu instrumento! Elas precisam conhecer! Escute... Você já pensou em trabalhar comigo? Estou com um projeto maravilhoso da prefeitura, nas minhas mãos... Vem! Você precisa conhecer! Você vai gostar de morar na minha cidade! Depois, vamos poder estar sempre juntos. Eu nunca mais vou deixar você ficar desse jeito!

– Não! – Irelias gritou, batendo a porta atrás de si. – Não quero ouvir mais nada!

Ganhou a rua com uma calça que nem combinava direito com a camisa, o tênis desamarrado, os cabelos em total desalinho. Parecia literalmente um doido. "Preciso chegar ao hospital antes que as vozes me descubram", pensava consigo, tentando caminhar o mais depressa possível. O peso da culpa era muito grande.

Enquanto caminhava, imagens de sua infância ao lado de Millah o tempo se projetavam em sua mente.

– Não! – parou de repente, confuso, a dois passos de atravessar uma rua muito movimentada. – Talvez seja melhor ir primeiro no banco e desfazer a transação... Ou a prefeitura... Ou a polícia? O que eu faço?

– Não há como consertar! O que está feito, está feito!

– Não adianta disfarçar! Você continua o mesmo! – as vozes voltaram com tudo.

Agora eram muitas. Ou seriam a mesma? Irelias não sabia dizer. Agora pareciam até cantar. Uma melodia louca, que só ele seria capaz de compreender. Sua cabeça doía, o sol estava muito forte e intensificava a sensação de que o mundo inteiro falava ao mesmo tempo em torno dele, como se a vida fosse um movimento de ópera e ele, o vilão.

– Não passa de um ingrato, um invejoso!

– Por que não se atira logo na frente de um carro? Ao menos morreria com dignidade! – gritavam as vozes, cercando-o, em ritmo de ópera.

– Não! – ele gritou, correndo em direção à rua.

Ouviu-se o barulho de uma freada brusca, uma batida, um outro carro desviou, por pouco não foi atropelado. As vozes silenciaram. Irelias continuou parado no meio da rua, atônito, sem saber para onde ir. Ninguém veio em seu socorro. Apenas o motorista que conseguira desviar sentiu-se tomado de compaixão ao olhar para ele. Desceu do carro e veio recolhê-lo.

Era Vinícius, o marido de Heloísa.

– Entre no carro. Deixe eu te tirar daqui – disse, tocando em suas costas com gentileza.

Irelias obedeceu, atônito.

– Tem certeza de que vai fazer isso? – ainda perguntou, antes de entrar no carro.

– É claro que sim, entre! Você não parece nada bem – insistiu Vinícius.

– Para onde vai me levar? – ousou perguntar, ainda zonzo.

– A primeira coisa é tirar você desta confusão – disse o marido de Heloísa, acelerando o carro.

Só então Irelias percebeu que vários motoristas discutiam na rua, por causa de seus carros batidos. Ninguém sequer percebeu quando ele passou novamente pela cena já dentro do veículo.

– Por que está fazendo isso? – perguntou, depois de alguns quilômetros em silêncio.

– Sinceramente, eu não sei. – respondeu Vinícius, sem tirar os olhos do volante.

"Por que está fazendo isso?", perguntou Vinícius a si mesmo. Talvez estivesse ainda sob a influência da palestra que assistira no final da semana, sobre o bom samaritano. E soltou: – Você já ouviu alguma coisa sobre a história do bom samaritano?

Era verdade. Havia ficado tão impressionado com o que ouvira que ainda trazia na mente algumas das palavras do orador: "E quem nunca na vida se deparou com alguém nas mesmas condições daquele que ali foi deixado pelos salteadores? Será que não poderia ter acontecido o mesmo com qualquer um de nós? Será que, assim como eu, aquela pessoa também não se sentiria profundamente aliviada, se de uma hora para outra pudesse ser agraciada com um socorro inesperado? Ora, diriam alguns mais radicais, mas se ele passou por isso era porque fez por merecer. Porque estava na hora de arcar com as suas contas perante a lei! Mas será que se Deus nos colocou diante dessa pessoa não teria sido porque Ele decidiu que era chegada a hora de dissolver aquele ciclo sem fim, nos confiando a responsabilidade de fazer isto através de nosso ato de amor? Sim, podemos dizer que é o carma de uma pessoa passar por determinado sofrimento. Mas é também seu carma encontrar *você* no caminho dela: existe a possibilidade de intervenção!"

– Bom samaritano? Não. Nunca ouvi falar – respondeu Irelias, sem se dar conta de quantas ideias haviam passado pelo pensamento de Vinícius naqueles rápidos instantes. – Mas... Você não vai nem perguntar quem eu sou?

Vinícius demorou um pouco a responder, ainda concluindo suas íntimas reflexões.

– Enquanto você estava em silêncio, pensei que eu talvez não fosse a melhor pessoa para te orientar. Em casos como o seu, uma única palavra pode ser decisiva e eu talvez não saiba encontrar exatamente o que dizer... Por isso estou te levando a este lugar – ele respondeu, enquanto embicava o carro em direção a um estacionamento, do outro lado da rua.

– Um estacionamento? – estranhou Irelias. – É para lá que você vai me levar? – já imaginando algum tipo de abrigo para mendigos.

Mas não. Vinícius, com muitos anos de prática mediúnica, percebeu que Irelias, a quem acabava de prestar socorro, estava fortemente sob influência de entidades que desejavam-lhe o mal, levando-o ao caos em pleno trânsito.

– Não, não! Aqui ao lado funciona o centro espírita que eu e minha família frequentamos há anos. Todos os dias, na parte da manhã e na parte da tarde, equipes se revezam na realização de um trabalho que chamamos de 'Auxílio fraterno'.

Irelias olhou para ele desconfiado.

– Eles escutam a pessoa, aconselham, quando é o caso, aplicam passes, para que se sinta mais forte – Vinícius continuou explicando. – É muito bom. Sinceramente, sinto que é o de que você está precisando neste momento. Você gostaria de vir?

Vinícius falava com tanta segurança e ao mesmo tempo com tanta clareza e serenidade que Irelias não teve como resistir. Em outras ocasiões, talvez tivesse simplesmente virado as costas e o tachado de maluco. Mas naquele momento, estava tão confuso... Sentia que precisava realmente de auxílio espiritual, embora algo em seu íntimo parecesse dizer para que saísse correndo dali o quanto antes. Lembrava-se então dos carros, da buzina, de Petúnia, de Millah; vinha-lhe a remota sensação de que talvez ali estivesse protegido. Sentia-se realmente seguro ao lado daquele estranho, embora nem seu nome soubesse.

– Sim, eu quero ir – decidiu por fim, descendo do carro, ainda trêmulo.

Caminharam em silêncio até a entrada do centro.

– Tem certeza de que não acontece nada de errado lá dentro? – ele sentiu certa angústia no momento de entrar. – Que não vai aparecer nenhum espírito para me atormentar ou... – ele nem sabia direito como explicar sua angústia.

Parecia agora travado na soleira da porta.

– Certeza absoluta. Aqui só existem trabalhadores da seara de Jesus – respondeu Vinícius.

Irelias olhou para dentro e deu com uma senhora de sorriso tão aberto, tão simpático que até fazia lembrar sua falecida avó. Sentiu uma emoção muito forte. Veio uma vontade de entrar, deu um passo para dentro, no que foi logo acolhido pela senhora. Vinícius se despediu:

– Agora preciso ir, porque já estou bastante atrasado para o trabalho. Cuide dele com muito carinho, Cida – disse, dirigindo-se à senhora. – Por favor, providenciem, por minha conta, tudo o que for necessário para que ele fique bem. Em torno das sete e meia eu volto com Heloísa para o trabalho de socorro espiritual e vocês me dão notícias! Não se esqueçam. Qualquer coisa! Tudo de que ele precisar! – ainda fez questão de recomendar, sentindo-se ele também fortemente emocionado ao se despedir.

"As PAIXÕES NÃO são naturais à humanidade; são sempre exceções ou excrescências. O autêntico homem ideal é calmo tanto em sua alegria quanto em sua tristeza. O homem no qual elas ultrapassam os limites deve encarar-se como um inválido e usar remédio para sua vida e sua saúde. As paixões devem passar depressa, ou serem rechaçadas..."[33]

As palavras eram de Brahms, em mais uma de suas cartas dirigidas a Clara Schumann. Em seu quarto de hotel, cercado de livros por todos os lados, Oberon não conseguia parar de estudar sobre o famoso triângulo amoroso que tanto despertara a curiosidade dos alunos, como se estranho encanto houvesse tomado conta dele. E quanto mais lia sobre o assunto, mais experimentava uma sensação de medo, uma mistura de nervoso e ansiedade.

Talvez fosse algo semelhante ao que Brahms supostamente experimentasse em sua cada vez mais intensa convivência com Clara e as crianças.

"Muitas vezes desejei abraçar Clara. Ela faz-me perceber que nunca poderei amar outra mulher, mesmo que me prometa o céu... Porque ela é o próprio céu", descrevia o compositor em uma de suas cartas ao amigo Joseph Joachim, pouco depois de conhecer Clara.[34]

Oberon suspirou fundo. Lembrou-se, sem querer, da tarde em que conhecera Millah e Melquisedec, por acaso, durante um concerto ao ar livre na Alemanha de que ele participava; da intensa emoção que o tomou no momento em que os dois vieram cumprimentá-lo por sua atuação e se apresentaram como

---

[33] Trecho de carta de Johannes Brahms a Clara Schumann, com data de 11 de outubro de 1871. In: *As vidas ilustradas dos grandes compositores: Brahms.* Paul Holmes. (Publicado originalmente por The Baton Press, 1984.) RJ: Ediouro, 1993, p. 51.
[34] In: *Coleção grandes compositores: Brahms.* Barcelona: Editorial Sol 90, 2005, p.14.

brasileiros. Jamais se esqueceria do brilho que vira nos olhos de Millah, quando ele a convidou para sentar-se ao piano e tocar, da inexplicável sensação de eternidade, de reencontro, que tomou conta de sua alma naquele precioso instante.

Desde então, formara-se uma sólida amizade entre os dois. Fora graças a ele que Millah voltara a apresentar-se ao piano, depois de passar alguns anos dedicando-se apenas à família e à criação dos filhos, longe do Brasil. Ela sempre dizia que encontrá-lo fora como ressuscitar para o mundo da música, chegando mesmo a afirmar ter para com Oberon uma dívida de gratidão eterna por isso... Uma dívida tão grande quanto os ciúmes de Melquisedec...

Novamente o violoncelista respirou fundo, tentando voltar o foco para seus estudos. Afinal, nunca existira nada além de amizade entre ele e Millah!

O mesmo, porém, já não se poderia dizer com relação a Clara e Brahms. O sentimento entre eles tenderia a se tornar mais intenso na mesma proporção em que se revelava dúbio para o próprio Brahms. Que amava Clara e não queria amar Clara. Sobretudo após a internação de Schumann como paciente voluntário no Sanatório de Endernich, conforme ele mesmo havia suplicado, após sua frustrada tentativa de suicídio. Para Brahms, era impossível não amar Clara. E suas cartas desse período pareciam mesmo impregnadas de toda essa angústia dúbia, de todo esse sentimento de culpa a ecoar por trás de cada uma de suas palavras de amor:

"Lamento cada palavra que lhe escrevo e que não fala de amor. Você me ensinou e cada dia me ensina ainda mais a entender e ficar maravilhado com o que são o amor, a ligação e a renúncia... Gostaria de lhe poder escrever sempre de todo o meu coração, de lhe dizer o quão profundamente a amo, e só posso pedir que acredite nisso, sem maiores provas".[35]

Oberon lia tudo isso e sentia uma angústia tão grande que por pouco não chegava às lágrimas. Ele próprio não entendia o porquê de toda aquela comoção. Homem fechado, solitário, pouco

---

[35] In: *As vidas ilustradas dos grandes compositores*, op. cit., p. 45.

dado a esse tipo de emotividade, que jamais envolvera-se profundamente com mulher alguma... Havia, porém, naquilo tudo um mistério, uma peça que parecia não estar presente em nenhuma das muitas fontes disponíveis de consulta.

Clara e Brahms passaram muitos dias juntos durante a convalescença de Schumann e também logo depois de sua morte. Sabe-se que o musicista chegou a pedir Clara em casamento nessa ocasião, mas Clara não aceitou. E, desde então, jamais retirou o luto. Até o fim da vida. Ainda que muitas de suas cartas deixem entrever que ela também sentiu algo de muito profundo e especial por Brahms pelo resto de seus dias. Por quê? O que os teria impedido, afinal, de assumir uma vida juntos?, Oberon perguntava-se.

No final das contas, acabou concluindo que, com relação à vida sentimental de Brahms, o quadro de seus afetos amorosos era quase insignificante, quando comparado a seu amor por Clara, ainda que aceita a hipótese de que tudo não houvesse passado de um sentimento platônico. Todas as tentativas amorosas de Brahms haviam terminado em fracasso e até mesmo sua intenção de casar-se com uma filha de Robert e Clara, quase no fim da vida – justamente Julie, de todas, a mais parecida com a mãe.

Em cada uma dessas ocasiões, fazendo uma busca mais apurada, Oberon encontrou indícios dos ciúmes de Clara, cujo gênio parecia tornar-se mais duro com o passar dos anos. Ainda assim, os dois sempre mantiveram a longa relação epistolar. Através de cartas, confortavam-se nas dificuldades, exultavam com os triunfos mútuos – sobretudo Clara com os de Brahms. Se a música de Robert Schumann tornou-se conhecida no mundo inteiro pelas mãos de Clara, foi ela também uma das maiores divulgadoras e incentivadoras de toda a obra de Brahms.

Algo além do inegável amor entre Clara e Brahms, porém, parecia comover Oberon além dos limites. Em meio a brigas e reconciliações, ao longo de quase quarenta anos de amizade, Brahms jamais teria se esquecido de sua eterna dívida com os Schumann:

"Você e seu marido constituem a mais bela experiência de toda a minha vida e representam tudo que nela existe de mais rico e mais nobre", chegou a escrever em uma de suas últimas cartas a Clara, com data de setembro de 1892, quatro anos antes da morte dela.[36]

Oberon parou neste ponto da leitura, sensibilizado pelo peso daquelas palavras. Lágrimas desceram-lhe dos olhos sem que ele conseguisse racionalmente explicar o porquê de tamanha comoção. Leu mais uma vez a frase em destaque no livro aberto sobre a cama, grifou-a com a caneta amarela, ficou por alguns instantes com o olhar perdido no espaço, acabou cochilando com o livro sobre o peito. Sentia-se física e emocionalmente exausto.

Despertou de um salto, olhou no relógio e calçou depressa os sapatos. Não se lembrava direito do que havia sonhado, mas tinha na cabeça uma ideia fixa:

– Vá o mais rápido que puder! – pediu ao taxista, depois de explicar o endereço do hospital onde Millah estava internada.

OBERON CHEGOU NO momento em que estava sendo encerrada a visita da tarde na UTI. Curiosamente, ninguém tinha ido visitar Millah naquele dia. Nem mesmo o esposo. A enfermeira permitiu que o músico entrasse rapidamente:

– Apenas cinco minutos, tudo bem?

Oberon concordou. Seu coração batia mais acelerado do que quando lá estivera da primeira vez, como se algo agora fosse diferente.

Durante todo o curto tempo da visita, ficou parado ao lado de Millah, olhando-a de longe, sem coragem de tocá-la. Como se buscasse reconhecer em seu rosto algum resquício de um passado distante e ao mesmo tempo tivesse medo do que pudesse vir a

---

[36] Idem, p. 182.

encontrar. Seria possível, seria real tudo aquilo que, mesmo contra sua vontade, insistia em lhe passar pela cabeça? De imediato, vieram-lhe à mente as palavras que lera na carta desesperada que Brahms escrevera à Marie Schumann, quando Clara teve seu primeiro derrame, dois meses antes de vir a falecer:

"Se você acha que devemos esperar o pior, informe-me para que eu possa chegar enquanto aqueles olhos queridos ainda estão abertos; pois quando eles se fecharem, muita coisa estará terminando para mim."[37]

Oberon sentiu uma vontade incrível de chorar, chegou a sacudir o peito, segurando-se para não fazer isto. Por que estava misturando tanto as histórias?, racionalmente não conseguia entender. Ao mesmo tempo, não tinha como frear o sugestionar ininterrupto e espontâneo de seu inconsciente. Olhou mais uma vez para aqueles olhos fechados de pálpebras enormes e cílios longilíneos, tão bem desenhados que até pareciam contornados a lápis. Mesmo doente, apática e desacordada, Millah continuava bela como sempre. Oberon a via assim. Embora ela ali estivesse desprovida de parte de seu encanto, como se aquilo que ele observava fosse apenas uma réplica de cera daquele ser que ele tanto adorava.

Era impressionante. O corpo respirava, contudo, sentia como se Millah não estivesse ali. Estaria a amiga de partida? Oberon experimentou estranho calafrio, sentiu subir uma forte emoção, pediu para sair.

Já estava deixando a recepção do hospital quando quase esbarrou com Melquisedec, que atravessava a porta de vidro naquele mesmo instante, indo em direção contrária. Por entre uma dezena de pessoas, os dois se olharam, discretamente. Seria crível se dissessem que nem haviam se visto. Qualquer um acreditaria. Afinal de contas, o hospital estava cheio, a todo momento não parava de entrar e sair gente por aquela porta. Seguiram, cada qual em sua direção, como se nada houvera acontecido.

Oberon, porém, sentiu-se tomado por um sentimento novo.

---

[37] In: *As vidas ilustradas dos grandes compositores*, op. cit., p. 190.

Estancou o passo, por alguns segundos ficou de longe acompanhando, pelas paredes envidraçadas, o andar lento e sofrido de Melquisedec por dentro do hospital, carregando sua maleta. Era quase um espectro que se movia. Oberon sentiu por dentro dele mesmo a solidão, o vazio, a dor que parecia ultrapassar Melquisedec como uma lança.

Tomado de um impulso, Oberon respirou fundo e atravessou novamente a porta, ganhando o interior do hospital. "Você e seu marido constituem a mais bela experiência de toda a minha vida e representam tudo que nela existe de mais rico e mais nobre" – sentia-se como guiado por aquela frase.

– Melquisedec! – correu atrás dele o mais rápido possível pelos movimentados corredores do hospital.

O marido de Millah se deteve ao ouvir sua voz. Estancou o passo, mas não olhou para trás.

– Melquisedec! – Oberon insistiu, parando a poucos metros de distância. – Eu quero muito falar com você! – ousou dizer.

O médico finalmente virou-se e o encarou. Estava desarmado.

– Vamos até minha sala – convidou. – Também preciso de alguém com quem conversar – admitiu, com o olhar muito triste.

Enquanto o corpo físico de Millah permanecia em coma na UTI, seu espírito encontrava-se ainda recolhido em uma sala espiritual do centro espírita. Simples e aconchegante, lembrava uma enfermaria comum, onde os doentes permaneciam em estado de observação, recebendo cuidados especiais.

Estava sozinha no quarto, embora houvesse no local mais duas camas vazias. De tempos em tempos, alguém da equipe de enfermeiros espirituais de plantão aparecia para verificar seu estado geral. Naquele momento específico, era acompanhada pela responsável por todas as tarefas espirituais realizadas na casa, a doutora Maria Eunice, representante direta do mentor da instituição.[38] De olhos fechados, concentrada a seu lado, ela parecia

---

[38] Toda casa espírita conta com a proteção de um mentor espiritual que pode ou não dar nome à instituição. Tal escolha reflete uma afinidade espontânea entre o grupo que projeta a fundação com determinado espírito,

ter acesso a detalhes do que se passava na mente de Millah.

Alheia a tudo o que acontecia ao seu redor, a pianista continuava seu mergulho voluntário nos tempos que antecederam a presente encarnação. Via-se agora sentada, em local que mais parecia uma sala de aula, tendo ao lado o mesmo caderno grosso, de capa de couro, que momentos atrás folheava, e também uma espécie de bloco luminoso, que era ao mesmo tempo um tipo de computador, onde estavam registradas várias anotações. Não se encontrava mais em uma existência específica, mas em um intervalo entre vidas, mais precisamente na culminância do momento preparatório de seu regresso à Terra, como Millah.

Também não estava mais sozinha com suas anotações. Em torno dela havia agora várias pessoas, que não lhe eram estranhas, contudo, não saberia dizer quem seriam. Não conseguia ver direito o próprio rosto, embora reconhecesse suas mãos; sentia-se inteiramente presente na cena, como se acontecesse naquele exato momento.

Na verdade, não conseguia diferenciar muito bem entre passado, presente e futuro durante esse momento de transe. A sensação era de que estava diante de uma banca examinadora. A imagem dos mentores espirituais a remetia aos exigentes professores que costumavam examiná-la no Conservatório Nacional de Música, onde durante muito tempo de sua juventude prestara provas anuais, até obter seu diploma do curso técnico de piano na presente encarnação.

– Creio que por agora concluímos então todos os necessários planejamentos para o seu retorno ao plano terrestre – dizia um homem, que parecia o líder do grupo, ao qual Millah associara a fisionomia do professor Aquiles Aleixo, do Conservatório.

---

que sempre será um vulto que se destacou em sua vivência terrena por seus feitos e testemunhos, por sua abnegação em favor do próximo. Em geral, tais espíritos de luz são seres muito solicitados, não só na Terra como também na espiritualidade, não permanecendo, portanto, por longos períodos nestas casas espíritas, mas mantendo-se a elas ligados através de equipes de espíritos de sua confiança, as quais se ocupam de desempenhar, em seu nome, e sob a sua constante orientação, as necessárias tarefas.

Cada qual parecia ter seu próprio bloco eletrônico de anotações, que se apagavam à medida que os itens iam sendo confirmados. Fazia mesmo lembrar uma defesa de tese incrementada com inovações tecnológicas.

– Como vê, todo o planejamento para sua ida à Terra exigiu largo esforço de todos os mentores aqui presentes, na organização de todos os necessários detalhes ao sucesso da experiência. Tem certeza de que está preparada para passar novamente por todas estas provas? – questionou uma voz feminina, que Millah personificou como a professora Loreta Borba Gatto.

– Eu necessito disso – Millah respondeu convicta.

– Você será colocada de novo diante da necessidade de escolha entre a carreira brilhante e os desafios e até mesmo agruras de uma vida familiar comum – recapitulou a professora Borba Gatto.

– E vou precisar escolher um só caminho, sem poder olhar para trás. De que serviria a prova se nela eu não pudesse comprovar o que realmente aprendi, se é que de fato aprendi? Como ter certeza disto sem vivenciar as situações? – Millah contra-argumentou.

Parecia muito certa de suas decisões. Nem por um momento expressava qualquer dúvida ou hesitação.

– Mas está ciente de todos os riscos que corre?... – pontuou aquele que parecia ser o mentor principal do grupo.

– Sim, estou, e imploro para correr todos estes riscos – confirmou Millah.

– Uma boa sugestão talvez seja você imaginar que está prestes a fazer uma grande viagem de navio – ponderou Aquiles.

– Um navio que, contudo, está fadado naturalmente a afundar, de uma tal forma que você não poderá recuperar uma só agulha do seu passado...

– Mas a música nunca vai estar longe de mim! – obtemperou Millah, expressando agora um pouco de preocupação no olhar.

– A música vai estar sempre presente, mas não da forma como você se acostumou, através da fama, ou de uma carreira internacional... Você vai encontrar formas de trazê-la para sua vida e de levá-la para a vida das outras pessoas de uma maneira que... Este também será um de seus desafios! Por outro lado, você terá a oportunidade de apreciar outros valores, tais como a importância dos laços de família e a constituição do seu núcleo familiar, entendendo que o lar é a célula básica do organismo social. Se os lares estiverem ruindo, a sociedade também estará caminhando para o caos – ressaltou a professora Borba Gatto.

– Minha consciência me diz que necessito passar por tudo isso e sair vitoriosa. Só então me sentirei digna de verdade e pronta para pertencer inteiramente ao projeto de música *Um tom acima* – pela primeira vez ela pareceu vaguear no tempo e no espaço por rápidos instantes, como se estivesse a se imaginar em algum lugar muito longe dali. – Essa é minha meta Ela rapidamente voltou a si. – Por ora, no entanto, tudo o que eu quero é ser a fiel companheira do homem que escolhi para meu marido e uma boa mãe para meus filhos. Nada pode ser maior que isso... – reafirmou, olhando fixamente para seus interlocutores.

Aparentava estar completamente segura de cada uma de suas palavras. Antes que qualquer um dos mentores pudesse fazer qualquer comentário, porém, ela mesma pareceu oscilar em sua firmeza:

– Só me preocupo um pouco com o fator esquecimento. Todo mundo se esquece de tudo a partir do momento em que desperta na Terra? Como é que eu faço para não me esquecer? Para continuar fiel ao meu compromisso mesmo com o esquecimento de tudo o que nós planejamos aqui antes? – preocupou-se.

– O esquecimento é sempre parcial, jamais total. A ligação, na verdade, é interna. O registro sempre existirá dentro de você – esclareceu Aquiles.

– Mas como vou ter certeza disso? – angustiou-se Millah.

– Nós sentimos que estamos seguindo o caminho certo quando nossas escolhas se direcionam para o bem. Do contrário, não pode ser parte do projeto elaborado no plano maior. Qualquer desajuste que causamos na vida alheia será sempre decorrente do mau uso do nosso livre-arbítrio... O livre-arbítrio de hoje é o determinismo de amanhã... – complementou a outra mentora, que Millah havia identificado com uma figura mais meiga do Conservatório, a professora Anne Marie Crato.

Millah novamente pareceu divagar por alguns instantes, refletindo sobre suas palavras, que ficaram por alguns instantes como que ribombando dentro de sua mente. Quando seu olhar finalmente voltou à sala, parecia um tanto quanto mais realista:

– Mas... E se acontecer de no meio do caminho eu não conseguir? Se eu não quiser mais? Se eu desistir da prova?... E se eu errar de novo?

– Você sabe perfeitamente que esta é uma das possibilidades, que são muitos os que retornam ao mundo espiritual trazendo um pacote ainda maior do que o que teoricamente teriam levado para desembrulhar. Mas sabe também que foi preparada e dispõe de todas as condições para que isso não aconteça. Ninguém retroage em sua caminhada evolutiva. A lei divina não permitiria que fôssemos submetidos a desempenhar uma prova para a qual não tivéssemos todas as condições de sair vitoriosos. Além disso, nossos mentores estarão sempre a postos, sempre prontos a lançar mão de todos os recursos para lembrá-la de seus compromissos e necessidades evolutivas. Você jamais estará sozinha na existência que está prestes a iniciar! – lembrou o mentor principal.

– Basta que jamais duvide de sua própria capacidade de vencer os desafios e obstáculos! – lembrou a meiga mentora identificada com a professora Anne Marie. – Você pode, minha querida! Nós acreditamos em você! Temos plena confiança na sua capacidade!

Millah pensou por mais alguns instantes, olhou os itens do planejamento em seu bloco eletrônico, voltou a olhar para os mentores com os olhos marejados.

– Está certo. Vamos prosseguir – decidiu, passando a mão sobre a capa do caderno de couro a sua frente. – Gostaria, porém, de repassar mais uma vez os pontos onde identifiquei algumas das minhas principais fraquezas... Pode ser? – pediu, retomando sua antiga convicção.

Iniciou-se então mais uma etapa daquela espécie de prova preparatória, onde os mentores, com base no histórico de Millah, elaboraram mais uma série de questões:

– Nosso primeiro tópico é o orgulho ferido. O não reconhecimento de seu próprio sacrifício por aqueles de quem mais esperava o justo reconhecimento... – anunciou a mentora mais exigente. – E se acontecer do seu marido vir a se sentir diminuído perante o seu dom?

– Você sabe, nesta vida ele será impedido de manifestar qualquer aptidão para a música – lembrou o mentor principal.

– Pode acontecer desta sensação de menos valia nem vir a se repetir. Mas é evidente que poderá eclodir em algum momento da vida em comum – avaliou a mentora Anne Marie.

– Pode ser que nem se verifique de maneira ostensiva. Numa forma inconsciente de demonstrar seus ciúmes, possivelmente ele apenas se coloque em postura mais reclusa, no sentido de quase não participar de suas apresentações, ou de se retirar antes mesmo do término de eventual comemoração em sua homenagem, enfim, de lançar mão de subterfúgios para inconscientemente afastá-la do convívio daqueles que possam exaltá-la. Você se sente preparada para enfrentar de forma diferente tais atitudes? – sintetizou a mentora Borba Gatto.

Millah permaneceu em silêncio por alguns instantes. Havia funda tristeza em seu olhar. O mesmo olhar de luto e resignação que durante mais de quarenta anos estampou as fotos da famosa viúva de Robert Schumann no passado.

– Sim, estou ciente disso. Sei que reinicio toda a minha trajetória com uma dupla missão. Devo ser inteiramente fiel a meu marido e à minha família, ao mesmo tempo, preciso seguir minha trajetória como musicista, sem me render aos louros da vaidade. Preciso atravessar a lama sem ser lama. Nem o elogio, nem a crítica; nem a presença, nem a ausência de ninguém: nada pode me desequilibrar, nada pode ter o poder de desestruturar o caminho que tracei para mim. Não persigo a música como uma forma de me destacar, mas como uma maneira de tratar a mim e às pessoas a meu redor – ela defendeu com paixão.

Os três mentores sorriram ao ouvi-la dizer isso.

Na lanchonete do hospital, enquanto isso, Oberon falava sobre como a vida de Millah sempre fora tão fortemente marcada pela música. Mas Melquisedec parecia distante.

– Sempre me encantou nela esse furor, essa paixão total e completa com que se entregou a seus estudos de música, a tarefa de ensinar qualquer criança a aprender a tocar, sem se importar com vaidade ou reconhecimento – dizia o músico, com olhos brilhantes de admiração. – Não posso negar que...

– Eu a fiz assinar um testamento vital – Melquisedec tomou coragem e foi finalmente ao ponto.

Oberon levou um susto tão grande que abaixou de uma vez a xícara de café sobre o pires, espalhando café para todo lado.

– Como assim? – sua fisionomia mudou de imediato.

Melquisedec tinha os olhos fundos, mais parecia um morto-vivo.

– É exatamente o que você ouviu. Eu precisava mesmo falar com alguém... Estou a ponto de enlouquecer... – desabafou finalmente.

Sem nenhuma reserva, contou então a Oberon todos os detalhes que cercaram a assinatura daquele documento e o que isso, na prática, significava.

Nesse momento, a doutora Maria Eunice sentiu a aproximação de Alarico e rapidamente caminhou até lá, deixando que Millah continuasse em seu transe terapêutico.

– É bom que ela esteja aqui sob nossa proteção, foi uma excelente ideia tê-la trazido para cá – observou, fechando a porta com cuidado.

Alarico, porém, parecia bastante ansioso:

– Estou muito preocupado. Por mais que estivesse previsto que Millah, de uma maneira ou de outra, fosse passar por um período de profundas reflexões, o fato de ter assinado o tal documento em posse do marido coloca muita coisa em risco!

– Procure não sair de sua sintonia elevada, meu irmão. Talvez você não soubesse da existência do documento. Mas nada escapa à espiritualidade maior. E, esteja certo, de todo mal, ante a lei divina, sempre se tira um bem – asseverou a doutora. – Muitas vezes, o que nos parece uma fatalidade, acaba sendo precioso recurso nas mãos dos mentores maiores, que usa o inesperado para nos despertar a consciência adormecida, e nos impulsionar ao encontro conosco mesmos e com nossos compromissos no mundo maior – ela observou com sabedoria.

Atravessavam agora movimentado setor. O interior do centro era um mundo à parte. Quem olhava a construção simplória pelo lado de fora não podia imaginar. Ao mesmo tempo em que inúmeros servidores do mundo espiritual se encontravam envolvidos nos trabalhos ali realizados naquele momento, outra imensa equipe já se encontrava a postos, preparando o ambiente para as tarefas que se realizariam na parte da noite. Suaves emanações impregnavam o local. Por toda parte havia médicos, enfermeiros, auxiliares, técnicos, colaboradores os mais variados. Todos com o semblante alegre, desempenhando suas tarefas com intensa concentração e boa vontade.

Alguns selecionavam recipientes contendo fluidos medicamentosos a serem despejados nos filtros de água da casa e nas garrafas com água que seriam trazidas pelos frequentadores; outros verificavam com uma luz especial os nomes que se encontravam nas caixas e cadernos com nomes para preces e irradiações; outros ainda selecionavam as páginas dos livros de mensagens que deveriam ser sugeridos aos vários encarnados que seriam encarregados de abrir os trabalhos da noite.[39]

– Ainda tenho muito o que aprender na tarefa socorrista. Graças ao alto, pude me preparar na espiritualidade para poder vir em auxílio de minha neta. Agradeço muito a acolhida neste porto de luz. Me sinto como se estivesse de novo na colônia de onde parti! – Alarico exclamou comovido.

Atravessaram então o salão de reuniões dos encarnados, que ampliava-se para além das paredes de alvenaria, de maneira que um outro auditório ali se acoplava, destinado a receber os espíritos desencarnados que seriam assistidos durante a reunião pública. Alarico observou que todo o núcleo de serviços encontrava-

---

[39] Conforme narrado no livro *Na seara do bem*, de Antônio Carlos Tonini, psicografado por Luiz Antônio Ferraz. Votuporanga, SP: Pierre-Paul Didier, 1997.

se envolto por um halo de luz protetor.

– Este cordão é formado pelas vibrações do ambiente aqui cristalizadas, a partir dos pensamentos, das atitudes mentais das criaturas que se exteriorizam, plasmando o ambiente espiritual. O clima de paz, as emanações saudáveis e as luzes argênteas que envolvem esta casa nada mais são do que o resultado do trabalho edificante, das orações, do pensamento retilíneo, da mensagem consoladora que há anos vem sendo aqui veiculada, em proveito de quantos venham a esta casa – explicou a doutora Maria Eunice, adivinhando-lhe os pensamentos.

Sem conseguir esconder o seu deslumbramento, ante o montante de tarefas ali realizadas e que, segundo doutora Maria Eunice, eram apenas uma mínima parte de tudo o que era feito pela espiritualidade naquele pequeno centro espírita, Alarico seguiu com ela até uma saleta recuada, onde ficava uma espécie de escritório reservado, contendo um computador diferente, disponibilizando o acesso às fichas de todos os encarnados e desencarnados que já haviam passado por aquela casa.

– Vejo que sua neta já esteve algumas vezes aqui na casa, sempre em companhia de nossa colaboradora Heloísa... No entanto, mesmo tendo experimentado forte afinidade com os ensinamentos que aqui pôde colher e grande bem-estar com as energias recebidas através do passe, não se sentiu suficientemente encorajada a enfrentar os preconceitos e o radicalismo do marido, de forma a primeiro iluminar-se para depois fazer com que a luz pudesse chegar até sua família... Talvez tenha faltado à sua neta o incremento da fé – ela comentou, ainda observando as informações na tela.

– Mas mesmo não sendo espírita, ela sempre ia à igreja com o marido. Millah nunca deixou de cumprir seus compromissos religiosos – asseverou Alarico.

– Infelizmente, Alarico, não basta ir à igreja, ou ao centro espírita ou a qualquer tipo de templo de qualquer religião para que a fé faça verdadeiro sentido na vida de uma pessoa. A fé para ser proveitosa precisa ser ativa. Divina inspiração de Deus, é ela que desperta todos os nobres instintos que conduzem o homem ao bem; a base de sua regeneração. Mas é preciso que esta base seja durável, forte, porque se a menor dúvida vier abalá-la, não tem como sustentar o enorme edifício que se constrói sobre ela. A pessoa precisa amar a Deus, mas sabendo por que O ama, compreendendo racionalmente o porquê de tudo o que sente e faz. Só assim a fé se torna verdadeiramente sincera, arrebatadora, contagiosa, capaz de se comunicar até mesmo àqueles que não a tinham ou que não a queriam ter; enquanto que a fé apenas aparente não tem senão palavras sonoras que só conseguem fazer permanecerem frios e indiferentes os corações, você percebe a diferença? O que eu quero dizer, quando concluo que faltou desenvolver um pouco mais de fé no espírito de sua neta?

– Ela sempre reclamou das verdades impostas, dos dogmas católicos, dos rituais; sempre se disse simpatizante das ideias espíritas. Mas nunca se dedicou profundamente ao estudo destas verdades, sob o enfoque de nenhuma religião... – reconheceu Alarico.

– Em verdade, em vez de aproveitar para instruir-se da maneira possível, Millah gastou seu tempo e suas energias querendo obter, a todo custo, a concordância do marido com a sua maneira de pensar. Acabou perdendo o foco do que realmente importava na questão – lamentou a responsável pelas tarefas da casa.

– Talvez em sua ânsia de portar-se como esposa correta, não quisesse fazer nada escondido do marido... – tentou justificar Alarico.

– Se houvesse se dedicado um pouco mais à leitura edificante, como, aliás, tantas vezes lhe foi oferecido pela amiga Heloísa, talvez pudesse ter se inspirado no exemplo de Lívia, esposa do senador Públio Lentulus, que em encarnações futuras se tornaria conhecido como Emmanuel, o famoso mentor de Chico Xavier. No livro *Há dois mil anos...*, ele conta como Lívia tornou-se uma das mais notáveis seguidoras do cristianismo, mesmo contra a vontade do marido, e como teve a coragem de seguir sua trajetória evolutiva, a despeito da decisão dele, que optou por não seguir Jesus, mesmo depois de tê-lo encontrado pessoalmente e do mestre ter curado sua filha com lepra já agonizante.[40]

Alarico refletiu por alguns instantes sobre aquela história, que tivera o privilégio de conhecer em detalhes depois que já se encontrava no mundo espiritual, e percebeu que a doutora tinha razão. De fato, a neta tivera muitas oportunidades para aprofundar-se no espiritismo sem precisar necessariamente entrar em conflito direto com o marido por causa disso, mas acabava quase sempre perdendo-se em discussões estéreis, em vez de dedicar-se em silêncio ao que realmente interessava.

– Às vezes fico me perguntando... Por que alguns seres encarnados necessitam passar por essa experiência de rever tão nitidamente o próprio passado quando ainda estão a caminho com tantos acontecimentos desta vida? – questionou Alarico. – Todas estas lembranças não podem vir a prejudicá-la, caso volte a conviver normalmente com a família?

– Na verdade todos trazemos dentro de nós o passado mais ou menos adormecido. Em certos casos, porém, é necessário acordar algumas recordações, de forma a que não estacionemos nas dores antigas, que impedem o caminhar, nem cristalizemos padrões mentais que nada nos acrescentam.

– Acho que começo a compreender o que está dizendo. Só conseguimos ter o perfeito domínio sobre os efeitos do nosso presente a partir do momento em que atingimos a profunda compreensão sobre suas causas – refletiu Alarico.

– É exatamente isto – concordou a doutora. – Só então poderemos nos permitir entrar na dinâmica que faz com que tudo se transforme. Somente quando realmente assumimos as rédeas desse processo, sem culpar a ninguém, mas compreendendo plena e profundamente que tudo o que experienciamos faz parte do nosso crescimento. Tudo isso, no entanto, é um processo que se dá e que não necessariamente precisa ser trazido para o nível consciente. Quantas vezes o ser encarnado sonha com coisas de que no dia seguinte não se lembra? Mas que, ainda assim, se ma-

---

[40] *Há dois mil anos...* – episódios da história do cristianismo no século 1. RJ: FEB Editora: 1939.

nifestam através de uma intuição, de uma inspiração, convidando-o a modificar sua maneira habitual de pensar e de agir! – ela elucidou, de forma a tranquilizá-lo.

Alarico ficou olhando carinhosamente para a foto de Millah que ainda estava sendo mostrada na tela daquele computador diferente.

– Mas como teremos certeza de que ela vai assimilar todas essas lembranças dessa forma, sem que isto venha a lhe causar nenhum tipo de sequela futura? – finalmente perguntou.

A doutora Maria Eunice sorriu, enquanto mentalmente desacionava o equipamento a sua frente, antes de dizer:

– Alarico, querido amigo, faz parte do merecimento de Millah a possibilidade de poder despertar em um local como este e obter todos os necessários esclarecimentos; Heloísa também tem méritos e círculo grande de familiares espirituais que aqui trabalham e favoreçam as vibrações para o despertar da amiga, sob a proteção de todos eles, verdadeiros trabalhadores cuja amizade foi conquistada ao longo de tantos anos de trabalho. Assim como é mérito seu poder estar ao lado de sua neta neste momento. Como vê, a misericórdia divina sempre encontra meios de multiplicar o pouco que temos para transformá-lo em muito mais do que poderíamos esperar com as humildes migalhas que temos a oferecer. Tranquilize-se, confie!. Vai dar tudo certo – ela garantiu, franzindo levemente a testa.

Parecia concentrada em algo que lhe era diretamente transmitido ao intelecto.

– Humm... Venha comigo! Estou sendo solicitada em um caso do atendimento fraterno muito ligado à Millah.

– Espera aí!... Você falou 15 dias?! Mas hoje faz... – Oberon, nervoso, contou nos dedos o tempo que Millah estava internada.

– Exatos sete dias. Temos apenas mais uma semana para resolver tudo isto – Melquisedec respondeu melancólico.

– Mas então...

– Eu sei... Pode dizer o que quiser. Eu sou mesmo uma pústula, um descerebrado... Um... Não deveria nunca...

Na mente de Oberon, contudo, sem que ele soubesse por que, voltavam rapidamente todas as páginas que lera a respeito da forte depressão que acabara por levar Robert Schumann ao suicídio.

– De forma alguma! – interviu de um impulso, tocando nos braços de Melquisedec. – Não pense assim! Estou aqui para ajudá-lo!

Melquisedec levou um susto. Não esperava por aquela atitude. Ficou por alguns segundos olhando para Oberon em silêncio, ainda incrédulo.

– Quer dizer então... Não vai me condenar? Não vai me chamar de assassino? – para ele era quase surreal acreditar naquilo: ele próprio não conseguia se ver de outra forma.

– Mas você não é um assassino! – Oberon afirmou, sentindo-se tomado por infinita compaixão.

Olhava para Melquisedec e via nele seu irmão mais velho, seu melhor amigo, alguém por quem nutria uma dívida de gratidão infinita... Mesmo sendo ele o marido a quem Millah, inúmeras vezes teria se referido com certo desencanto... Mas que, em contrapartida, fora quem primeiro se sentira atraído por sua música na Alemanha, quem arrastara a esposa até o local onde estava tocando com sua banda, o que permitiu que os três se conhecessem...

Era um médico, um especialista em sua área, de habilidade reconhecida e admirada internacionalmente! Como poderia se referir a si próprio daquela forma? Pela primeira vez na vida, olhava para aquele homem e o enxergava da forma como Millah sempre o descrevera: uma pessoa simples, incapaz de fazer mal intencionalmente a qualquer outro ser vivente. Alguém tão frágil que por vezes precisava se utilizar da agressividade como forma de defesa.

– Você não fez isso por mal. Você não é uma pessoa má, muito pelo contrário! – disse com convicção. – Apenas estava enganado! Deixou-se empolgar pela posição dos outros médicos a quem você admira, pelas experiências dolorosas que você testemunhou...

– Sim! – os olhos de Melquisedec brilharam quando ele disse isto. – Na verdade, eu sempre pensei muito no orgulho daqueles que estavam doentes. Tive uma paciente, uma senhora, mãe, completamente debilitada por um AVC... Nunca me esqueci do olhar dela... Necessitava do marido para tudo, até mesmo para trocar suas fraldas! Ficava muito constrangido sempre que encontrava com eles. Imaginava que, no lugar dela, eu preferiria morrer a ter de passar por tudo isso... – ele permaneceu alguns instantes com o olhar longe, como se revisse as cenas. – Só que agora, sem querer, me vejo do outro lado, sendo o marido... E descubro que prefiro passar o resto dos meus dias preparando e batendo comida no liquidificador para dar para ela através de uma sonda, uma colherzinha, uma seringa... a ter de passar um minuto sequer... – ele não aguentou chegar até o final da frase.

Oberon também se emocionou. Jamais imaginara ver Melquisedec naquele estado. Levantou-se e mudou sua cadeira de lugar.

– Entendo o que você está sentindo – disse, sentando-se ao lado dele.

Os dois se abraçaram. Primeiro timidamente, depois como dois velhos amigos. Ficaram um tempo neste abraço emocionado.

– Pelo amor de Deus, me ajude! – Melquisedec pediu, molhando-lhe o paletó. – Não sei nem como contar isso aos meus filhos...

– Nós não vamos contar... Eu e você vamos encontrar um jeito de reverter tudo isso – Oberon prometeu ao frágil esposo de Millah. – Mais alguém sabe da existência desse documento?

– Não sei ao certo... A diretora do conselho... Talvez alguns médicos do hospital – Melquisedec tirou um lenço do bolso e tentou recompor-se. – Eles só não têm a certeza se o documento foi registrado em cartório – disse.

Mal podiam imaginar que em casa, enquanto isso, Petúnia e Dionéia haviam conseguido encontrar a senha do cofre dentro de sua gaveta de cuecas e agora reviravam sua pasta de documentos à procura do papel ingenuamente mencionado por Frederico na noite da briga.

– Tem que estar aqui... Só pode estar aqui... – dizia Petúnia, correndo rapidamente as folhas da pasta.

Dionéia vigiava a porta. Paula tinha saído para buscar Johan na APAE, Clara tinha ido estudar na casa de uma colega.

– Rápido, Petúnia! A qualquer momento pode chegar alguém!... Mas também, como é que você vai achar alguma coisa, se nem sabe ao certo o que está procurando?

– Como assim, "sem o documento nada pode ser feito"? – Lavínia não conseguia entender.

Ela e Frederico conversavam no quarto dela. Frederico havia acabado de contar à amiga sobre a briga que tivera com o pai, dias antes que Melquisedec o expulsasse de casa.

– Foi o que ele disse. Estava olhando para um papel e falando sozinho na hora em que eu entrei no quarto, levou o maior susto quando me viu! Sabe quando fica óbvio que a pessoa estava fazendo alguma coisa de errado? Você viu como ele ficou naquele dia na hora em que eu falei no papel! – lembrou Frederico.

– Também você pegou pesado! Falou que sua mãe tinha sofrido o acidente por causa desse papel... – lembrou Lavínia, pensativa.

– E será que não foi? – questionou Frederico.

Lavínia continuava sentada no chão de pernas cruzadas, numa postura reflexiva, muito cismada com tudo aquilo que acabara de ouvir.

– Quer saber? – disse, num salto. – Só tem um jeito de descobrir: vamos até lá!

– Mas e o meu pai? – hesitou Frederico, embora também se levantando.

– Você não disse que a essa hora ele está no hospital? Então! Vamos logo! Se você está tão na dúvida, é melhor tirar logo a prova, ver de uma vez o que tem nesse tal papel! Você sabe a senha do cofre?

– Acho que eu sei... – lembrou Frederico. – Vi minha mãe abrir várias vezes aquele cofre...

– Beleza! Então vamos nessa – convidou Lavínia, já pegando sua bolsa para sair.

No Grupo Espírita Façamos o Bem, enquanto isso, Alarico e a

doutora Maria Eunice chegavam ao primeiro andar da construção física da casa, onde, diante de uma sala fechada, longa fila de encarnados aguardava pelo atendimento fraterno. Mal imaginavam que, enquanto esperavam, assistidos apenas por duas mocinhas encarnadas, imensa equipe de desencarnados já se desvelava em verificar minuciosamente o problema de cada um. Muitos até já eram medicados ali mesmo, sem o saberem.

– Pensamentos em Jesus! Sintam-se como se estivessem agora sentados em um dos bancos da Casa do Caminho,[41] aguardando pelo atendimento do Mestre, para ouvir as palavras dele e receber energias reconfortantes e curativas... O auxílio e a concentração de vocês neste momento vão fazer toda a diferença no resultado do tratamento que certamente já estão recebendo – explicava uma das moças, enquanto a outra se ocupava em distribuir pequenos papéis contendo mensagens encorajadoras.

Em diversos casos, iniciava-se ali também a tarefa de auxílio fraterno aos companheiros desencarnados que acompanhavam os encarnados, que da mesma forma eram acolhidos, cuidados e não raras vezes levados a pequenas salinhas, invisíveis a olhos humanos, para conversar sobre suas angústias. Mas nem sempre as coisas transcorriam tão fluida e docilmente quanto seria desejável. Sabendo disso, a doutora Maria Eunice rapidamente transpôs a porta fechada e adentrou a sala do atendimento, seguida por Alarico e alguns trabalhadores do setor de vigilância do centro.

– Eu tenho raiva dela! – gritava Irelias a toda voz, na pequena sala para onde havia sido levado para receber o passe. – Eu sempre quis acabar com ela! Eu vou acabar com ela! Nem que para isso seja preciso acabar com ele também! – dizia, apontando para si próprio. – Ninguém vai me deter!

Sentado em uma cadeira, Irelias estava cercado por cinco trabalhadores encarnados e cinco desencarnados, interligados entre

---

[41] Assim era chamada a primeira casa cristã fundada pelo apóstolo Pedro, após o desencarne de Jesus, onde eram recebidos todos os necessitados da carne e do espírito, sem nenhum preconceito, conforme os ensinamentos do Mestre.

si através de tenuíssimos fios fluídicos, os quais possibilitavam a transmissão de energias através do passe magnético. Irelias também não estava sozinho. Junto com ele havia um espírito, alguém que embora há muito desencarnado, por questão de sintonia, o acompanhava e, como que tomado por estranha força, começou a se debater, fazendo com que Irelias assim também o fizesse.

– O momento não é para isto... Procure se desconectar desses pensamentos, meu irmão... Relaxe seus músculos, pense em Jesus – o passista gentilmente pediu a Irelias, ao mesmo tempo em que se preparava para dar o passe, dispersando as vibrações daquela presença espiritual que percebera junto a ele.

– Que história é essa de ficarem me puxando? Não estou gostando nada disso! Não pedi para vir aqui! Não adianta me puxar não, que eu vou fazer o que eu tenho que fazer! – gritava ele ainda mais irritado.

A equipe espiritual, no entanto, prontamente se fez sentir no ambiente:

– Procure abrir os olhos, meu irmão! Lembre-se de que o controle do seu corpo é seu. O momento do passe fraterno é e deve ser simplesmente o instante de transfusão fluídica que alivia as opressões espirituais ou fluídicas inferiores, te renovando o ânimo, e reestabelecendo o seu equilíbrio[42] – sugeriu-lhe o passista, diretamente influenciado pela doutora Maria Eunice, sem, contudo, em nenhum momento interromper a transfusão de energias salutares que ali se operava.

Numa fração de segundos, Irelias parou então de se debater, passando a mostrar as mãos, como se estivessem amarradas, enquanto a doutora pessoalmente tocou na fronte de uma das médiuns, que imediatamente posicionou-se ao lado do passista.

---

[42] Conforme esclarecimentos contidos no livro *Passe e passista*. São Paulo: Luz no Lar, Roque Jacinto, 16ª ed., 2008. É importante destacar que tanto nesta obra quanto em outras sobre passe e atendimento fraterno, aconselha-se não permitir a ocorrência de manifestações mediúnicas durante este tipo de atendimento, sendo desejável proceder-se da forma como aqui mostrado: ajudando o paciente a desconectar-se de qualquer influência espiritual para poder receber os fluidos benéficos do passe.

– Vocês me amarraram! Quem me amarrou aqui! – gritou Irelias.

– Agora o irmão vai sentir uma leve sonolência... Concentre-se apenas nas energias que está recebendo... Você está recebendo tudo o de que necessita para se fortalecer... – disse a médium, também impondo as mãos sobre ele.

Em instantes, Irelias chorava. Parecia agora outra pessoa. Após o passe, uma jovem o conduziu com carinho até a pequena salinha destinada a ouvir e a esclarecer os indivíduos à luz do espiritismo.

"Libertar através do esclarecimento: o atendimento fraterno é porta de serviço edificante aberta a todas as criaturas que perderam o rumo ou se perderam em si mesmas", estava escrito em um quadrinho pendurado na parede.

Seu companheiro, enquanto isso, era retirado da sala de passes adormecido e conduzido para uma grande enfermaria onde vários outros espíritos, em suas mesmas condições, aguardavam o concurso e as deliberações das equipes de enfermagem.

– Isto significa que Irelias não vai mais prejudicar minha neta? – perguntou Alarico, tão logo se encerrou a operação de socorro de emergência.

– Como disse antes, todo efeito tem uma causa. Somente quando o homem se dispõe a buscar a origem das causas em si próprio, os efeitos podem começar a ser alterados. Irelias tanto pode sair daqui e atrair para si um novo companheiro naquelas mesmas condições, quanto pode, a partir de hoje, iniciar uma nova história, uma nova trajetória como ser espiritual com potencial de luz que nunca deixou de ser. Tal como disse Jesus ao senador Públio Lentulus, quando do primeiro encontro dos dois, após longos anos de desvio do bom caminho, por intermináveis atalhos de erros gritantes, nosso amigo encontra hoje um ponto de referência para a regeneração de toda a sua vida. Está, porém, no seu querer o aproveitá-lo agora, ou daqui a alguns milênios... – avaliou a doutora Maria Eunice.

Johan, enquanto isso, entrava em casa de mansinho, enquanto Paula conversava com uma vizinha no portão e se deparava com

Petúnia e Dionéia agachadas diante do cofre no quarto dos pais.
– Encontrei, Dionéia! Você não vai acreditar! – comemorou Petúnia, sacando o papel de dentro de uma pasta boquiaberta.
– O que vocês duas estão fazendo no quarto da minha mãe? – Johan fez questão de dizer bem alto.
– Fica quieto, menino! – Petúnia o enfrentou, menosprezando sua inteligência.
– O que vocês estão fazendo no quarto da minha mãe? – ele aumentou o tom de voz.
No andar de baixo, Paula, Frederico e Lavínia, que estavam acabando de entrar em casa juntos em animada conversação, pararam assustados ao ouvir seus gritos.

– Nem sei bem por onde começar... – Irelias sentia-se confuso diante do simpático senhor que o levara para conversar na salinha reservada do atendimento fraterno. – Estou me sentindo muito envergonhado...
– Não há motivo para isto. Afinal, estamos numa casa espírita, onde é natural para nós a manifestação de espíritos. Evidente que você deve se esforçar para manter o controle de si. Em tudo há que se ter disciplina. Mas para isso, o ideal é que você continue o tratamento e, se quiser, venha estudar para entender melhor. – o senhor respondeu com simplicidade. – Isso nunca tinha acontecido antes com o senhor?
– Não... Quer dizer... – ele pensou por alguns instantes, como se ficasse constrangido com o que tinha a revelar. – Na verdade, sim. Mas não em um centro como este... Era uma outra 'linha de espiritismo'...
– Entendo. O senhor chegou a trabalhar neste outro centro?
– Não! Nunca! – Irelias se apressou em dizer. – É uma história comprida, eu...

UM TOM ACIMA | 189

– O senhor não precisa entrar em detalhes. Nossa intenção é apenas ajudá-lo – esclareceu o senhor.

– Acho que eu nunca deveria ter ido até aquele lugar... Desde então, só fiz coisas erradas... Só me envolvi com pessoas erradas... A sensação que tenho é de que derrubaram um caminhão de piche sobre as minhas ideias e eu nunca mais consegui ser eu mesmo... – lamentou.

– Certo – observou o senhor. – Mas usando agora a imagem que o senhor mesmo sugeriu, havemos de concordar que até o piche, para ficar aderido a uma superfície, necessita de certos piques, certas ranhuras na superfície, de forma que a massa possa melhor se fixar, não é assim?

Irelias ficou olhando para ele sem saber o que dizer. Era um senhor de meia- idade. Roupas simples, olhar simples. Parecia, contudo, bastante inteligente.

– E o que seriam estas ranhuras? – perguntou.

– E o que o senhor acha que poderiam ser? Que brechas na sua personalidade poderiam facilitar o intercâmbio com espíritos ligados a este lugar, onde o senhor se diz tão arrependido de um dia ter frequentado? – o atendente fraterno devolveu-lhe a pergunta.

Irelias olhou para os próprios sapatos, para sua roupa desleixada e sem capricho, depois abriu as duas mãos, olhou no fundo das palmas, rodou o grosso anel de ouro que conservava no dedo anular antes de dizer:

– Por que é que uns parecem nascer com uma estrela colada no alto da testa e outros sem estrela nenhuma? ... Ela tem talento, eu sei... Sempre teve... No fundo eu sempre admirei muito o talento dela... Mas eu também tenho talento! Por que é que nunca ninguém apostou em mim? Eu nunca tive ninguém que me levasse para a Europa para disputar nenhum concurso!

O senhor ficou por alguns instantes a observá-lo. Não entendia direito a quem ele se referia, mas uma coisa era clara: pelas palavras, pela postura, pelo simples tom de voz dava para perceber que aquele moço sentia muita inveja de alguém, muita revolta íntima. Era dessas pessoas que nunca agradecem a Deus pelo que têm, nunca olham para baixo, condoídas daqueles que nada têm. Ao contrário, tinha o olhar sempre fixo naqueles que pareciam estar acima dele, sobretudo financeiramente, ansioso por desfrutar o que de melhor o mundo material tem a oferecer, sem preocupar-se com valores espirituais. Talvez, tivesse sido esta a brecha que o tivesse levado por uma longa e interminável noite de erros nesta e muito provavelmente em outras existências também, dizia-lhe sua intuição.

– Que bom que neste momento você começa a enxergar tantas coisas – afirmou com carinho. – Não interessa o que aconteceu. O que foi feito já está feito. Importa o caminho que temos pela frente. Nós, espíritas, acreditamos que não estamos aqui pela primeira vez. Nossos problemas e dificuldades do hoje são as colheitas do ontem. Isso, nada pode mudar. Todavia, a colheita do amanhã está em pleno processo. Estamos no meio do campo de plantio. Por que não semear um novo amanhã?

Irelias cobriu a cabeça com as duas mãos:

– Eu estou muito confuso. A pessoa a quem eu prejudiquei agora está muito doente. Mas eu não quero que ela morra. Eu olho no espelho e não me reconheço, eu não consigo aceitar que de alguma forma eu contribuí para que ela estivesse agora nesse estado... – ele desabafou. – Parece mentira, mas no fundo eu não queria prejudicá-la... – disse baixinho, quase sem coragem de confessar.

– Como dizia o nosso querido médium Chico Xavier, "o momento do conflito é o momento da mudança". Quem sabe, chegou o seu momento de mudar? Mas acho que agora você deve ir para casa e refletir sobre tudo isso o que nós conversamos, amadurecer essas ideias. Você poderá voltar aqui quantas vezes quiser.

– Mas e quanto à moça de quem eu lhe falei? O que é que eu devo fazer? Ela está em coma. O senhor acha que eu deveria visitá-la? Que devo ir até a polícia me entregar?

– Ore por ela. De todo o seu coração, diga a ela, na sua prece, tudo o que você gostaria de dizer, caso estivesse diante dela. E peça a Deus e aos bons espíritos para que o seu recado seja levado. Com toda certeza, ela vai receber a sua oração. Peça também em suas preces inspiração sobre a melhor forma de proceder. O auxílio virá – garantiu o atendente fraterno.

– E como é que eu faço, se eu me desequilibrar de novo? Se começar a ter ideias malucas, se começar a ouvir de novo aquelas vozes?

– Não permita que isso aconteça. Eu vou lhe explicar como fazer isso.

Passou então uma série de recomendações a Irelias. Deu-lhe um exemplar de *O evangelho segundo o espiritismo*, incentivou-o a começar a fazer o 'Evangelho no Lar', a prática da leitura e prece semanal junto aos familiares, deu-lhe um panfleto com todos os horários de passe e atendimento fraterno, e também das palestras públicas na casa.

– É importante que neste primeiro momento você, além de frequentar o passe fraterno, como um tratamento, venha sempre às palestras para ir aos poucos se instruindo sobre as lições do Evangelho e os temas espíritas. A casa espírita é como um norte magnético. Aqui as pessoas reunidas conseguem encontrar forças para se manter no caminho do bem, e quanto mais se ligam ao bem, mais se afinizam com os bons espíritos. Você tem luz dentro de você! Acredite nisso e tudo se tornará mais claro em seu caminho – recomendou o senhor, sempre inspirado pelos mentores que também se consagravam àquele trabalho.

Irelias deixou o centro com um exemplar do Evangelho debaixo do braço e uma garrafinha com água fluidificada na outra mão, que o ajudaria no tratamento no decorrer da semana. Não conseguia explicar por que, mas olhava a rua, os carros, as pessoas e tinha a impressão de que tudo estava diferente. A sensação que tinha era de que havia retirado uma enorme catarata de cada uma das vistas. Pensou nisso e sentiu um arrepio. Será que daria conta?

– A senhora não pode mexer nas coisas do meu pai e da minha mãe! Não pode! Meu pai vai ficar muito bravo quando eu contar para ele! – de pé, diante da porta, Johan continuava falando bem alto e enfrentando Petúnia.

– Johan, querido, não é nada disso. Eu só estava procurando uma partitura... Isso! – tentou enrolar Petúnia, enquanto Dionéia, apressadamente, tentava enfiar todos os papéis no cofre.

– Uma partitura minha que a sua mãe...

– Minha mãe nunca pegou nada seu! É mentira! – Johan se exaltou ainda mais. – Ela não guarda nenhuma partitura no cofre.

Petúnia, a essas alturas, perdeu a paciência. Tirou do pé o tamanco de salto e o ameaçou:

– Olhe aqui, Johan! Ou você cala imediatamente essa boca ou eu...

– Ou a senhora o quê? O que é que está acontecendo aqui? – Frederico subiu as escadas correndo e postou-se diante dela.

Petúnia imediatamente jogou o tamanco no chão.

– Imagine... O Johan estava dando um ataque por causa de uma barata que ele cismou ter entrado aqui no quarto, estava dizendo a ele que...

– É mentira dela! A outra ainda está lá dentro mexendo em tudo! – Johan apontou com raiva.

Paula e Lavínia, que acabavam de chegar no topo da escada empurraram a porta a tempo de ver Dionéia fechando o cofre, toda atrapalhada, segurando o testamento vital de Millah na boca.

– Seu pai esqueceu o cofre aberto! – ela tentou disfarçar.

– Estava procurando uma partitura! – Petúnia e Dionéia disseram ao mesmo tempo.

– É mentira delas! As duas estão mentindo! – Johan insistiu nervoso.

– Eu sei disso, Johan. Pode ficar calmo – Frederico fez um carinho no ombro do irmão. – Quem vocês duas pensam que são? Acham que nós não sabemos de tudo o que já fizeram com a minha mãe? Por mim vocês nunca entrariam aqui!

Paula e Lavínia estavam boquiabertas, mal sabiam o que dizer.

– Menino insolente! – protestou Dionéia, agora segurando o testamento nas mãos.

– E a senhora me dê licença! – Frederico arrancou sem nenhuma cerimônia o papel das mãos dela. – Eu tenho certeza de que este papel não lhe pertence!

– Escute aqui... – aprumou-se Petúnia.

– Escute aqui a senhora! – ele disse, entregando o papel nas mãos de Lavínia. – Eu não quero nem saber o que a senhora veio fazer aqui no quarto da minha mãe! Dou meia hora para a senhora e a sua irmã irem até o quarto onde estão dormindo, arrumarem as coisas de vocês e irem embora daqui!

– Como assim? – Dionéia assustou-se. – Você está nos colocando para fora?

– Entenda como quiser.

Paula intimamente aplaudiu Frederico.

– Eu vou chamar um táxi – disse, já descendo as escadas.

– Sinceramente, se eu fosse a senhora, eu ia logo, porque se o pai dele chegar e souber que as senhoras estavam aqui no quarto mexendo nos papéis dele no cofre, eu tenho certeza de que vai ser muito pior... A menos que as senhoras não se importem de passar por mais esse vexame... – ajudou Lavínia.

– Menininhazinha atrevida! – bufou Petúnia. – Vamos, Dionéia!

– Hã hã! – fez Frederico. – Eu vou junto! Quero ter certeza de que não vão levar mais nenhum *souvenir* na hora de fazer as malas! Vem comigo, Lavínia?

– Valeu, Fred! É assim que se fala! – comemorou Johan.

Por uma questão de instantes não esbarraram com Melquisedec e Oberon, que entraram em casa quase imediatamente depois que as duas saíram. Para surpresa de todos, Oberon estava de volta com toda a sua bagagem.

– Você vai ficar aqui de novo com a gente? – Johan não cabia em si de contentamento.

Houve, porém, certo constrangimento no momento em que o olhar de Melquisedec cruzou com o de Frederico e de Lavínia, que vinham descendo as escadas. Eles ainda seguravam o papel dobrado como uma carta, do mesmo jeito como Frederico o havia retirado das mãos de Dionéia.

– O Fred e a Lavínia! Vocês tinham que ver o jeito como eles expulsaram aquelas duas malvadas daqui! – contou Johan satisfeito.

– Como assim? – Melquisedec e Oberon se entreolharam assustados.

Toda a história, então, veio à tona, com riqueza de detalhes. À medida que iam contando, o mal-estar entre pai e filho ia como que se dissolvendo. Em contrapartida, a angústia de Melquisedec ia aumentando. Tinha o coração disparado quando finalmente perguntou:

– E o papel? Elas falaram alguma coisa sobre o papel?

Foi Lavínia quem deu um passo a frente e disse:

– Não, seu Melquisedec. O papel está aqui. Exatamente do mesmo jeito como nós o pegamos das mãos da dona Dionéia. Para dizer a verdade, nós queríamos muito saber o que tem escrito nele mas, depois de tudo o que aconteceu, chegamos à conclusão de que nós não temos esse direito – com as mãos muito trêmulas, ela devolveu a procuração ao marido de Millah.

Frederico olhou para ela surpreso. Em seguida, pai e filho se olharam bem fundo nos olhos. Melquisedec ficou um tempo parado, segurando aquele papel dobrado, sem saber o que fazer ou dizer. Oberon veio em seu socorro:

– Acabo de ter uma ótima ideia! É óbvio que o conteúdo deste papel é algo muito importante. Mas talvez o pai de vocês não queira, ou não esteja preparado para falar sobre isso agora. Sugiro então que a gente esqueça este papel por esta noite. No final da semana marcamos uma reunião, e então conversaremos todos sobre esse assunto. O que vocês acham?

Todos se olharam. Até mesmo Johan, que neste momento estava sentado no chão, brincando com algumas bolinhas de gude. Parecia agora o mais desconfiado de todos.

– Por mim... tudo bem – disse Frederico.

– Então para mim também – repetiu Johan, voltando a seu jogo.

Lavínia suspirou aliviada. Frederico segurou a mão dela.

– E quanto à Clara? Onde está Clara? – perguntou Oberon.

– Ah! Clara foi estudar na casa de uma colega. Vai ter uma prova muito difícil amanhã, acho até que vai dormir por lá – informou Paula. – Sabem de uma coisa? Estou com vontade de preparar uma comida bem gostosa para vocês! Posso?

– Por favor, faça isso – pediu Melquisedec, em seu tom solene de sempre. – Lavínia, você nos daria o prazer de jantar conosco?

A jovem sorriu surpresa. Frederico apertou a mão dela, em sinal de comemoração.

– É claro que ela fica! – ele mesmo respondeu.

Ela sorriu. Parecia incrível, mas estava se sentindo muito bem entre eles naquele momento.

Oberon foi então jogar bolinhas de gude com Johan na sala de música, Lavínia seguiu com Paula até a cozinha para ajudar nos preparativos do jantar. De longe, Frederico ficou observando enquanto o pai abria uma gaveta com chave de sua escrivaninha, no fundo da sala, e colocava lá dentro o papel.

Não fosse pela doença de Millah, talvez tivesse sido esta uma das mais agradáveis noites dos últimos tempos. Uma noite entre amigos como há muito não se permitiam. Conversaram sobre música, sobre ideias, sobre filosofia e evolução das espécies. Depois, Oberon tocou para todos em seu violoncelo clássicos de Haydn, Mozart, Liszt, Jesús Guridi, Johannes Brahms, um choro do espanhol Jaime Zenamon. Não contente, sentou-se ao piano e tocou por mais de uma hora uma série de peças que Millah costumava tocar.

– Foi muito bom vocês estarem aqui – Melquisedec despediu-se de Frederico, quando ele saiu com Lavínia.

– Amanhã você volta? – Oberon atreveu-se a dizer, como quem não quer nada, enquanto guardava seu violoncelo.

Frederico olhou para o pai, que tentou disfarçar sua expectativa, olhou então para Johan, que aguardava ansioso pela sua resposta.

– É... Acho que sim... – respondeu, colocando seu braço nas costas de Lavínia.

Ela sorriu, feliz pela resposta dele, gelada pelo braço dele em suas costas.

– Sim! – ela disse, ainda sorrindo. – Obrigada por tudo! Amanhã ele volta! – prometeu, dando um beijo estalado na bochecha de Johan.

Ele baixou os olhos, envergonhado. Mas todos perceberam que tinha gostado de ganhar o beijo.

Naquela noite, foram todos dormir com a agradável sensação

de estômago cheio. Mais do que isso. Sentiam a alma alimentada, como se em seu concerto Oberon houvesse tocado em seus mais recônditos sentimentos. Tudo parecia estar em paz. Mesmo com tantos quartos vazios na casa, Oberon foi dormir no quarto de Johan, como de costume, já que o menino fazia absoluta questão que fosse assim. O objetivo, afinal, era fazer com que todos ali pudessem se sentir de alguma forma apoiados com sua presença na casa.

Como sempre, Johan fez questão de lhe mostrar todos os seus álbuns de ouro antes de dormir.

– Ah! – lembrou-se Oberon. – Eu tenho uma coisa para você, disse, tirando da mala um folheto em preto e branco, muito original.

Era o programa de um festival de violoncelo de que participara na Alemanha, onde fazia parte da orquestra filarmônica de sua cidade. Johan ficou um tempo intrigado, olhando para a foto de Oberon em seu traje de gala na capa do folder, segurando o violoncelo em uma das mãos. Parecia uma foto de antigamente.

– O que foi? Não gostou da foto? – Oberon tentou entender seu olhar distante.

– Não... Gostei... É que aqui você tá diferente! Parece até uma pessoa que eu conheço...

– Que tal eu mesmo, no dia do seu aniversário? – brincou Oberon.

– Não! Eu não estou falando isso!

– Então eu que não estou entendendo! – Oberon sentou-se a seu lado, dando-lhe toda atenção.

– Deixa para lá. Não é nada.

– Não, me explica! Eu quero saber! – pediu o músico.

– Deixa aqui – disse o rapaz, guardando o folheto na última página do exemplar do álbum de ouro que tinha nas mãos. – Depois eu guardo – decidiu, fechando o álbum.

– Puxa! Então não vamos ver mais os compositores do passado? – deduziu Oberon.

– Agora não! – disse Johan, guardando o álbum com cuidado. – Por hoje chega.

Oberon não levou aquilo muito a sério. Imaginou que o rapaz estivesse cansado. No meio da noite, porém, Johan teve um sonho muito estranho. Um sonho tão real que parecia até de verdade. Sentia-se como se estivesse escondido debaixo de uma cama, com a sensação de que sobre ela sua mãe estava deitada com outra pessoa, que não seu pai, entre risos e cochichos.

– Meu Deus... E se acontecer de eu engravidar... – chegou a ouvir, antes mesmo de ela soltar uma gargalhada feliz.

Pelo jeito da risada, dava para perceber que ela tinha tomado vinho.

– Quer saber? Tudo o que eu queria era poder ser pai de um filho seu! – disse a voz, que também não lhe era estranha.

Abriu os olhos e deu com Oberon roncando na bicama a seu lado. Lembrou-se do sonho e experimentou grande confusão mental. Sentiu ódio, sentiu dor, como se tudo aquilo houvesse acabado de acontecer naquele preciso momento.

– Sai do meu quarto! Sai do meu quarto agora! – gritou, puxando-lhe de repente as cobertas. – Nunca mais quero ver você na minha frente!

AGÓGICA[43]

---

[43] Dá-se este nome à oscilação de andamentos. O termo agógica designa as variações do tempo que se praticam durante a interpretação de uma obra musical com o objetivo de torná-la mais expressiva. Este termo foi utilizado pela primeira vez em 1884, pelo musicólogo alemão Hugo Riemann.

Jéssica, estou muito confusa... – num movimento dramático, Clara empurrou os livros de sua frente e curvou a cabeça sobre uma das mãos.

– Calma, Clara! Se você não está conseguindo acompanhar, a gente começa de novo... Onde foi que...

Percebeu que a amiga chorava e mordeu o lábio sem saber o que fazer.

– Olha, não fica assim... Se você quiser, eu chamo o meu pai para explicar melhor para a gente... Ele é administrador de empresas, sabe muito de matemática!

– Não é por causa da matemática, Jéssica! Você não está entendendo... É a minha cabeça que está muito confusa!

A amiga bebeu um pouco da água que a mãe havia deixado na jarra sobre a mesa, pensou um pouco, respirou fundo antes de dizer:

– Então esquece a matemática. Acho que a gente já estudou o suficiente. Você não quer conversar um pouco? É por causa da sua mãe?

– É e não é – Clara levantou finalmente o rosto do caderno. – Estou sentindo tantas coisas ao mesmo tempo... Nem sei se consigo explicar direito... É tudo tão estranho...

– Tenta, vai! – incentivou Jéssica. – Confia em mim! Eu quero muito te ajudar.

Clara elevou os olhos, como se tentasse segurar uma lágrima

derradeira. Aceitou o copo de água que a amiga lhe oferecia, olhou para o bonito piano que aquela família também conservava na sala. Sentiu-se ainda mais angustiada.

– É muito estranho imaginar minha vida sem ela... – a lágrima escorreu-lhe dos olhos, mesmo contra sua vontade. – Às vezes tenho a sensação de que eu não vou conseguir fazer mais nada, se ela não estiver mais aqui... Sem a música dela tocando todas as manhãs... Acontece que, no outro dia, quando estava assistindo à aula do Oberon na faculdade, senti umas coisas muito esquisitas... – comentou reticente.

– Por exemplo? – Jéssica não entendeu.

– Ai, eu não sei explicar... – Clara começou a fechar nervosamente os cadernos. – Na verdade, eu comecei a sentir isso no dia em que eu toquei piano na festa do Johan... Ao mesmo tempo em que eu experimentava uma dor muito grande por ela não estar ali comigo, era a primeira vez que as pessoas olhavam para mim e me viam por inteiro...

Não meramente como a filha da Millah, você compreende?... – passou alguns instantes em silêncio, começou a rabiscar aleatoriamente uma folha de papel. – Naquele momento eu percebi que eu também sabia tocar, que eu também podia ser bonita e encantar as pessoas com a minha música... Que eu também tinha em mim um pouco do dom que ela tem... Então, só de me lembrar disso, me vem uma sensação péssima, eu começo a experimentar uma culpa horrível por sentir essas coisas... – amassou a folha de uma só vez. – Porque eu não quero que a minha mãe morra! Eu não quero nunca que isso aconteça! – ela novamente se descontrolou e começou a chorar.

– Caramba... – Jéssica não sabia o que dizer.

– ... Sua mãe brilha tanto que é como se, enquanto ela estivesse ao seu lado, você sentisse como se o seu brilho próprio se apagasse... – ensaiou devagar. – Eu acho que consigo entender o que você sente... Mas será que não existe nenhuma possibilidade de vocês duas ficarem vivas ao mesmo tempo? – questionou, ao ver que a amiga parecia ter se acalmado um pouco.

Clara teve novo acesso de choro ao ouvir isso.

– Não, Clara, eu não quis... – angustiou-se Jéssica.

– Você está certa, Jéssica... – Clara não a deixou desculpar-se.

– No outro dia, a tia dela, a Petúnia, me perguntou se eu gostaria de fazer uma carreira internacional como pianista, me ofereceu de me preparar, de me treinar do mesmo jeito como um dia ela fez como a minha mãe... Eu fiquei maravilhada!... Eu queria muito isso! Só que eu sei que eu não podia querer, não podia nunca sentir esta vontade!

– Como assim? – Jéssica não entendeu.

– Minha mãe sempre me contou a história dela, como se passar por isso tivesse sido uma etapa muito dolorosa e difícil... Eu tenho certeza de que ela não queria isso para mim, que ela nunca iria querer que eu fosse para lá, que eu de alguma forma quisesse continuar a trajetória dela do ponto em que ela interrompeu... – Clara explicou.

– Você alguma vez já disse isso a ela? – perguntou Jéssica, sempre atenta ao que a amiga dizia.

– Não... Até porque isso nunca tinha me passado pela cabeça. Eu nunca achei que fosse possível... Que eu pudesse ser comparável a minha mãe... Ô, meu Deus... Agora, é como se, seguindo esta vontade, eu estivesse traindo a minha mãe, fazendo alguma coisa de que ela jamais me perdoaria... Se ela morrer então... Ai, eu não sei... Estou muito angustiada... Se eu pudesse, eu preferia morrer no lugar dela... – suspirou a filha de Millah.

– Calma, Clara. Minha avó sempre diz que para tudo na vida tem uma solução. Eu gosto quando ela diz esta frase – ponderou Jéssica, pensativa.

– Como solução, Jéssica? Você não está entendendo! Eu...

– Por que você não procura alguma psicóloga, sei lá. Alguém que ajude você a entender melhor esse nó que existe entre você e sua mãe? – sugeriu Jéssica. – Talvez até ajudasse você a lidar com essa questão do coma da sua mãe... Que com certeza não deve ser nada fácil... – refletiu a amiga.

– É... Talvez seja uma boa ideia. Mas como é que eu vou encontrar uma terapeuta assim, da noite para o dia? Minha mãe sempre viu tudo para mim, eu me sinto completamente perdida sem ela!

– Não sei se você sabe, mas a minha mãe é psicóloga...

– É mesmo, tinha me esquecido... – lembrou-se Clara. – Mas você acha que ela me ajudaria?

– Pois então. Há alguns anos ela vem trabalhando com algumas técnicas diferentes e...

– Mas será que ela mesma me atenderia? Ou será que me ajudaria a encontrar outra pessoa? Será que existe alguma técnica específica que seja mais indicada para mim? Então análise não é tudo a mesma coisa? – de novo Clara já estava ansiosa.

– Espera um pouco! Eu vou ver se a minha mãe pode explicar melhor tudo para você! – simplificou Jéssica.

Em instantes, as duas entravam no escritório de Nayara, a mãe de Jéssica. Era uma espécie de sótão amplo e sem nenhuma divisória, inteiramente coberto de tapetes e almofadões em estilo indiano, cercado de estantes por todos os lados.

– Uau! Quanto livro... – Clara ficou impressionada.

– O que exatamente vocês gostariam de saber? – perguntou a psicóloga, simpática, deixando de lado o livro em que estava estudando.

– Como comentei com você, Clara está passando por um momento bastante delicado. Você não acha que a psicologia e todas aquelas técnicas com que vocês trabalham lá na clínica poderiam ajudá-la e talvez até a sua família a viverem esta etapa de uma maneira mais saudável e menos dolorosa? – adiantou Jéssica, que era visivelmente apaixonada pelo trabalho da mãe. – Como assim a mim e a minha família? Meu pai jamais aceitaria fazer análise! – protestou Clara de imediato.

– Vamos com calma – ponderou Nayara.

– Mas existe esta possibilidade? Uma pessoa pode ter, por exemplo, suas dificuldades resolvidas por um outro membro da família que se disponha a se submeter a algum tipo de análise, mesmo que ela não acredite em nada disto? – questionou Clara.

– A questão é um pouco mais complexa... O que acontece não é que uma pessoa resolva as dificuldades de outra. Quando, porém, uma das pessoas melhora, fica mais consciente do que nela gera o conflito, automaticamente começa a mudar sua forma de atuar naquela relação. No que o outro, por sua vez, responde mudando também sua forma de agir. Na minha experiência, isso ocorre porque sempre que formamos determinados grupos, sejam eles familiares, de trabalho ou qualquer outro grupo composto por pessoas que se relacionem, utilizamos e acionamos formas de agir, estratégias, valores e padrões de comportamento que, muitas vezes, temos vindo utilizando ao longo de várias vidas como forma de lidar com as situações-problemas. Com isso, as demais pessoas também tendem a reagir segundo seus recursos e estratégias para lidar com padrões como os nossos. Isso, muitas vezes fica tão cristalizado que vira um grande problema ou conflito – detalhou a terapeuta.

Clara refletiu por alguns instantes, sem conseguir tirar os olhos da muitas estantes da mãe de Jéssica.

– Quer dizer que o simples fato de eu começar a me trabalhar em um processo de análise, por si só, já desencadeia uma espécie de 'efeito dominó' em todas as outras pessoas que me cercam? – ela deduziu.

A este ponto da conversa, Jéssica abriu um dos cadernos de estudo que trouxera consigo e pôs-se a virar rapidamente as páginas, como se buscasse alguma coisa.

– Tudo no fundo está ligado à famosa lei de causa e efeito: todo efeito tem que ter uma causa e toda causa gera um efeito. Como maravilhosamente resumiu Newton no princípio da ação e reação, "para toda ação existe uma reação de mesma intensidade em sentido contrário no devido espaço de tempo". Ou seja, para toda ação tomada pelo homem, ele pode esperar uma reação – Nayara tentou deixar ainda mais claro o que queria dizer.

– Mas como isso tudo poderia funcionar na prática? E ainda por cima na urgência que eu preciso? Minha mãe está em coma! A situação dela é péssima! – ela fez um esforço grande para não se emocionar. – Eu simplesmente não sei quanto tempo de vida ela ainda tem! Mas existe uma porção de conteúdos dentro de mim que eu acho, eu tenho uma forte intuição, principalmente depois do que nós acabamos de conversar, que, se fossem trabalhados neste momento, talvez pudessem de alguma forma ajudá-la nesta situação... O que efetivamente você poderia fazer para me ajudar? – Clara perguntou com sinceridade. – Que tratamento seria mais indicado para que eu pudesse ajudar a toda a minha família da maneira mais rápida possível?

Nayara permaneceu reflexiva por longos instantes. Parecia meditar profundamente sobre aquela jovem ansiosa, de olhar triste e angustiado, que a encarava apreensiva, a todo o tempo trocando os anéis de dedos, como se a terapeuta pudesse magicamente sacar de algum de seus livros a solução para todos os seus problemas. E, de quebra, os de sua família também.

– Clara querida – ela se dirigiu a ela de maneira firme, porém, muito amorosa, segurando-lhe carinhosamente as duas mãos de forma que a jovem interrompesse o movimento e apenas escutasse o que tinha a lhe dizer. – O tempo é uma coisa muito relativa. Às vezes um longo aprendizado pode só vir a dar frutos em outra época, muitas vezes, até em outra existência. Não temos o controle sobre isso. Porque todo aprendizado é pessoal e intransferível. Só posso ter o controle, e ainda assim com certas ressalvas e limitações, do meu próprio aprendizado, daquele que estou me esmerando para obter. É óbvio que os outros também serão influenciados, direta ou indiretamente por esta conquista. Mas não cabe a mim definir como nem quanto. Você entende o que estou tentando explicar?

– Mas se eu descobrir o problema e conseguir trabalhá-lo de uma forma positiva dentro de mim, minha mãe, mesmo estando em coma, vai ser de alguma forma beneficiada? Ela pode vir a acordar por causa disso?

Jéssica olhou para a mãe preocupada. Era tão perspicaz que conseguia pegar no ar a essência das questões antes mesmo que a mãe as traduzisse em muitas palavras. Nayara percebeu a extensão de seu olhar e também a densidade do emaranhado que fazia com que Clara visse a si mesma e à mãe quase como uma só pessoa. Pensou por alguns instantes antes de responder:

– O importante, Clara, o foco da questão, tem que ser você. Sempre você. Por isso, eu acho que o melhor a fazer seria iniciar um tratamento o quanto antes – sintetizou. Clara foi dormir com aquelas palavras na cabeça. Tudo aquilo era tão novo para ela! Desde a manhã do aniversário de Johan, sentia-se como se sua vida tivesse entrado em contínuo processo de *looping*, numa interminável montanha-russa. Curiosamente, só nesse momento voltou a lembrar-se do sonho que tivera com a mãe e o bisavô Alarico naquela derradeira madrugada. As ondas enormes, o carro, a segurança inabalável daquele senhor, a *Fantasia improviso* de Chopin. Ou seria a *Polonaise heroica*? Eram tantas as melodias que se misturavam sempre que ela se lembrava daquele sonho... A julgar pelo desenrolar dos acontecimentos, poderia agora apostar no *Estudo revolucionário*.

A julgar pelo desenrolar dos acontecimentos, poderia agora apostar na *Polonaise heroica*. Será que de certa maneira tudo aquilo já estaria previsto em algum lugar?

"Sempre dá certo quando as coisas acontecem no momento certo!" – voltaram-lhe à mente as palavras de Alarico no 'sonho'. "Só não se esqueçam de que assim como o mar é feito de um conjunto de ondas, e que nenhuma sinfonia é feita por uma só nota e de um só movimento, nosso presente jamais pode ser explicado por um único fato passado. Há sempre um conjunto de fatores que se entrelaçam e se entretecem sob a regência da sabedoria divina; somos instrumentos de Deus em inesgotável processo de afinação..."

– O que será que ele quis dizer com isso? – sem querer, ela se perguntou alto.

– Ainda acordada? – Jéssica a seu lado perguntou.

– É... Estou tentando fechar alguns raciocínios... – Clara respondeu distante.

– Você não acha melhor apresentar de novo o atestado na escola e deixar as provas para fazer mais adiante? Qualquer um pode ver que você não tem cabeça para isso! – observou Jéssica.

– Tem razão... – concordou Clara. – Eu vou fazer isso... Não tenho mais a menor noção de nada do que a gente estudou hoje...

– E eu não sei?... Mas... Você decidiu se vai fazer terapia? – perguntou Jéssica.

– Ainda não sei. Fiquei com o celular da sua mãe. Pensando

bem, é melhor mesmo eu não ir à aula amanhã. Eu quero muito me aconselhar com uma pessoa antes de resolver.

– Não vai me dizer que você vai de novo atrás daquele Oberon! – deduziu Jéssica.

– Vou! – disse Clara. – O que tem demais?

– Não sei... Estou com a sensação de que você está se envolvendo demais com esse cara... Ele é muito mais velho que você, Clara! É amigo da sua mãe!

– Que bobagem, Jéssica! Imagine! Eu sei que ele tem idade para ser meu pai! Por sinal, eu te disse que o meu pai morre de ciúmes dele com a minha mãe... Não é nada disso. É só que eu confio muito nele. Gosto de conversar com ele.

– Tá. Você é quem sabe. Depois não diga que eu não avisei... – disse Jéssica, agarrando o travesseiro e virando-se para o lado.

Clara ainda custou bastante a dormir. Não queria admitir, mas só de pensar que teria um motivo para encontrar Oberon no dia seguinte, já sentia uma coisa diferente queimando dentro de si. Era impossível dormir com o coração batendo daquele jeito!

2

JOHAN TAMBÉM CUSTOU muito a dormir, depois da confusão que aprontou naquela noite. O menino ficara irascível, Oberon tivera mesmo de mudar-se para o quarto de Frederico. Ainda assim, tinha sido um custo para conseguir acalmá-lo.

– Ele tem que ir embora daqui... – soluçava nervoso. – Não quero mais que ele continue aqui na casa com a minha mãe! Onde está a minha mãe?

Sempre ficava muito confuso quando acontecia algo que o deixava extremamente nervoso. Ficava sem noção de tempo, da ordem cronológica dos dias e dos acontecimentos, esquecia até se tinha se alimentado, dizendo sentir fome mesmo que tivesse acabado de comer.

– Procure se acalmar, Johan – pedia Paula, tentando confortá-lo. – Veja! Eu trouxe um leite morninho com alguns biscoitos. Coma e tente voltar a dormir...

– Ele foi embora? – perguntou Johan, com a boca cheia de biscoitos. – Cadê a minha mãe? Onde ela está?

– Foi só um pesadelo que você teve... Oberon gosta muito de você... – Paula fazia massagens em suas costas, do jeito como aprendera com Millah, sempre tentando acalmá-lo.

– Não gosta! Ele gosta de todo mundo, menos de mim! – soluçava Johan, prisioneiro de suas ideias confusas, tomando mais um gole de leite. – Cadê a minha mãe?

– Tá bom. Amanhã a gente conversa sobre isso – novamente Paula desconversou. Agora acabe de tomar o seu leite e volte a dormir – pediu, ainda massageando suas costas. – Vai ficar tudo bem... Confie em mim...

Johan, porém, continuava agitado. Falava tanto e em tal velocidade que mal dava para entender o que dizia. Foi quando Paula lembrou-se novamente de Millah.

– Quer saber de uma coisa? Quando você ficava assim, só tinha duas coisas que conseguiam te acalmar... – disse, enquanto arrumava de novo a cama para que ele pudesse deitar-se. – Tocar piano, não vai ter jeito, porque eu não entendo nada de música... Mas a outra, eu acho que aprendi direitinho... Como era mesmo o nome dele?

Johan olhou para ela sem entender direito o que estava querendo dizer. Mas deitou-se na cama. Como num passe de mágica então, o nome veio imediatamente à mente de Paula: Alarico. Millah sempre pedia a ajuda do avô quando o filho ficava muito nervoso. A empregada ajeitou Johan sob as cobertas, depois se sentou ao lado dele, do mesmo jeito como a mãe fazia, e disse:

– Vamos rezar!

Johan não disse nada. Era como se suas palavras fossem um código que ele não tivesse como não obedecer. Fechou os olhinhos e ficou esperando em silêncio pelo resto da oração. Paula tremia, mas mesmo assim continuou:

– Vô Alarico, por favor, protege o Johan. Ajude para que ele se acalme, para que tenha um sono tranquilo. Que durante o sono o anjo da guarda dele possa levá-lo a lugares muito bonitos, onde ele possa ouvir música, brincar no jardim, refazer todas as suas energias... E que amanhã possa acordar bem disposto, feliz, cheio de amor e de alegria no coração! Assim seja...

– Talvez seja melhor conversar com o psiquiatra dele... Acho que vamos precisar aumentar a dose do remédio. Johan não anda muito bem nos últimos tempos – observou Melquisedec, enquanto Oberon ajeitava suas coisas no quarto de Frederico.

– Não aconteceu nada. Está tudo bem. Eu sei dos problemas dele – disse educado, ajeitando sobre a mesa os livros que levaria no dia seguinte para a faculdade. – Com toda a certeza a situação de Millah está mexendo muito com ele... – ficou um tempo olhando fixamente para um grupo de livros, como a decidir que grupo deveria levar.

– É, mas estou bastante preocupado... – Melquisedec sentou-se na beirada da cama.

Naquele momento começava a ver em Oberon um amigo. A única pessoa com quem verdadeiramente podia contar. Intimamente, sentiu-se muito feliz por ele estar ali, esquecido de todos os desentendimentos que os haviam afastado no passado, substituindo a esposa com tanta dedicação em suas aulas na faculdade.

– Johan tem dito muitas coisas estranhas ultimamente... Preciso voltar a estudar sobre a síndrome de Down – considerou, vendo o outro olhar para seus livros. – A sensação que tenho é de que o acidente de Millah ativou nele alguma espécie de esquizofrenia, algo que foge muito ao quadro sintomático comum da síndrome.

– Ele nunca teve antes nada parecido? – perguntou Oberon, ainda separando os livros que misturara na pressa de sair correndo do quarto.

– Quando era pequeno, Johan teve muitos problemas decorrentes da apneia do sono, que por sinal é um traço bastante comum nos Downs. Para você ter uma ideia, acomete cerca de 30 a 60 por cento deles. Sempre depois dos eventos de apneia...

Oberon parou para ouvi-lo:

– O que é exatamente a apneia do sono? – nunca tinha ouvido falar sobre aquilo.

Para Melquisedec, que era médico e estudara profundamente sobre o assunto por causa do filho, era tão corriqueiro falar sobre isso que ele às vezes até esquecia que outras pessoas não conheciam muito sobre esta doença:

– É uma condição que desorganiza os movimentos respiratórios. A respiração para ou fica muito fraca, sem que a pessoa perceba, porque está dormindo, sendo a pausa de até vinte segundos ou mais!

– Nesse tempo, uma pessoa pode até morrer! Mas por que isso acontece? – espantou-se Oberon, guardando alguns livros na bolsa de mão que costumava carregar.

– Poder, pode. Mas não é comum acontecer. Existem muitas causas para a apneia. No caso específico dos portadores da síndrome, em geral é causada pela hipertrofia da língua, o desenvolvimento excessivo do órgão, que é outra característica típica, que provoca o estreitamento ou oclusão da passagem de ar pelas vias aéreas superiores. Isto foi muito marcante com o Johan, pois, por volta dos cinco, seis anos de idade, todas as vezes em que ele voltava desse processo, que sempre provoca um acúmulo de gás carbônico e uma deficiência de oxigênio no cérebro, ele parecia se transportar para uma outra época, um outro tempo e então dizia muitas coisas sem nexo, como agora está acontecendo – lembrou Melquisedec.

– Mas ele então não tem mais a apneia? – Oberon não entendeu direito a correlação que o pai do menino estava tentando fazer.

– Não como antes. O Johan também tem uma cardiopatia congênita, mais uma característica que afeta quase metade dos portadores da síndrome. Simplificando, ele tem uma perfuração anormal no coração. Por causa disso, como na época nós vivíamos na Europa, decidimos procurar a Fundação Jérôme Lejeune, em Paris, uma referência mundial, quando se fala em síndrome de Down. Para você ter uma ideia, lá eles se dedicam integralmente à pesquisa e ao apoio a portadores do mundo todo.

– E o que eles disseram? – quis saber Oberon, sentando-se e deixando a bolsa de lado.

– Eles nos aconselharam a colocar um marca-passo no Johan e ajustar o aparelho de forma a obrigar o coração a pulsar 15 vezes a mais do que o ritmo medido à noite, sem o uso do marca-passo, o que representou uma redução significativa dos episódios noturnos de apneia. A intervenção já foi feita há anos. Eu inclusive participei de tudo... Só não entendo por que tudo isso começou de novo... – o médico preocupou-se.

Oberon olhava para aquele pai e o admirava cada vez mais. Percebia agora quanta dedicação, quanto empenho de sua parte com relação àquele filho. Por suas palavras, via-se que, assim como a esposa, jamais medira esforços para que Johan pudesse ter uma vida digna, saudável, de qualidade. Conversaram ainda mais um pouco e logo se despediram. Ambos precisavam acordar cedo no dia seguinte.

Pouco tempo depois que todas as luzes finalmente se apagaram, Johan, que, mesmo depois da oração de Paula custara bastante a dormir devido a sua agitação, estava prestes a iniciar uma de suas crises de apneia, quando minúsculo ponto brilhante começou, de repente, a crescer dentro do quarto. Intenso foco de luz pareceu jorrar por toda parte, como se de uma hora para outra se fizesse dia. Surgiram então no quarto as figuras de Alarico, da doutora Maria Eunice e ainda de um terceiro espírito. Parecia vir dele aquela imensa quantidade de luz que inundava todo o ambiente.

A médica espiritual aplicou sobre o corpo adormecido do rapaz um passe magnético, que fez dissiparem-se vários miasmas escuros e em instantes sua respiração normalizou.

Foi quando uma espécie de sombra luminosa de Johan se destacou de seu corpo e correu em direção a Alarico:

– Vovô! Que bom que veio me visitar!

Abraçaram-se os dois em grande alegria. Johan não se apresentava com as restrições físicas. Seu perispírito revelava a imagem que tinha de si mesmo: um menino de aproximadamente nove anos, de traços e vestimentas bem semelhantes aos seus, porém sem qualquer sequela que pudesse associá-lo a algum tipo de síndrome: era um garoto como qualquer outro.

De tão contente em reencontrar Alarico naquele momento, ele pareceu nem perceber a presença da médica, nem tampouco da entidade luminosa.

– Esta aqui é a doutora Maria Eunice – o bisavô fez questão de chamar sua atenção. – Ela é uma grande médica, minha amiga, e veio até aqui especialmente para ver como você estava...

– Obrigado! – Johan a abraçou com a espontaneidade de uma criança.

Só então notou a outra entidade, que estava postada logo atrás da médica. Foi a própria médica quem a apresentou, depois de alguns breves comentários:

– Não foi nada, Johan. Você é um menino muito bacana. Só precisa manter sempre os seus pensamentos nesta sintonia elevada para que os seus sentimentos amorosos possam ajudá-lo nesta prova que você escolheu passar... Esta aqui é a minha amiga Berceuse... É ela quem cuida de tudo o que se refere à música no centro espírita que eu coordeno aqui na Terra. Como seu bisavô nos disse que você gosta muito de música; Berceuse se ofereceu para levá-lo a um lugar muito especial, onde são preparados todos os grandes compositores. Você gostaria de conhecer esse local?

Johan olhou desconfiado para as duas.

– Como assim? Não estou entendendo! Isso é um sonho?

– É e não é – esclareceu Berceuse. – O que a doutora Maria Eunice está tentando dizer é que gostaríamos de levar você até um local onde tudo é música e onde costumam ir todos aqueles que se dedicam à música aqui na Terra. Você gostaria de conhecer esse lugar? – tentou explicar com sua voz melodiosa.

Johan mal conseguiu articular as palavras, de tão entusiasmado com o convite.

Alarico pareceu então despedir-se da doutora com um aceno de olhar. Momentos depois, como que conduzidos pela intensa luminosidade do espírito Berceuse, ele e o menino eram transportados para outras paragens, muito distantes dali.

Johan apertou a mão do bisavô ao se ver diante daquela cidade magnífica. Seu portal, de indescritível beleza, fazia lembrar os castelos dos contos de fadas. Os muros até pareciam bordados de notas e claves musicais, pelas diferentes trepadeiras que ali cresciam graciosas, como que orientadas por mãos invisíveis na composição de uma sonata imaginária. Olhando bem, tinha-se mesmo a sensação de ouvir a música que evolava da suave partitura invisível!

Por sinal, só de chegar até aquele local, Johan já se sentia tocado, em suas fibras mais íntimas por uma espécie de vibração musical, uma melodia tão doce, tão envolvente que parecia emanar de toda parte.

– Aqui é a colônia da música, onde estão reunidos espíritos já preparados para reencarnar como grandes instrumentistas e compositores que renascerão no orbe terrestre com a missão de levar aos homens um grande projeto: o projeto "Um Tom Acima", com o objetivo de disseminar as bênçãos da música verdadeiramente divina, capaz de se propagar por radiações de uma tonalidade infinitamente rica em átomos fluídicos[44] – explicou Berceuse, com sua voz doce, que por si só já era quase uma canção, enquanto saudava os guardas que pareciam tomar conta da entrada da colônia ao abrirem-se os imensos portões de tons metálicos que não existem na Terra.

Johan estava maravilhado. Não sabia se olhava para o portão, para os guardas, para a vegetação, que parecia brotar por toda parte, em tons magníficos que ele jamais percebera em nenhuma de suas caixas de lápis de cor, nem mesmo nas que seus pais haviam comprado na Europa ou no Japão. Diferentes insetos sobrevoavam as plantas, delicados sons pareciam emanar de cada flor, de cada ser ali existente.

– Tudo aqui é som, tudo aqui é vibração! – observou Alarico.

---

[44] Alguns conceitos e comentários utilizados ao longo do livro, notadamente por Berceuse, como este das "radiações de uma tonalidade infinitamente rica em átomos fluídicos", são baseados na obra *O espiritismo na arte*, de Léon Denis, fruto de artigos publicados em 1922 na *Revista Espírita – Jornal de Estudos Filosóficos*, a mesma lançada em 1858 por Allan Kardec. Traduções desta relevante obra de Léon Denis foram lançadas no Brasil pelas editoras Lachâtre e Léon Denis. (N.E.)

– Minha mãe estudou aqui? – mesmo em meio a tanta beleza ele não podia esquecer-se de Millah.

Para Johan, ela personificava a mais nobre referência de belo e de musicalidade; ocupava todos os seus pensamentos.

– É claro! E você também! Só que já faz muito tempo. Por isso não está lembrado. Mas eu te garanto que está muito próximo o dia em que retomará os seus estudos. Afinal, você tem se esforçado bastante para isto! – garantiu o bisavô, caminhando com o menino satisfeito pelos jardins.

– Sério, vovô? – ele correu satisfeito por entre flores e borboletas, jogou-se no meio de uma relva de verdes infinitos, aspirando o perfume de uma estranha espécie de flor púrpura fosforescente, cujo perfume lembrava o de uma manga madura.

– Existe uma estreita correlação entre os pensadores da Terra e os do espaço.

No plano espiritual também se recolhem impressões que se transformarão, no retorno a Terra, em obras de grandes escritores, de grandes poetas, de grandes músicos, que ganharão admiração pela sensibilidade que irão despertar em todos. Quando, por sua vez, sentem-se capazes de fazer os seres menos evoluídos aproveitarem essas impressões, eles retornam à Terra, e então vêm a ser esses grandes escritores, esses grandes poetas, esses grandes músicos que ganham a admiração de todos aqueles que os cercam – Berceuse explicou a Alarico.

– Vovô! O senhor também está escutando? – Johan parou de repente para ouvir. – Parece que tudo aqui canta!

– As leis do ritmo, da vibração nada mais são do que as leis da vida em seus estados superiores. Para exprimir o sublime, o ideal, todas as palavras são impotentes. Por isso, a música, com seus recursos infinitos, revela-se a única forma que se adapta à eterna beleza do universo, a única forma de exprimir as sensações da alma radiosa, fundindo-se com o pensamento divino – continuou a esclarecer Berceuse. – E tudo aqui é ínfimo, se comparado à pujança da musicalidade que emana dos mundos mais evoluídos!

Johan nem se deu conta de suas palavras, envolvido que estava com os pequenos insetos e plantas a seu redor.

– É mesmo... Eu estava agora aqui pensando... Todos os seres são sensíveis à música. Até mesmo as plantas e os insetos recebem a sua influência, sentem as vibrações... – Alarico comentou.

– Isto acontece porque entre as notas existe uma infinidade de combinações que, por isso mesmo, formam uma imensidade de imagens. Cada grupo de notas, conforme sejam moduladas, em tom maior ou menor, formarão por seu estilo uma série de pensamentos, que se tornam mais ou menos compreensíveis, segundo a evolução dos modos da música. Segundo o grau de evolução dos seres, essa compreensão será mais ou menos profunda – detalhou Berceuse. – Tomemos uma comparação: as artes plásticas formam imagens e a arte das ondas musicais forma, igualmente, imagem, mas uma imagem mais sutil, da qual o teor é mais frágil e a compreensão mais delicada. Muitas vezes a pessoa pode ser impressionada, mas seu cérebro não dispor de palavras para exprimir seus pensamentos...

Alarico caminhou por um tempo com as duas mãos nos bolsos, lembrando-se das muitas vezes em que se emocionara ouvindo a neta ao piano.

– Acho que tudo isso depende muito também da sensibilidade daquele que transmite. Vamos nos emocionar mais ou menos de acordo com a profundidade com que se deixa impressionar o músico pelos sons por que se vê impregnado. Quando via minha neta tocar, muitas vezes tinha a sensação de que ela era parte do piano, que as cordas estavam nela e não no instrumento, tamanha era a emoção, o sentimento com que ela se emprestava àquele ato de tocar – ele tentou explicar comovido.

Caminhavam pelo imenso jardim em direção a uma espécie de palácio de cristal gigantesco, de onde provinha o som de vários acordes, como se vários músicos afinassem harmonicamente seus instrumentos.

– Estamos indo assistir a um concerto, vovô? – adivinhou Johan, correndo até eles, extasiado.

– Exatamente. Mas não é um concerto como esses que você está acostumado a ouvir – anunciou Berceuse.

– É muito mais bonito – imaginou Johan.

– Isso com certeza. Porque toda música na Terra, por mais bonita que seja, é apenas uma pálida lembrança da música que existe nas esferas espirituais – observou Alarico.

– Isto também é verdade. Mas com certeza a música que estão prestes a ouvir é das mais belas que existem em nossa galáxia. – Trata-se de um grupo de músicos de Júpiter que está a trabalho em nossa colônia. – Berceuse anunciou com especial encantamento.

Johan olhou para o bisavô incrédulo.

– São muito diferentes também os instrumentos deles? – tentou imaginar.

– Absolutamente não existem! – sorriu Berceuse.

– Não? – estranhou Johan? Mas como pode? – ele não conseguia entender.

– São nossos perispíritos que recebem as ondas transmissoras do pensamento musical. O espírito evoluído nesse sentido, e que pode experimentar sensações infinitamente suaves e sutis, na verdade apenas transmite a inspiração que recebe com a ajuda dos instrumentos. E, é claro, de toda a experiência que ele acumulou no campo da música, de sua própria sensibilidade aguçada através dos tempos. É como se sua memória musical refinada e aprimorada a cada nova existência fosse um instrumento a mais, um funil de potencialidades amplificadoras. Daí a sensação que Alarico tinha acabado de me descrever que experimentava, sempre que ouvia a neta tocar – pormenorizou Berceuse.

– A neta dele é a minha mãe, você sabia? Mas como aqui ninguém precisa de instrumentos? Como é que as pessoas tocam? A minha mãe toca muito bem, mas ela precisa de um piano! – Johan ainda não tinha conseguido entender.

– A música que vocês conhecem na Terra é como um eco deformado dos concertos celestes. Os instrumentos materiais sempre têm qualquer coisa de mecânico e de áspero, enquanto os sistemas de emissão do espaço produzem sons de uma delicadeza infinita. Sobretudo nos planetas mais evoluídos, onde a música composta é toda de impressões, agindo diretamente sobre a parte mais sensível de nosso ser fluídico, aquela que contém, em diversos graus, a centelha divina e que, entre os encarnados, é representada pelo órgão do coração – explicou Berceuse.

– Quer dizer então que a música é um sentimento que sai dos espíritos, assim como um perfume que fica entranhado na pele dos encarnados? – raciocinou Johan, que era na verdade um espírito muito inteligente e sensível.

– Exatamente! A música é uma impressão especial que invade e se evade de todo o nosso ser fluídico, lança-o no êxtase, na beatitude, faz com que ele sinta sensações de alegria, de quietude, de angústia, de desgosto, de dor, de pena, de remorsos, numa gama de sensações infinitas. Tudo isso, um dia, repercutirá no espaço, ao cêntuplo, porquanto as vibrações armazenadas no ser carnal são capazes de gerar sentimentos os mais harmoniosos, os mais elevados até o mais alto grau da arte. Quanto mais um ser, por sua vontade e seus atos, se aproximar de Deus, mais ele estará apto a sentir e transmitir os eflúvios e as vibrações divinas, como você terá oportunidade de observar, assistindo à apresentação dos músicos de Júpiter que vieram até aqui nos prestigiar com sua visita – complementou ela.

– Certas classes de espíritos comunicam-se entre si apenas por meio de ondas sonoras – Alarico explicou ao neto, lembrando-se de seus estudos na colônia onde vivia.

– Sim, nas esferas superiores a música se torna uma das formas habituais da vida do ser, que se sente permanentemente mergulhado em ondas de harmonia, de uma intensidade e de uma suavidade inexprimíveis – complementou Berceuse.

– É como se cada um tivesse sua própria música? – imaginou Johan.

– Mais ou menos isso. O importante é que você saiba que música, no seu mais alto grau, é irradiação divina. A irradiação divina se faz sentir mais ou menos intensamente sobre as moléculas que ora aprisionam seu espírito e, quanto maior o nível de evolução alcançado, maior a capacidade de transmitir essa irradiação, não é isso, Berceuse? – Alarico pediu auxílio.

Berceuse sorriu, percebendo sua angústia em explicar ao neto coisas que ele mesmo ainda não conseguira efetivamente compreender em profundidade:

– Gostaria de abrir inteiramente a janela para comunicar a vocês o pensamento divino, para explicar de que forma e por qual irradiação integral a obra criadora prossegue, porém, não está ao meu alcance escancarar completamente a porta para esse azul criador. É apenas por uma pequena abertura que posso comunicar aos cérebros e aos corações de vocês o que eu mesma já consegui aprender... – ela respondeu com humildade e doçura.

Estavam quase chegando à entrada do palácio de cristal, quando Johan teve sua atenção despertada para um grupo de músicos que atravessava uma ponte adiante, em direção a um prédio que ficava do outro lado do jardim. Pareciam todos velhos conhecidos, muito alegres por ali estarem:

– É o Oberon! Vejam! Eu tenho certeza de que é ele! O que está fazendo aqui? Quem são aquelas pessoas? Vamos atrás dele! – disse agitado.

– Johan, acalme-se! – pediu Alarico. – O que teria demais se Oberon estivesse aqui? Berceuse não explicou a você que é aqui que os músicos se preparam para levar sua mensagem à Terra? O Oberon é um músico! Um grande músico, por sinal! – lembrou o bisavô.

– Mas... mas... Ele já está na Terra! – protestou Johan.

– E o que muda isso? Você também não está? É muito comum que todos aqueles que se dedicam ao estudo sério da música, não só compositores, intérpretes e instrumentistas, mas também professores, educadores, divulgadores da boa música, venham aqui com frequência. Seja em busca de aprendizado, seja para fruir momentos de descanso regenerador nos locais em que se afinizam, seja para encontrar espíritos amigos com quem necessitam conversar para traçar novas metas, no que diz respeito a suas tarefas na Terra – informou Berceuse.

O concerto de vozes iria começar. Um espírito na entrada do enorme auditório fez um sinal para Berceuse. Mesmo invadido pela curiosidade de saber onde exatamente Oberon estava indo e quem eram os músicos que o acompanhavam, Johan sentiu-se compelido a entrar no palácio de cristal. Nem chegou a notar que, logo atrás dos músicos que seguiam com Oberon, vinha a própria Millah, inteiramente familiarizada com aquele ambiente.

3

OBERON, ENQUANTO ISSO, entrava com seus amigos em inusitado prédio, que lembrava enorme clave de dó. Nas hastes laterais paralelas, funcionava uma espécie de elevador panorâmico, amplo e aberto, quase uma varanda que se movimentava. Oberon não chegou a ver Millah, que não conseguiu chegar a tempo de pegar o primeiro grupo de pessoas que adentraram o elevador.

Ficou no andar de baixo, aguardando a próxima viagem, juntamente com uma porção de outros músicos, das mais variadas procedências, que não paravam de chegar. Millah, contudo, parecia absorta em seus próprios pensamentos, em nenhum momento fixou seu olhar em algo ou alguém conhecido.

Como se já conhecessem o caminho, os músicos foram até o último andar do edifício, onde eram aguardados num tipo de sala acústica, que parecia ter três andares de pé direito. Era como um auditório, um enorme anfiteatro, de cores que lembravam os tons de vinho, em cujo centro, ao lado de magnífico piano, de formato singular, em instantes veio sentar-se, sob o aplauso de todos, um pianista trajando roupas bastante incomuns para os dias atuais, mas parecendo ser conhecido por todos ali. Era Wolfgang Amadeus Mozart.

Por incrível que pareça, mesmo passados mais de duzentos anos de sua partida da Terra, apresentava a mesma forma que tinha quando encarnado, com a típica peruca e as roupas da corte de Viena do final do século 18.

— Por que depois de tanto tempo ele continua a usar essas mesmas roupas? — alguém do auditório sussurrou baixinho para um companheiro.

— De certo é para que todos possam reconhecê-lo — respondeu prontamente o outro, no mesmo tom. — É muito comum os espíritos fazerem isto quando querem ser facilmente identificados.

De fato, a estratégia não poderia ser mais perfeita. Alguns dos presentes chegavam às lágrimas só de olhar para sua figura. Havia mesmo quem afirmasse que ele conservava nos lábios a mesma expressão de riso que lhe era característico.

Para deslumbre ainda maior de todos, Mozart sequer abriu o piano. Apenas posicionou as mãos sobre o peito, cerrou levemente os olhos e a mais sublime melodia espalhou-se por todo o auditório, evolando-se de seu ser, irradiando-se de seus sentimentos como doce e reconfortante vibração jamais ouvida ou pressentida em nosso planeta.

Era mais do que Mozart, era Mozart após duzentos anos de ininterrupto trabalho e burilamento, que desde outrora já era visto como um dos mais majestosos e belos artistas já vistos na Terra. Era mais que grandioso, era indescritível, era celestial!

Encerrada a apresentação, pétalas de flores caíam sobre todos os presentes, como se a música de Mozart se perpetuasse na atmosfera fluidificando a todos, através daquela chuva revivificante. Muitos choravam, quando outro espírito, vestido com roupa de tecido ao mesmo tempo branco, amarelo e fosforescente, aproximou-se do compositor, passando a falar a todos. Parecia ser ele uma espécie de organizador daquele evento na colônia, um mestre muito respeitado por todos os presentes:

– A música desperta na alma impressões de arte e de beleza que são a alegria e a recompensa dos espíritos puros, uma participação na vida divina em seus encantos e seus êxtases – anunciou pausadamente, enquanto suave melodia começou a fluir daquele diferente piano que havia no palco.

– Para exprimir os esplendores da obra universal – continuou ele, – todo obreiro do pensamento, seja ele poeta, artista, músico ou escritor necessita entrar em relação com a fonte inesgotável e dela receber sua parte de revelação, de forma a produzir a mais alta impressão. Quando a música é sustentada por nobres palavras, sejam elas externalizadas através de uma canção, ou apenas fluentes no íntimo do intérprete, a harmonia musical pode elevar as almas até as regiões celestes... Ao contrário, porém, quando unida a palavras imorais, a música não é mais que um instrumento de perversão, um veículo de deformidade que precipita a alma na baixa sensualidade, acabando por contribuir como uma das causas da corrupção dos costumes de todas as épocas...

Com intuito de elucidar a respeito de tão profundo tema ali abordado, eis que ele mesmo, o ilustre compositor, adentra sorridente o ambiente, favorecendo momentos onde todos puderam dirigir-lhe perguntas:[45]

– Mozart, para o senhor o que é a melodia? – perguntou uma jovem musicista, que quando desperta mostrava grande habilidade no contrabaixo.

– Diria que frequentemente, melodia é para ti, uma lembrança da vida passada: teu espírito se lembra do que entreviu num mundo melhor – explicou o gênio da música, de forma sintética.

– Creio que o que nosso ilustre compositor tenta dizer é que frequentemente a música terrestre nada mais é do que um eco enfraquecido e sem nitidez da música celeste; é a melodia eólica produzida por pesados e grandiosos instrumentos de madeira ou de metal; é o sonho estrelado e divino expresso por formas de uma vida inferior e material. Porém, neste caso, o sonho é uma elevada realidade – esclareceu o organizador.

– Sim, – Mozart retomou a palavra, – no planeta onde estou, a melodia está por toda parte: no burburinho da água, o ruído das folhas, o canto do vento; as flores murmuram e cantam; tudo emite sons melodiosos. Nenhuma música pode vos dar a ideia da música que temos ali; é divina! Ó felicidade! Fazei por merecer gozar de semelhantes harmonias: lutai; tende coragem! Não temos instrumentos; são as plantas, os pássaros que são os coristas; o pensamento compõe e os ouvintes desfrutam sem audição material, sem o recurso da palavra, e isso a uma distância incomensurável. Nos mundos superiores isso é ainda mais sublime.

– Vê-se, portanto, que a música terrestre não é comparável à música do espaço – quis destacar orientador. – A primeira dá uma satisfação da qual a sensibilidade nervosa comum se aproveita; a

---

[45] A conversa que se segue é baseada em entrevista realizada com o espírito de Mozart, enviada a Allan Kardec por um dos assinantes da *Revista Espírita – Jornal de Estudos Psicológicos*, e publicada por ele na edição de maio de 1858, com o título "Conversas familiares de além-túmulo – Mozart". (N.E.)

segunda, que é de essência divina, proporciona alegrias morais, sensações de bem-estar, êxtases tão mais profundos quanto mais puro seja o receptáculo, isto é, o ser privado do envoltório carnal.

A plateia, contudo, parecia fixada em outro ponto que fora mencionado pelo compositor:

– O senhor disse "no planeta onde está"? Que mal lhe pergunte, em que planeta o senhor vive? – estranhou um senhor, que no mundo encarnado vinha a ser regente de uma orquestra.

– Júpiter! – Mozart respondeu com simplicidade. – Quanto gostaria poder vos inspirar o desejo de ver esse mundo onde se é tão feliz! Está pleno de caridade; tudo ali é belo! A Natureza tão admirável! Tudo vos inspira o desejo de estar com Deus. Coragem! Que eu possa vos inspirar bastante o amor ao bem para vos tornar dignos dessa recompensa, que nada é perto das outras às quais aspiro! – ele voltou a destacar.

Muitos dos presentes se olhavam estupefatos. Como poderia Mozart habitar um outro planeta? E ainda por cima se apresentar tal qual desencarnara na Terra? Tudo aquilo, embora inundasse naturalmente o ambiente de muita luz, parecia surreal! – era o que pensavam, olhando-se uns aos outros, sem coragem de dizer. Mozart, contudo, parecia dotado do poder de ouvir cada um de seus pensamentos. E também do mesmo bom humor que sempre o caracterizara. E foi com este bom humor que comentou, surpreendendo mais uma vez a todos:

– Já vos perguntaste qual é a duração da vida de um espírito encarnado em outro planeta, que não seja o vosso? É curta nos planetas inferiores; porém bem mais longa nos mundos como aquele onde tenho a felicidade de estar. Em média, em Júpiter, ela é de trezentos a quinhentos anos!

Ouviu-se sonoro "Oh" na plateia. Talvez nenhum daqueles músicos encarnados jamais houvesse imaginado a possibilidade de tempo de vida tão longo em outras esferas.

– Então não há uma grande vantagem em voltar a habitar na Terra? – deduziu uma senhora, professora de violino de um conservatório na Terra.

– Não, a menos que seja em missão; então, se avança – respondeu Mozart, sempre muito objetivo.

– Mas não seria mais feliz permanecendo espírito? – questionou um rapaz violonista.

– Não, não! – corrigiu Mozart de imediato. – Estacionar-se-ia. Pede-se ao ser encarnado para avançar para Deus! – fez questão de destacar.

– E mesmo depois de todo este tempo, o senhor ainda se lembra de todas as melodias que compôs na Terra? – quis saber uma jovem compositora.

– Diria que quando teu espírito se desliga e se junta ao meu e ao dos que me inspiraram as obras que instrumentas, me recordo de alguns pedaços – ele respondeu com sinceridade.

– Mas como o senhor pode esquecer de uma música que o senhor mesmo compôs? – ela não se conformou com a resposta.

– A que existe aqui é tão bela! Como lembrar-me daquilo que era todo matéria?

– E de onde provém a inspiração dos gênios que inspiram os grandes compositores de nosso planeta? – quis saber Oberon.

– Todo gênio constitui a súmula dos mais longos esforços em múltiplas existências de abnegação e de trabalho. Ninguém se faz artista tão somente pela educação especializada em uma única existência. A perfeição técnica, individual de uma artista, bem como as suas mais notáveis características, constituem a resultante de experiências seculares na Terra e na esfera espiritual. Por sinal, o artista, de um modo geral, vive quase sempre mais na esfera espiritual do que propriamente no plano terrestre. Seu psiquismo é sempre resultante do seu mundo íntimo, cheio de recordações infinitas das existências passadas, ou das visões sublimes que conseguiu apreender nos círculos de vida espiritual, antes da sua reencarnação no mundo – esclareceu o mestre da música que fora também o organizador do evento.

– Poderíamos dizer então que o mundo impressivo dos artistas seria um crescente encadeamento de mentes, a partir das diferentes experiências vividas por cada um, acrescidas das visões sublimes dos que lhe vêm em sequência até chegar à esfera das vibrações supremas de Deus, como um caminho da alma para conquistas mais elevadas da perfeição? – deduziu Millah.

Nesse momento, todos os presentes olharam para ela, surpresos com a sua capacidade de raciocínio.

– Millah! – exclamou Oberon, ainda mais surpreso do que todos.

Foi nesse exato momento que o despertador tocou, anunciando que era hora de levantar. Oberon sentiu como se o corpo desse um solavanco na cama, acordou assustado e confuso, imediatamente o sonho esvaiu-se por completo. Quando chegou ao banheiro para escovar os dentes, já não conseguia mais se lembrar de nem mais um detalhe sequer.

Ainda assim, ao sentar-se à mesa para tomar seu café, tinha uma ideia fixa.

– Está tudo bem, Oberon? – perguntou Melquisedec, já de saída para o hospital.

– Sim... Desculpe... É que quando eu tenho de dar aulas, acordo completamente fixado nesse objetivo – disse, já verificando alguns detalhes no grosso livro sobre a vida dos grandes compositores, de Harold Schonberg, que sempre carregava consigo[46].

Mesmo tendo preparado extensa aula sobre a obra de Beethoven, havia decidido mudar o programa. Sentia-se profundamente inspirado a falar sobre Mozart, sobre quem, por sinal, havia escrito uma longa dissertação de mestrado. Refez rapidamente suas anotações e seguiu para a faculdade mais confiante do que nunca. Pela primeira vez, desde que chegara da Alemanha, tinha a sensação de que tudo em sua vida tinha um propósito, de que nada estava acontecendo por acaso.

Só não imaginava que Clara o estivesse esperando na porta da sala de aula.

---

[46] Schonberg, Harrold C. *A vida dos grandes compositores*. SP: Novo Século Editora, 2010.

4

FREDERICO ESTAVA SENTADO sozinho no jardim de Heloísa, junto à piscina. Tinha o olhar distante, parecia triste. Não poderia perceber, mas seu avô, Geraldo Magela, estava novamente atrás dele. Havia fugido do local de repouso para onde fora levado pela equipe espiritual de socorro, que o recolhera por ocasião do último Evangelho no Lar, realizado naquela casa, para ir de novo juntar-se ao neto.

Unia-os, acima de tudo, o sentimento de indignação e tristeza pelo estado de Millah, a sensação de que em todo aquele processo existiam vítimas, como eles e a própria Millah, e algozes, como Dionéia, Petúnia, Irelias e o próprio Melquisedec. Ambos sentiam-se impotentes diante deste quadro de forças. Frederico queria proteger Millah; Geraldo, o próprio Frederico. Nenhum dos dois atinava, porém, que em todas as situações somos vítimas e algozes ao mesmo tempo, até encontrar o nosso ponto de equilíbrio, conseguindo efetivamente servir para o bem; contribuir com alguma coisa para quem quer que seja. Inclusive com nós mesmos.

– Você *tá* bem, Frederico? – Lavínia abaixou-se a seu lado, preocupada, deixando exalar, sem querer, o aroma de seus cabelos perfumados.

De longe pôde perceber que o amigo parecia mais triste do que de costume, como se uma nuvem de desânimo o envolvesse.

– Mais ou menos – ele admitiu, fazendo o máximo de esforço para não chorar na frente dela.

– Não quer conversar? – ela permaneceu agachada ao lado dele.

Ele fez que não com a cabeça. Apenas alcançou seus óculos escuros que estavam no chão e cobriu os olhos, como se os quisesse proteger do sol. Só então percebeu que ela estava toda arrumada, diferente do jeito como costumava se vestir. Estava de calça social, salto alto, levemente maquiada, um perfume bem suave.

– Você vai sair? – ele perguntou. – Precisa que eu vá com você?

– Não, não... – Lavínia levantou-se depressa. – É que tenho uma entrevista de emprego. Sabe como é, a gente precisa se arrumar... – explicou envergonhada.

– Você está bonita – ele disse, olhando para cima. – Se dependesse só disso, já estaria aprovada...

Lavínia corou levemente, sem saber o que dizer.

– Que mal lhe pergunte, a empresa é de quê? Há tantos dias estou aqui na sua casa e na verdade nem percebi você se movimentando para procurar emprego...

Ela sorriu, sentando-se agora num banquinho próximo, despojada.

– É na área de bioquímica! Vou fazer entrevista em uma empresa de produtos higiênicos, você acredita? É uma empresa bem interessante... Uso direto os produtos deles!

– Legal! – sorriu Frederico. – Eu também 'ia' me formar em engenharia química no final deste ano pela Federal de São Carlos, mas desisti.

– Desistiu? – ela se assustou. – Como assim?

– Cheguei à conclusão de que não levo o menor jeito para isso. Quer saber? No fundo, meu pai tem razão... Não tenho a menor ideia do que eu quero direito... E olha que sou mais velho do que você, estudei fora... O maior desperdício...

– Nossa... Desperdício é você pensar essas coisas a respeito de você mesmo! Não é qualquer um que passa para essa universidade, que chega até onde você chegou! Talvez seja apenas um momento de crise, uma questão de focar melhor a sua área, de complementar apenas com mais alguns cursos e... – ela olhou no relógio para ver se ainda dispunha de algum tempo. – Pior é que nem vou poder demorar muito... Estou em cima da hora. Mas queria muito te fazer um convite... – disse, levantando-se do banquinho.

– Um convite? – Frederico também se levantou.

– É, um convite. Hoje à noite estou querendo ir lá no centro espírita que a gente aqui em casa frequenta, para saber sobre um curso de passes que está para começar nesta semana. Você não gostaria de vir comigo?

– Passes? – Frederico estava incrédulo.

Era o tipo de coisa que nunca lhe passara pela cabeça. Nem sabia direito o que era isso. Lavínia era tão doce, tão amiga que dava vontade de acompanhá-la em tudo o que ela pedisse. Mas um curso sobre passes? Talvez ela estivesse exagerando. Ele nem sabia direito o que era isso! Nunca pisara em um centro espírita!

– Não é para você fazer o curso! – corrigiu Lavínia, percebendo seu dilema. – O convite era apenas para você vir comigo, me acompanhar até lá! – ela explicou. – Depois nós poderíamos ir a algum lugar para continuar esta conversa com calma. O que você acha?

– Ah! – Frederico respirou aliviado. – Se é assim, tudo bem!

– Então... – ela olhou de novo o relógio. – A gente se fala na volta – se despediu tímida. – Preciso mesmo ir.

Frederico estalou-lhe um beijo no rosto. Um beijo tão molhado que a deixou vermelha na hora.

– Boa sorte! – ele disse.

– Obrigada – ela tentou recompor seu ar sério. – Olha, tem muitos livros legais lá no meu quarto... e coisas gostosas na geladeira – explicou, já de saída. – Fique à vontade! Por volta das cinco, seis da tarde está todo mundo em casa!

– Valeu!

Ficou ainda um tempo sorrindo, vendo-a atravessar o jardim, pisando desajeitada com o salto no chão de grama. Começava a sentir uma coisa estranha quando ela estava por perto, uma sensação muito boa que parecia espalhar-se por dentro de todo o seu peito.

Assim que ela fechou o portão, porém, foi como se uma pedra gigante rolasse sobre seu ser, embotando toda alegria anterior.

– Tudo isso é bobagem. Amor não existe. A gente se apaixona, casa com a pessoa e, quando vê, não é nada do jeito como imaginava. É tudo uma farsa. Quando você menos espera, a mocinha cheirosa, de palavras doces e atenciosas se transforma numa cobra, capaz de te jogar na cara os teus piores defeitos, de planejar o teu próprio assassinato! – Geraldo desabafou toda sua amargura ao ouvido do neto.

Como que atingido por um raio devastador, Frederico sentou-se no chão deprimido, com muita vontade de chorar. Nem por uma vaga hipótese podia supor que aquele sentimento não fosse exatamente seu, que toda aquela tristeza estivesse meramente sendo captada do avô a seu lado. E assim ficou por longo tempo.

– Como assim, Clara? Você não sabe que tenho aula agora? – Oberon achou muito estranha aquela interpelação em pleno corredor.

– A aula de hoje vai ser sobre o quê, professor? – uma aluna já chegava pelo seu outro lado.

Não era a mesma turma do outro dia. Mas várias delas já haviam tido o prazer de saborear uma aula com Oberon, que a essas alturas já era conhecido e admirado por toda a faculdade. Especialmente pelas alunas. Clara o encarou com uma expressão de ciúme profundo ao perceber isso. Tinha realmente os mesmos olhos expressivos da mãe. Como ele podia achar que dar aula era mais importante do que falar com ela? Ouvir suas inquietações? Oberon mal sabia o que dizer.

– É... A aula de hoje vai ser sobre Mozart! – respondeu, entrando na sala. – Não podemos conversar mais tarde, Clara? Você vai hoje ao hospital?

– Então eu espero! Posso ao menos ouvir a aula? – Clara perguntou zangada, entrando atrás dele e desprezando suas indagações.

– Mas é claro! Fique à vontade – Oberon respondeu gentil, organizando sobre a mesa sua pilha de livros.

Olhou para as carteiras de trás, onde ela foi novamente se sentar, e deu com o antigo piano de cauda, que ficava sobre um tablado no fundo da classe. Era uma sala especial aquela. Clara observou que Oberon de repente ficou com aquele mesmo olhar iluminado do dia da festa de Johan.

– Hoje iremos começar a aula de maneira diferente! – ele exclamou, indo até o fundo da sala.

Clara gelou, achando que ele fosse fazer ou dizer algo em relação a ela. Em vez disso, porém, Oberon abriu o piano e tocou uma escala, de maneira a verificar sua afinação.

– Nada melhor para falar sobre Mozart do que ouvir um pouco da música de Mozart! – arregaçou as mangas e com máxima inspiração, começou a tocar a *Sonata número 11 em lá maior*, para deslumbre total dos alunos, que jamais esperavam por esta sua atitude.

Após a sonata, o segundo espetáculo. Estava tão inspirado que até parecia outra pessoa enquanto dava sua aula. Falava de Mozart com tal familiaridade, como se houvesse estado com ele há poucos minutos, no café; como se fossem amigos de infância. Mal podiam os alunos supor que além de tudo o que Oberon havia estudado ao longo de seu próprio curso de mestrado na Alemanha, ele tinha passado a noite toda ouvindo o próprio compositor comentando e avaliando trechos de sua última existência na Terra – coisa de que nem o próprio violoncelista podia no momento se recordar:

– Vocês imaginem... Aos quatro anos de idade, ele já tocava de cor algumas composições ao cravo, aos cinco, compunha seu primeiro minueto! Em 1762, com apenas seis anos, já excursionava por toda a Europa em companhia da irmã, Marianne, e do pai, consagrando-se como sucesso apoteótico em toda Viena! Todo mundo queria ver o menino prodígio. Todos os nobres queriam apresentações particulares! Até mesmo o imperador chegou a colocar-se à sua esquerda para passar as páginas durante a execução de obras que o menino sempre tocava à primeira vista ou com pouquíssima preparação. Mozart era assim. Do tipo: "pode me dar qualquer tema, que eu desenvolvo!" Aquilo era uma brincadeira para ele. Tinha uma infinita capacidade de improvisação, uma fantasia inesgotável!

– O que o senhor chama de infinita capacidade de improvisação, professor?

– Vocês querem ver só uma coisa? Quem aqui trabalha com piano, profissionalmente?

Um jovem levantou a mão. Oberon então o levou até o piano. Em seguida, tomando um lenço escuro emprestado de uma aluna, cobriu as teclas do piano, de forma que o rapaz não pudesse diferenciar direito as teclas por sob o pano, e pediu-lhe que tocasse uma peça bastante conhecida de Bach . O pianista ficou tenso, rapidamente se atrapalhou, tropeçou num trinado, daí para frente não acertou mais nenhuma nota. Suava frio quando se virou para o professor e disse:

– Impossível! O próprio suor do dedo gruda no pano e...

Com o entusiasmo de sempre, Oberon, porém, explicou:

– Não fique constrangido... É normal... Nosso cérebro está acostumado a trabalhar, inconscientemente, ao mesmo tempo com vários sentidos. O tempo todo estou olhando e não estou olhando, o próprio desenho do teclado já é uma linguagem que os olhos acostumados rapidamente decodificam... Até mesmo um cego se atrapalharia, se pusessem um pano por sobre as teclas, cujo desenho ele teria dificuldade em reconhecer pelo tato devido ao atrito constante com o pano. Propus, na verdade, toda esta experiência para demonstrar mais uma das facetas da genialidade de Mozart, do pequeno Mozart. Esta era uma das brincadeiras que a realeza gostava de fazer com o menino prodígio. E vocês acreditam que ele não errava uma? Tocava com a mesma facilidade e perfeição, como se estivesse vendo as teclas! E às vezes ainda se dava ao luxo de inventar uma complementação, um pequeno adendo que julgava soar melhor naquele determinado contexto! Entendem agora o que quero dizer com 'infinita capacidade de improvisação'?

A turma parecia visualizar o pequeno Mozart tocando ao piano.

– Com apenas seis anos de idade? – exclamou uma jovem, ainda incrédula.

– Sim! É claro que isso foi se desenvolvendo *ad infinitum* com a maioridade do compositor, muitas vezes até incomodando muita gente, diga-se de passagem... – acrescentou Oberon.

– Caramba! – suspirou o rapaz que se prestara à experiência, já de volta a seu lugar.

A classe parecia mais empolgada do que nunca. Oberon tomou nas mãos sua própria monografia e começou a ler um trecho para os alunos:

– Vejam só esta preciosidade: o poeta Konrad F. Von Pufendorf dedicou um poema no dia de Natal ao pequeno cravista de seis anos de Salzburgo. O poema parafraseava um dístico de Ovídio e dizia: "Surge um gênio celeste, mais veloz do que os seus anos, e suporta com dificuldade o dano da ingrata demora"...

Clara, contudo, nada ouvia. Percebia apenas a intensa irradiação que parecia emanar de Oberon, o olhar inebriado e delirante dos jovens que o assistiam. Via-o como inspirado maestro, desses que só faltam dançar diante da orquestra, tamanha era sua interação com a melodia, com os músicos, com a plateia; sua entrega total em nome da harmonia da composição. Do alto de sua elegância, parecia reger cada comentário, cada momento da aula, cada dose de informação que ia poeticamente distribuindo aos alunos. Era uma figura vibrante e envolvente em si mesma.

Em vez de admirá-lo pura e simplesmente, porém, Clara ressentia-se com todo esse destaque. Especialmente ao perceber mais uma vez os olhares das meninas da sala. Por um momento, teve a sensação de que todas elas, sem exceção, estavam apaixonadas por ele. Seria tudo aquilo um mero reflexo do que ela própria estava sentindo?

Não tinha cabeça para admitir muita coisa naquele momento. Apenas sentia ciúmes. E raiva. Muita raiva. Quase ódio, por ele não dirigir os olhos, em nenhum momento, para ela. Um sentimento avassalador que até parecia que iria sufocá-la. E Oberon falando de Mozart sem parar, sem sequer perceber que ela estava ali:

– Ele produziu todas as formas de música ao mesmo tempo, foi um dos artistas mais notáveis que o mundo já conheceu!

"Pronto", pensava consigo. "Faltam apenas cinco minutos para bater o sinal. Ele vai encerrar aqui", torcia em silêncio, sem sequer conseguir ouvir direito o que estava sendo dito.

– Você tem ideia de quantas obras ele produziu no total? – uma aluna perguntou.

"Que vontade de mandar aquela menina calar a boca", pensava Clara.

– Ao todo, se não me engano foram 626 composições – respondeu Oberon, consultando agora seu grosso livro sobre a vida dos compositores.

Clara, enquanto isso, levantou-se sem dizer nada. Colocou suavemente a cadeira no lugar, ajeitou a mochila e encaminhou-se para a frente da sala sem o menor ruído. Discretamente, postou-se então ao lado da porta, apenas esperando que o sinal batesse.

– Foram 49 sinfonias, 23 óperas, vinte missas, 45 sonatas para pianos e violino, 27 concertos para... – ele levantou os olhos do livro e deu com a jovem ali parada.

Ficou um segundo em pausa, dividido, enquanto a turma, em completo silêncio, aguardava a continuação da frase.

– Você já vai, Clara? – ele finalmente perguntou.

– É. Não vai dar para esperar – ela respondeu, com a voz embargada, porém firme.

– Vinte e sete concertos... – insistiu um aluno, que estava esperando para anotar.

Clara bateu a porta e saiu, morrendo de raiva. Estava fora de si, de tão enciumada. Oberon não entendeu nada.

– Isto mesmo, desculpem, 27 concertos para piano, 29 quartetos de cordas, 17 sonatas para piano, 66 árias e outras produções musicais – tentou voltar para o tema.

Frederico chorava sobre uma pilha de livros no quarto de Lavínia, quando o telefone tocou. Seu celular estava descarregado, nem por um momento lhe passou pela cabeça que pudesse ser Clara. Simplesmente deixou tocar. Não tinha vontade de falar com ninguém. Em vão o avô a seu lado tentava dizer para que não chorasse. Só de vê-lo chorar desse jeito, sentia-se tão culpado que começava também ele a chorar, sem que um tivesse condições de ajudar ao outro. Até que, sentindo-se tomado por estranho impulso, Frederico respirou fundo e abriu o livro que tinha debaixo de si.

"A oração é divina voz do espírito no grande silêncio." – estava escrito na página por ele aberta ao acaso.

"Mas eu nem sei rezar" – o rapaz pensou consigo. "Quer dizer, saber até sei, todo mundo sabe...", ele corrigiu-se. "Mas há tanto tempo que não faço isso de verdade..."

"Se pelo menos adiantasse alguma coisa...", disse o avô, que parecia ter acesso a tudo o que se lhe passava pela mente.

Frederico baixou os olhos de novo para o livro e leu mais um trecho.

"Nem sempre a oração se caracteriza por sons articulados na conceituação verbal, mas, invariavelmente, é prodigioso poder espiritual comunicando emoções e pensamentos, imagens e ideias, desfazendo empecilhos, limpando estradas, reformando concepções e melhorando o quadro mental em que nos cabe cumprir a tarefa a que o Pai nos convoca".

Frederico novamente ficou refletindo sobre o que acabara de ler. Poderia, afinal, uma prece, ter todo esse poder?

"Custo a crer..." – avaliou Geraldo, sempre a seu lado, tão necessitado quanto o neto. "E você acha que eu já não tentei? Que tantas vezes já não pedi ajuda? E sabe quantas vezes alguém me ajudou?" – vociferou com sua habitual amargura.

Como que inspirado por uma força invisível, porém, Frederico apenas voltou a baixar os olhos, fixando-os em outro parágrafo. Sem raciocinar por que, sentiu vontade de ler em voz alta:

"A prece tecida de inquietação e angústia não pode distanciar-se dos gritos desordenados de quem prefere a aflição e se entrega à imprudência, mas a oração tecida de harmonia e confiança é força imprimindo direção à bússola da fé viva, recompondo a paisagem em que vivemos e traçando rumos novos para a vida superior"...[47]

– Caramba... – o rapaz comentou, impressionado com o que lera.

Nesse momento, pequeno vasinho com flores e água que estava sobre a escrivaninha de Lavínia virou sobre a mesa, do nada, como que derramado por forças invisíveis. Frederico se assustou. Geraldo estava muito bravo.

– Então é assim que você me agradece? Fugi do hospital! Não quis ir com aqueles médicos esquisitos que quiseram me levar para poder ficar aqui com você, protegendo você! E você vem com esse livrinho, dizendo que sou inquieto, que sou angustiado,

---

[47] Do livro *Vinha de luz*, cap. "A prece recompõe", p. 209. De Francisco Cândido Xavier, pelo espírito Emmanuel. RJ: FEB Editora, 1952.

que sou imprudente, e que por isso minhas preces não têm força e nunca nem são ouvidas? Pois sim! Estou vendo que você é ingrato igualzinho a sua mãe! – ele revidou sentido.

Frederico, contudo, agora parecia mesmo imune a suas palavras, como se o simples refletir sincero sobre aquelas palavras o tivesse impulsionado para outra sintonia, bem a seu alcance, onde facilmente dispunha de toda uma proteção. "Eu quero! Mas eu preciso tanto de uma inspiração...", pensou consigo.

Como se de novo algo maior o inspirasse, olhou para perto da lâmpada da mesa de estudos e deparou-se com um pequeno livrinho azul. *Fala com Deus*, estava escrito na capa. Com os olhos ainda molhados de quem muito chorara, Frederico tomou-o nas mãos e sorriu ao abri-lo. Havia encontrado exatamente o que desejava. Teria sido mera coincidência? Sentiu vontade de ler alto a prece encontrada:

"Deus! Quero a felicidade dentro de mim. Não a falsa felicidade de dizer uma mentira, e essa não ser descoberta; de deixar de cumprir um dever e isso não ser notado. (...) Não quero a felicidade mentirosa que põe a consciência à espera de uma corrigenda, que deixa na mão o sinal do tiro que atingiu alguém. Quero a que provém da paz de espírito, da leveza interior, das emoções agradáveis. Não quero a paz que não perdure, a que não marque o coração, a que não veja adiante belezas e alegrias..."[48]

– É exatamente isto! – Ele exclamou comovido.

À medida que o rapaz ia fazendo sua prece, uma luz, muito forte ia se formando em torno dele, de forma que o avô perdia completamente o acesso a todos os seus pensamentos e só conseguia sentir o intenso amor que emanava do neto. Aquilo foi despertando nele um sentimento de muita angústia. Foi nesse momento que o telefone voltou a tocar. Desta vez, Frederico decidiu atender. Imaginou que pudesse ser Lavínia, querendo falar com ele. Mas era Clara de novo.

– Como assim, Clara? A ligação está muito ruim, não estou entendendo nada do que você está falando! – ele pediu.

---

[48] In: Lopes, Lourival. *Fala com Deus: preces*. DF: Otimismo, 2010.

– Ah! Você nunca entende nada mesmo! Não sei por que eu ainda insisto em te pedir ajuda... Deixa para lá! – ela disse, desligando o telefone.

Frederico não compreendeu direito o que se passava. Depois de alguns minutos de apreensão, teve a ideia de procurar no livrinho alguma prece que servisse para a irmã. Geraldo, enquanto isso, deslocou-se imediatamente para junto de Clara, cujas condições pareciam agora ter muito mais a ver com seu estado íntimo.

– Quer saber? Eu vou entrar de uma vez! – ela decidiu, de olhos muito inchados, já apertando a campainha do interfone, junto a um portão fechado.

Clara havia passado horas rodando pela cidade, sem saber o que fazer ou para onde ir. Estava agora bem diante da enorme casa, onde funcionava o consultório da doutora Nayara, conforme informava o cartãozinho que trazia consigo.

"ALTER EGO: CONSULTÓRIOS INTEGRADOS", estava escrito em uma bonita placa de ladrilho, com letras bem desenhadas.

Entrar ou não entrar?, ela ainda se perguntava, aguardando que alguém respondesse a seu toque. Mas era como se o mundo inteiro estivesse surdo a seus apelos naquele dia. Primeiro Oberon, depois Frederico... Por duas vezes ligara para o irmão na esperança de se aconselhar... Mas tudo a que não estava disposta naquele momento era ficar gritando no meio da rua para que ele a ouvisse. E agora? O que fazer? Será que tocava de novo?

– Que lugar é esse aqui? – Geraldo ousou perguntar.

– Quem é? – alguém do outro lado finalmente respondeu.

– Eu falei com a doutora Nayara, tem como agendar uma consulta para hoje ainda? – Clara foi mais que objetiva.

Ouviu-se então o barulho do portão sendo destravado e a jovem se viu diante de estreito corredor de pedras, que ia dar em uma salinha envidraçada lá no fundo.

– A doutora Nayara vai me atender? – foi perguntando afoita, tão logo se deparou com a secretária.

A moça olhou para ela um tanto quanto chocada com sua tamanha ansiedade.

– Tenha calma! As coisas não funcionam bem assim! E, por

favor, fale baixo! Temos vários profissionais atendendo neste momento! – pediu, com uma gentileza fria, que até parecia ensaiada.

– Vamos embora daqui! – Geraldo não gostou.

Clara também não. Mas lembrou-se também das muitas horas que passara caminhando, do cansaço, de como fora difícil conseguir chegar até ali. Talvez fosse melhor deixar a secretária para lá, pensou consigo. Olhou em torno e se deu conta do tamanho daquele lugar. A pequena salinha dava para um pátio, do qual saíam várias escadas. Havia salas embaixo e em cima dessas escadas, ali funcionava uma clínica de psicologia! Quantos profissionais trabalhariam ali?, perguntou-se em silêncio.

"Que lugar é este?", insistiu Geraldo.

– Desculpe! – tornou Clara, envergonhada. – Eu vim para me tratar com a doutora Nayara... – disse, mostrando o cartão. – Mas... Tenho tanta urgência que qualquer um serve! Algum desses psicólogos tem vaga para me atender? – tornou, agitadíssima, de novo sentindo crescer sua ansiedade.

– Você aceita um copo d'água? – ofereceu a secretária.

– Acho que sim... – Clara sentiu a boca seca. – Na verdade, a única coisa que eu quero é falar com um terapeuta. Você não imagina como foi difícil para mim tomar esta decisão... – suspirou Clara.

– Olha, a doutora Nayara vai ter um intervalo daqui a meia hora. Por que você não conversa primeiro com ela? Você poderia esperar esse tempo? – sugeriu a moça, que agora até lhe pareceu mais delicada.

"Não estou gostando muito disso", opinou o avô ainda assim. "Minha neta precisa de mim!", decidiu, postando-se a seu lado.

– Tudo bem, eu espero – disse Clara, sentando-se e pegando um folheto qualquer para ler. Mal conseguia, porém, se concentrar por um instante sequer na leitura. A presença do avô rondando a seu lado fazia com que se sentisse cada vez mais confusa.

Clara voltou a levantar-se para pegar mais um pouco de água, nem percebeu quando a secretária dirigiu-se ao interior da clínica. Geraldo, porém, foi atrás dela.

"Nem sei onde é que eu estava com a cabeça quando vim parar neste lugar!", Clara chegou a conclusão de um rompante.

"Quer saber? Tudo isso deve ser só mais uma enganação para tirar dinheiro de trouxa!", anunciou o avô, vindo lá de dentro. "Só tem salas com pessoas conversando!"

Completamente transtornada por seus próprios sentimentos de insegurança e ansiedade, Clara de imediato entrou em sintonia com o avô e ainda foi mais além: "Pensando bem, aquilo era mesmo um absurdo. Sempre ouvira dizer que um psicólogo não deve atender a pessoas muito próximas, por uma questão de ética profissional. E Nayara era mãe de sua melhor amiga, como não se dera conta disso antes?"

A secretária veio lá de dentro e sorriu para ela. Clara sorriu de volta, um tanto quanto descontente. A moça, que há poucos minutos começara a parecer-lhe simpática, era agora para ela um obstáculo. Já imaginava a forma de ir embora dali sem ser deselegante , quando de repente surgiu na sala um homem de meia-idade. Tinha um bigode diferente. E um olhar profundo que parecia torná-lo capaz de penetrar a alma das pessoas.

— Meu nome é Walter Lintom, eu trabalho com a doutora Nayara. Como é mãe da sua colega, ela conversou comigo e me pediu que cuidasse de seu caso. Você gostaria de entrar e conversar um pouco?

Clara ficou sem ação. Não sabia o que dizer, tampouco conseguia sair do lugar.

JOHAN SENTOU-SE AO piano, respirou fundo e começou a tocar. No alto, como que compondo uma pequena plateia, colocara as fotos de duas pianistas: a panamenha Raquel Peñaranda Bográn, e a brasileira Rhaíssa, ambas portadoras da síndrome de Down.[49]

Fora Millah quem conseguira para ele as fotos das duas na internet e depois as colocara em seu álbum de ouro, como forma de incentivá-lo. No dia, Johan ficara muito bravo, não queria a foto delas em seu álbum! Não eram 'famosas', não poderiam estar entre os grandes compositores!, protestara zangado.

Mas Millah tanto insistira, que ele acabara concordando. A mãe era a única pessoa no mundo que sempre conseguia fazê-lo mudar de ideia. Dissera que as duas precisavam ficar ali, "segurando o espaço para que um dia ele também pudesse entrar para aquele grupo tão seleto". Johan gostou bastante da expressão 'grupo seleto'.

Agora, olhava para as fotos das duas pianistas que ele mesmo colocara em porta-retratos, como forma de homenageá-las e sentia por elas uma amizade diferente e especial, como se elas fossem um último elo entre ele e Millah, algo que o fazia sentir-se de novo próximo a ela.

Do seu jeito, Johan pensava em tudo isso, enquanto esforçava-se para tocar novamente a música mais bonita que ele já conseguira aprender com a mãe. Chamava-se *O tamboril*, de Edmond Diet. Millah sentira muito orgulho da primeira vez em que ele conseguira tocar esta música inteirinha, do começo ao fim, batera até palmas para ele! Johan nunca se esquecera desse dia.

---

[49] Rhaíssa Cordella é uma jovem brasileira, de 15 anos de idade, portadora da síndrome de Down, que por sua grande capacidade de desenvolvimento, em resposta ao incansável investimento dos pais em suas potencialidades, tornou-se um dos símbolos nacionais da campanha de que todos podem e devem conviver com as diferenças. Ela toca piano e teclado e já se apresentou para públicos de mais de trezentas pessoas, inclusive, pela televisão. Raquel Peñaranda Bógran, por sua vez, é considerada exemplo de saber alcançado e conhecida por ter os mesmos desejos de triunfar de qualquer pessoa comum, apesar de suas dificuldades. Ela é uma pianista panamenha de 35 anos de idade que nasceu com síndrome de Down e começou a destacar-se na vida pública a partir de seu ingresso na academia de balé do Panamá, sendo também excelente atleta na natação, ganhadora de medalhas de ouro nas Olimpíadas Especiais Internacionais.

Mas não tinha certeza se conseguia de novo tocar do jeito como conseguira naquele dia. As notas saíam como um desabafo, como se pudesse derramar no piano toda a sua angústia. Por mais que se esforçasse, no entanto, não podia expressar no instrumento a melodia que sentia tocar dentro de si mesmo. As notas saíam erradas, os dedos sem querer tropeçavam nas teclas e isso o deixava muito irritado. Por que não conseguia tocar a música inteira certinha como naquele dia?

– Droga! Está torta! Não é assim que eu quero! – batia com força no piano, inconformado com sua própria dificuldade.

Paula, que estava regando as plantas do jardim, achou curioso que Johan tivesse resolvido tocar. Fazia tempo que não se sentava ao piano. Millah sempre o convidava, mas ele dizia que não estava com vontade, que não queria. Naquele dia, porém, fizera isso espontaneamente. Muito provavelmente como forma de aplacar a falta imensa que andava sentindo da mãe. Paula compreendeu isso e resolveu continuar regando o jardim, permitindo que Johan vivesse aquele momento. Mas não pôde deixar de ficar alerta quando ele começou a exagerar nos acordes dissonantes.

Efetivamente, lá dentro Johan quase massacrava o piano. Queria, por toda lei, saber tocar como Raquel e Rhaíssa. Olhava para a foto delas e baixava a cabeça de vergonha, socando o piano. Olhava então para o lado, falava sozinho, xingava a si próprio, tentava de novo. *Esta* era a mais difícil canção que sua mãe conseguira lhe ensinar. Millah costumava dizer que *O tamboril*, tocado por Johan, devia ser apreciado do mesmo jeito que o *Rêve d'amour*, de Liszt, tocado por Clara. Johan nunca entendera direito o que a mãe queria dizer com isso.

A peça requeria o máximo de sua concentração. Tinha apenas duas páginas, pautadas em compasso binário e em dó maior, com um acompanhamento simples que consistia basicamente na repetição rítmica e acentuada: lá, mi, mi, mi. Seus dedos gordinhos e miúdos, porém, se atrapalhavam em manter a distância entre o lá e o mi, em fazer os *staccatos*[50] e ao mesmo tempo

---

[50] *Staccato* ou 'destacado', em português, designa um tipo de fraseio ou

casá-los com as notas de cima, tocadas com a outra mão.

– Millah! – gritava, nervoso, sem parar de tocar.

O suficiente para que os dedos novamente se atrapalhassem, como dois ratinhos rolando escada abaixo.

Fazia tempo que não se exercitava ao piano, mas naquele momento, queria, por toda lei, que a música saísse perfeita e insistia como um louco. Mesmo tocando as notas erradas, repetia e repetia como se a música não tivesse mais fim, como se fosse uma alucinação, o tempo todo chamando pela mãe, como se ela pudesse ouvi-lo de onde estava:

– Millah! Venha, Millah!

Aos poucos o som ia se embaralhando, as notas se misturando, o que antes era lindo ficava completamente dissonante, como uma bola desgovernada de notas musicais descendo a ladeira. E que mal chegava lá embaixo, voltava para cima de novo... Johan tinha o polegar da mão esquerda já todo esfolado, quando Paula o encontrou na sala, com a testa banhada em suor, ainda lutando contra as notas de O tamboril.

– Johan! O que houve com você? – ela acorreu preocupada.

– Por que ela sempre manda você? Eu não quero você! Eu quero a Millah! Millah!!! – ele continuava a tocar como um louco.

– Millah! – gritava. – Millah, venha!

Tinha agora os olhos cheios d'água e ao mesmo tempo uma raiva incontrolável. Paula não sabia o que fazer.

– Desse jeito, você vai desafinar o piano! – disse, tentando tirá-lo de lá.

– O que exatamente a fez vir até aqui, nesse estado de desespero?

Clara baixou os olhos, não sabia direito por onde começar. Ao mesmo tempo, a figura de Lintom lhe inspirava confiança.

– Acho que no fundo estou me sentindo como se estivesse diante de um abismo...

– Me fale um pouco sobre isso – pediu ele.

---

articulação musical no qual as notas devem ser executadas com suspensões entre elas, com curta duração (como se fossem 'puladinhas').

242 | Lygia Barbiére Amaral

– Tenho uma sensação, que dia após dia parece querer se transformar numa certeza, de que a minha mãe a qualquer momento pode ir embora para sempre... E isso vai me deixando desnorteada, desesperada... Como se no dia em que ela realmente fechar os olhos, fosse levar com ela todo o chão em que eu piso... – Clara baixou a cabeça para chorar.

Doutor Lintom estendeu-lhe com gentileza uma caixa de lenços de papel.

– Pelo que você me relatou, tem quase dez dias que ela está internada – ele observou, quando ela pareceu se acalmar um pouco. – Você já se deu conta de que, mal ou bem, você caminhou sem ela, e sobreviveu ao longo desses dias?

– Você não entende, é diferente! Eu sei que ela está lá! Hoje mesmo! Antes de vir para cá, eu estive no hospital. Ela não me vê, não fala comigo, mas eu posso vê-la, posso tocar sua pele... Vou lá, choro, desabafo, conto das minhas coisas... Às vezes tenho até a sensação de que ela me escuta...

Novamente ela chorou.

– E você acha que seria diferente se em vez de falar com o corpo em coma de sua mãe numa UTI, você se dirigisse diretamente a ela, em pensamento, como quem faz uma prece? – perguntou doutor Lintom, após alguns instantes em silêncio.

Clara arregalou os olhos.

– Como assim? Você acredita em espiritismo?

– Acredito. Você tem alguma coisa contra?

Clara pensou por alguns instantes.

– Ah... Não exatamente... Mas a terapia que nós vamos fazer tem alguma coisa a ver com espiritismo? – ela quis saber.

– Não. Pessoalmente acredito que qualquer processo de autoconhecimento se torne mais fácil de ser conduzido quando aceitamos que somos um espírito imortal e que vivemos muitas vidas. Mas o entendimento do espiritismo independe de qualquer terapia, ele é completo por si só.

Parado ao lado da neta, Geraldo sentiu certo mal-estar ao ouvir isso, achou melhor aguardar do lado de fora da sala.

– E como objetivamente você trabalha? Quero dizer, qual é

o seu método, o que pretende fazer comigo? – Clara perguntou, novamente ansiosa.

Lintom sorriu ao ouvir sua pergunta. Percebia que era uma jovem muito inteligente e que tinha um objetivo final por trás de cada uma de suas perguntas, embora ainda não o mencionasse. Dava para perceber também que, mesmo quando chorava, ela sempre fazia um esforço enorme para demonstrar um domínio profundo de suas emoções. O terapeuta ficou sorrindo por um tempo, em suas silenciosas observações, coçou calmamente a sobrancelha antes de responder:

– Conversei bastante com a doutora Nayara esta manhã e...

– Vocês já sabiam que eu vinha? – surpreendeu-se Clara.

– Imaginamos que havia uma grande possibilidade de que você viesse. E, caso isso acontecesse, deveríamos estar preparados para recebê-la – ele respondeu calmamente.

Clara pareceu gostar da resposta. Fez apenas um gesto de cabeça em sinal de concordância.

– Pois muito bem – ele continuou. – Concluímos que uma terapia convencional, com sessões de análise uma ou duas vezes por semana, tendo em vista o forte abalo emocional por que está passando, neste momento seria fundamental. Mas pensamos também em sugerir a você uma constelação familiar, outra forma de abordagem psicoterapêutica que poderia ser feita paralelamente ao tratamento, como uma complementação dele. É uma técnica relativamente recente aqui na clínica e que vem oferecendo muito bons resultados.

– Constelação familiar? Como assim? – Clara aproximou um pouco mais a cadeira, como querendo entender melhor o que ele dizia.

– É um método desenvolvido com este nome por um alemão, Bert Hellinger, que era membro de uma ordem de missionários católicos e viveu durante 16 anos na África do Sul, onde teve oportunidade de entrar em contato com rituais praticados por negros zulus que tinham muita preocupação em reverenciar seus antepassados. A partir destas experiências, ele teria começado a elaborar as primeiras bases de sua terapia, partindo de estudos

244 | LYGIA BARBIÉRE AMARAL

dos fenômenos que observava das pessoas e suas reações e comportamentos nos núcleos familiares.

– E qual seria a diferença entre este método e as outras formas convencionais de terapia? – Clara queria ir logo direto ao ponto.

– A constelação é uma terapia que oferece condições para a pessoa tomar consciência de suas ações, dos padrões inadequados que normalmente geram os problemas. É uma forma mais intensa de conscientização do que a simples análise racional das relações. Diria que é como se o cliente tomasse um choque de consciência ao perceber-se de fora na situação. Com isso, acaba por desmontar a sua forma cristalizada de agir naquele sistema familiar.

– Então é uma coisa bem voltada para a questão familiar? – ela começava a gostar da explicação.

– A psicologia transpessoal moderna demonstra que a família, como outros tantos sistemas nos quais estamos inseridos, representa um campo de informação que mantém uma identidade ao longo do tempo. Muitas vezes, os membros que nascem em uma família vêm a se identificar com estes padrões, ou com estes registros, que acabam por influenciar o desenvolvimento de sua personalidade e a sua forma de atuação, pelo menos diante daquele tema ou situação. E grupo familiar, para Hellinger, não é apenas os membros que hoje fazem parte da família, mas também nossos ancestrais, e se prolonga até os nossos descendentes, incluindo maridos, esposas, e até mesmo quase-maridos, quase-esposas, amantes e todos os que fazem ou que fizeram parte deste sistema sempre buscam o equilíbrio ou então uma compensação para que estejam em equilíbrio.[51]

---

[51] É importante observar que anteriormente a Bert Hellinger, vários outros autores, como Donella Meadow, a psicoterapeuta americana Virginia Satir e suas 'esculturas familiares' e o próprio criador do psicodrama, Levy Moreno, já tinham identificado como as dinâmicas dos sistemas familiares interferiam nos comportamentos de seus membros. Existem também vários outros terapeutas famosos, tais como Matthias Varga, Von Kibéd, Insa Sparrer, Franz Rupert, dentre outros, que utilizaram métodos com princípios semelhantes aos propostos por Hellinger, sem considerar, porém, apenas os sistemas familiares na identificação da origem de certos

– Entendi. Quer dizer então que sempre que o equilíbrio é rompido, ocorrem as desordens... – deduziu Clara.

– Perfeitamente. – Você se refere a toda uma série de 'desordens' e 'desequilíbrios' que quase sempre desconhecemos, que algumas famílias até fazem questão de esconder – Clara foi direto ao ponto.

– Sim. Todas elas são questões bastante delicadas e devem ser tratadas com muita cautela. Porque assim como acontece com a terapia de vidas passadas, que é uma ferramenta importantíssima na resolução de determinados problemas, mas que ainda precisa ser encarada com muito cuidado por parte daqueles que realmente necessitam de um tratamento sério neste sentido, inclusive no que diz respeito aos profissionais habilitados para isto. As constelações, embora muito faladas hoje em dia, não têm uma ligação direta com a psicologia, já que ainda não temos uma 'escola' psicológica com esta fundamentação.

– Mas por que você está me explicando tudo isto?

– Você é uma adolescente, está naturalmente fragilizada; quero que tenha claro que tudo o que está envolvido no trabalho que estamos propondo a você para que possa fazer sua opção com total segurança e tranquilidade. Em outras palavras, mesmo que você decida não fazer o trabalho agora, não deve ir se aventurando a fazê-lo em qualquer lugar, só porque ouviu falar ou porque está na moda. É algo muito sério, que vai mexer com o seu inconsciente. Não deve ser feito a título de brincadeira e nem com qualquer pessoa – alertou mais uma vez o doutor Lintom.

Clara ficou olhando para ele por algum tempo. Estranho. Era tão enfático em suas explicações que ela quase teve a impressão de que ele estivesse dizendo que aquilo não era para ela. Ao mesmo tempo, havia nele uma transparência, uma sinceridade que a faziam pensar se algum outro terapeuta teria uma postura tão digna, intimamente já cativada por Lintom.

Como que saindo de suas reflexões, Clara apressou-se

---

problemas, mas também todos os sistemas dos quais, de alguma forma, a pessoa participa.

em resumir:

– Entendi. Só então voltando um pouco, você tá querendo me dizer que o que eu sou também é fruto do que são os meus parentes, de como se comporta toda a minha família... Mas isso aí é lógico, né?

– Que bom que entende. Ainda sobre a terapia, Clara, quero lembrar ainda, que questões familiares podem interferir nas questões profissionais; questões sociais podem interferir no funcionamento do nosso corpo, que por sinal é um dos principais sistemas dos quais fazemos parte.

Era incrível, mas o doutor Lintom nunca se dava por vencido. Seu repertório de conhecimentos parecia infinito, observava Clara.

– Além disso, nas minhas observações constatei algo que poucos autores consideram – ele explicou ponderadamente. – É que alguns desses problemas podem ter origem em outro tipo de sistema que interfere no nosso comportamento de hoje. Ao considerar a reencarnação, a realidade espiritual e a possibilidade de trazermos das experiências de vida passada certos padrões de comportamento, teremos outro sistema muito importante: o somatório de nossas experiências e dos relacionamentos que tivemos com outras pessoas nessas vidas passadas.

– Ou seja, nossos laços familiares não estariam restritos apenas aos que estão vinculados a nós hoje por algum laço de parentesco... – tentou deduzir Clara. – Mas você não disse que os métodos terapêuticos não têm nada a ver com o espiritismo?

– O que eu disse é que não posso apoiar as técnicas por mim utilizadas e nem mesmo o tratamento como um todo como algo que seja endossado de alguma forma pela doutrina codificada por Allan Kardec, visto que o espiritismo é uma doutrina completa por si só. Por outro lado, quando refletimos diante da lógica da reencarnação e da questão da Lei de causa e efeito, esse fenômeno ganha contornos mais complexos e interessantes – explicou Lintom.

– Por exemplo? – Clara tentou entender melhor.

– Na minha experiência, observo que muitas vezes, os

problemas que o cliente traz para a terapia têm sua origem em uma situação que vem sendo "herdada" pelas gerações anteriores de sua família. Entretanto, a questão que muitos consteladores normalmente não consideram é: por que esta pessoa reencarnou exatamente nesta família?

– Não seria algo aleatório? – imaginou Clara.

– Claro que não! – empolgou-se o terapeuta. – Deus não joga dados![52] Para mim, em todos os casos em que tive oportunidade de acompanhar, ficou muito claro que se tratava ali de uma combinação da história pessoal do espírito reencarnante com a necessidade de evolução que o enfrentamento daquele padrão, naquela família, representavam para ele. Tanto é assim que nem todos os membros da família vão reproduzir os mesmos padrões. Às vezes, um padrão familiar pode ser identificado em um filho e não no outro, por exemplo!

Clara o ouvia pensativa. Parecia um pouco assustada.

– Tudo bem? – ele preocupou-se.

Ele começou então a explicar detalhadamente a Clara como funcionava o processo na prática.

– Quer dizer então que tudo acontece como um teatro, onde eu vou me ver através da representação da situação que eu vivo hoje em família, é isso? E essa dinâmica vai me ajudar a enxergar melhor a forma como me sinto e como ajo em minha família, é isso? Mas... e quanto aos outros membros da família? Eles também se modificam? – ela lançou a pergunta que a inquietava desde que ele começou a explicar sobre o método.

A este ponto, o doutor Lintom voltou a esboçar o sorriso enigmático que ficara esquecido durante as explicações. Era quase como se dissesse: "Você não desiste, hein, mocinha!"

– O que quero saber é: como tudo isso pode ajudar a resolver a questão da minha mãe? – ela insistiu, mordendo o lábio inferior em seguida.

– Eu sei. Eu entendi perfeitamente. Nosso trabalho é favorecer

---

[52] Referência à forma popularizada da famosa frase de Albert Einstein, em carta de 4 de dezembro de 1926 ao físico Max Born. (N.E.)

que o próprio sistema reencontre seu equilíbrio. Mas como isso pode acontecer?

– Acredito, Clara, que a terapia como um todo vai te ajudar a enxergar melhor as razões de algumas dificuldades entre você e sua mãe, de maneira a permitir não só que você dê liberdade a ela para que faça a sua escolha, mas sobretudo que você também possa trilhar livremente o seu próprio caminho. Você está disposta a fazer este trabalho? – perguntou o terapeuta.

Clara ficou pensativa por alguns instantes.

– As sessões de terapia e a Constelação? – quis confirmar.

– Aí vai depender do que você achar mais adequado e mais conveniente para você neste momento, a partir de tudo o que nós conversamos. Você pode ir para casa pensar e...

– Eu já tomei a minha decisão – ela anunciou.

Já estava escuro quando entrou no táxi para voltar para casa. Só não entendeu nada quando, ao chegar, encontrou uma ambulância de uma clínica psiquiátrica parada bem no meio do jardim com as portas abertas. A casa estava toda acesa.[53]

6

NO GRUPO ESPÍRITA, o corpo perispiritual de Millah, ainda sob os cuidados da prestimosa equipe que a acolhera, debatia-se em meio ao feixe de recordações que lhe inundavam o espírito semiliberto. Como uma simples folha boiando por sobre as águas da eternidade, Millah ia e vinha, permeando passado, futuro e presente, sem saber ao certo onde se fixar, guiada apenas pelos sentimentos dos que se mantinham na Terra, e que pareciam

---

[53] Este capítulo foi elaborado a partir de anotações da autora ao longo de várias constelações que assistiu, especialmente para compor a personagem, e também a partir de entrevistas com o terapeuta Milton Menezes, do Rio de Janeiro, RJ, que há oito anos se dedica a essa abordagem psicoterapêutica.

puxá-la para os diferentes cenários para onde subitamente se sentia atraída, sem entender direito as razões, e nem a lógica das sequências que se sucediam.

Nesse momento, via-se deitada em uma cama de hospital. Não era, contudo, a cama onde se encontrava nas dimensões espirituais do centro, nem tampouco o leito da UTI, onde seu corpo físico convalescia. Observando bem, sua fisionomia também não era a mesma, embora conservasse qualquer coisa nos traços que a lembrasse, como numa fotografia envelhecida de si mesma.

Era uma bela senhora de olhos claros, cujo semblante marcava-se por profunda tristeza. Jogado nos ombros, um xale negro emprestava-lhe um ar de convalescência.

– Por favor, faça vir a irmã Eveline. Preciso falar com a irmã Eveline... – pediu à enfermeira, que entrara no quarto para trazer-lhe um comprimido e medir-lhe a febre.

Tinha as mãos quentes, como se toda ela queimasse por dentro, as bordas dos olhos avermelhadas pela febre altíssima. Não parecia nada bem.

Momentos depois, a irmã solicitada adentrava o quarto, trajando o hábito por sobre a camisola, sem o capricho das palas engomadas com que costumava circular durante o dia. Era uma moça jovem, ainda que castigada pelas muitas horas de vigília junto aos doentes, trazendo no olhar um brilho diferente das demais irmãs do convento. A bem da verdade, parecia mais uma mulher comum, que tinha se levantado às pressas para socorrer uma amiga de madrugada. Notava-se que havia mesmo uma especial cumplicidade entre as duas, apesar da grande diferença de idade.

– Vim o mais rápido que pude – disse a freirinha, sentando-se ao lado da senhora, com seu terço na mão. – Tem algo que possa fazer para ajudá-la? – perguntou, ativa, já derramando água da moringa no copo ao lado da cama.

– Ontem à tarde, enquanto cuidava de mim, você me contou toda a sua história... – disse a senhora que Millah teria sido um dia. aceitando o gole de água que a outra lhe oferecia.

– Está ardendo em febre... – constatou a freira. – Não prefere descansar um pouco? Poderíamos...

– Não! Preciso falar... – insistiu a senhora. – Escolhi você para contar meu segredo... E tem que ser agora!

A irmã Eveline olhou para ela de maneira amorosa, como quem compreende a urgência do momento e tomou nas mãos uma bacia, pondo-se a enchê-la de água.

– Se é assim... Vamos ao menos cuidar desta febre... Mas ainda acho que é bobagem... Ainda quero assistir a um concerto da senhora... Lembra que me prometeu? – tornou gentil, umedecendo-lhe agora a testa com uma compressa fria.

– A verdadeira música de minha alma secou no dia em que percebi o mal que havia causado a meu filho... – pareceu delirar a senhora.

– Qual nada! E quem, com o seu dom, poderia algum dia causar mal a alguém? Ao que fui informada, sua música tem o poder de fazer sensibilizar até os mais insensíveis corações; o piano, sob seus dedos, toma cor e vida; a composição é esquecida diante de sua interpretação! – tornou Eveline, sempre ocupada em tentar baixar-lhe a febre com a compressa.

– Queria ter sido dotada apenas do poder de saber conter meu próprio coração quando necessário; de amar sem esperar nada em troca... Mas sucumbi ao papel de vítima de minha própria dor, não fui capaz de resistir à tentação de ser acolhida e afagada, quando tudo o que tinha a fazer era acolher e afagar meu amado doente... – ela disse, fortemente tomada pela febre.

– Beba um pouco mais de água... – pediu a irmã. – Sente dores de cabeça? Fico com medo que toda esta febre seja um prenúncio de mais um derrame... Não acha melhor ligarmos para sua filha?

– Derrame qual nada... Deixe Marie descansar! A única coisa que se derrama neste momento é minha culpa... Eveline, sinto-me tão culpada... Eu não queria, não poderia nunca ter me apaixonado por Johannes... não deveria jamais ter me permitido viver momentos de tanta fragilidade... Fui fraca, Eveline! Queria ter sido sempre forte como uma rocha; valorosa como a jovem mulher que um dia acolheu Robert como um pedaço de si mesma; sólida como o exemplo que queria ser para meus filhos; íntegra e unânime como os aplausos de meu público... Mas, infelizmente, não fui nada disso...

– Acho que vou ter que ir até lá embaixo buscar um remédio para a senhora... – disse a freira, arregaçando as mangas do vestido molhado.

– Por favor, não vá! – pediu a senhora, segurando-a pelo braço.

– Deixe-me terminar... Eu preciso! Preciso confessar meu erro... – ela sentou-se na cama.

Tinha as faces muito coradas.

– Pelo amor de Deus, não! – Eveline tentou impedi-la. – Não gostaria que eu chamasse um sacerdote?

– Deixe-me como estou – a senhora a afastou gentilmente. – Depois de tudo isso, me fiz mais forte do que imagina... Meu marido dizia: "A pérola não flutua na superfície, é preciso procurá-la nas profundezas, mesmo que a preço de perigos... Minha esposa é uma mergulhadora..." Escolhi você para mergulhar junto comigo, para contar minha verdadeira história! A menos que não queira me ouvir...

– Desculpe... – Eveline acarinhou sua testa. – Não quis magoá-la. Apenas...

– Por favor, apenas me escute... – com seu olhar profundo, ela pediu à outra para que se sentasse a seu lado.

Eveline não teve outro remédio, senão fazer o que ela estava pedindo, segurando a bacia no colo. De vez em quando, voltava a molhar e espremer os panos de forma a continuar com as compressas.

– Fiquei muito sensibilizada quando me contou que veio parar aqui neste convento porque um dia engravidou de um homem que não era seu marido... – disse a 'velha Millah'.

Eveline nada disse, apenas olhou ressabiada para os lados, como a verificar se ninguém as escutava.

– Eu tenho um filho, Ludwig, você precisa ajudá-lo... – continuou a senhora.

– Ludwig? Mas... como posso ajudá-lo? – quis saber Eveline.

– Ele também está em um sanatório como este... Em uma outra cidade aqui perto... Em toda a minha vida, foi o filho a quem eu mais me dediquei... Mas infelizmente, não tive como reparar meu erro...

– Ele não é filho legítimo de seu marido? – deduziu Eveline.

– De forma alguma. De todos eles, talvez fosse Ludwig a cópia mais fiel do pai... – lembrou a senhora enternecida. – Tão bonito meu marido... Depois que ele se foi, fiz um caderno, só com as folhas que eu recolhia quando ia visitar o túmulo dele... – ela se recordou emocionada.

A febre continuava a subir. Ela saiu da cama e foi até a cadeira de balanço, onde gostava de recostar-se. A freira foi atrás dela, sempre com a bacia na mão.

– Não entendo então... – foi de novo com a compressa.

– Já chega disso. Me deixe apenas lembrar... – a senhora gentilmente afastou seu braço, aconchegando-se na poltrona. – Ludwig era muito parecido com o pai... De certa forma, isto tornava ainda mais dolorosa a lembrança de meu erro...

Eveline cobriu-a na cadeira com um cobertor, enquanto ela deixava-se embalar pelas lembranças.

– Ele tinha seis anos apenas... O pai ainda estava conosco, vivia uma de suas piores fases. Não gosto nem de me lembrar... Foi mais ou menos na mesma época em que Johannes veio passar aquela temporada em nossa casa... Ele era muito mais do que um auxílio enviado dos céus... Me ajudava com as crianças, com as compras, com as empregadas, fazia comida de noite para os meninos!... Me ajudava também a preparar os repertórios para meus recitais, a organizar as composições de Robert, ríamos juntos depois que todos dormiam, pedia minha opinião para suas próprias composições!... Era como um bafejar de luz em meio a tempestade, a presença do ar em meio à caverna escura... Se eu contasse a você... Era tão difícil a minha vida... O alcoolismo de meu marido, suas manias, seu isolamento, suas loucuras... A falta de dinheiro, a mania de perseguição, a necessidade de doses cada vez maiores de morfina para as tarefas mais triviais, os compromissos adiados, a necessidade de substituí-lo em muitas ocasiões para que não perdesse o cargo, as demissões inevitáveis, as crianças todas correndo pela casa, as palavras de meu pai rondandome a lembrança como uma maldição: eu disse, eu avisei... Mas nada disso justifica minha fraqueza! – ela sintetizou, de repente, com um olhar seco e impiedoso.

– Meu Deus... Mas a senhora se culpa demais... Aqui no convento, independentemente de qualquer coisa, aprendi que Deus é misericordioso – tentou dizer Eveline.

– Até que uma noite – continuou a 'velha Millah', sempre balançando-se na cadeira, – Ludwig nos surpreendeu juntos no mesmo quarto... Ele estava debaixo da cama, todas as crianças viviam atrás de Johannes, numa brincadeira sem fim!... Foi um momento muito traumático, um momento de que eu jamais vou esquecer...

– Mas... Ao menos voltaram a falar sobre este assunto depois? A senhora e seu filho? – quis saber Eveline.

– Jamais! Guardava comigo a esperança de que o menino não tivesse registrado direito o que viu naquela noite... Nove meses depois, nascia Félix, meu filho mais novo.

– E... a senhora acha que...

– Tenho absoluta certeza de que ele era filho de Johannes. Meu querido Félix...

Mas nunca disse isso a ninguém. Nem mesmo a Johannes. Jamais diria. Há tempos, porém, cheguei à conclusão de que Ludwig sempre soube do meu segredo. E por isso tornou-se esquizofrênico...

– Me explique isso direito – pediu Eveline, interessada, deixando finalmente a bacia e sentando-se numa cadeira a seu lado.

– Depois daquela noite, nunca mais consegui encarar Ludwig nos olhos... No fundo, às vezes tenho a sensação de que meu marido também sabia de tudo, que foi por isso que... – ela se deteve antes de terminar a frase. – Mas não gosto de pensar nisso. Não adianta pensar nisso...

– De quantos meses você estava grávida quando ele tentou o suicídio?

– De seis meses. Na verdade, meu marido jamais chegou a conhecer Félix. O bebê nasceu depois que ele já estava internado no asilo, de onde nunca voltou. As crianças o viram pela última vez pelo vidro gelado da janela de casa, no momento em que era acomodado pelos enfermeiros na carruagem do hospital... – ela lembrou, sem conseguir esconder o tom de profunda amargura na voz.

– Compreendo sua dor... – tornou Eveline, segurando-lhe as mãos por debaixo das cobertas. – Mas o que a faz querer aumentar ainda mais esta dor, com esta ideia fixa de que o menino Ludwig sabia de tudo? Por que se martirizar a esse ponto?

– Não é uma ideia fixa! – protestou a senhora, soltando-se-lhe das mãos. – Eu sei que ele viu. – Eu estava lá! Era tão ingênuo que sequer decodificou na hora aquilo que estava vendo... Apenas com o passar dos anos aquela imagem foi fazendo sentido na cabecinha dele e, com isso, o solidificar da loucura... – ela devaneou, triste...

– Mas o que a faz ter tanta certeza disso? – novamente a irmã a questionou.

– Aos oito anos, Ludwig foi enviado ao colégio interno juntamente com Ferdinand, um ano mais novo. Mas os primeiros sinais de sua extravagância e singularidade só se fariam verdadeiramente perceptíveis no início da adolescência. Justamente quando a cena começaria a fazer sentido dentro da cabeça dele... Aos 13 anos, o primeiro professor deu seu veredito, afirmando que ele jamais seria capaz de seguir uma escola regular... Foi necessário separá-lo de Ferdinand, que estava seguindo para fazer o ginásio em Berlim. Tentamos ainda fazer com que seguisse numa escola particular, mas logo vimos que ele não tinha muito futuro... – ela lamentou.

– E durante todo este tempo, sobretudo depois da morte de seu marido, a senhora nunca pôde contar com a ajuda de Johannes na educação de seus filhos?

– Justamente por não conseguir encarar o olhar de Ludwig, eu não aceitei me casar com Johannes após a morte de meu marido. Entendi que seria impossível construir um relacionamento sob todo aquele sentimento de culpa que eu carregava dentro de mim, e que me acompanhava dia após dia no olhar cabisbaixo e silencioso de meu filho... Dentro de mim, eu sempre tive a esperança de que Johannes um dia tivesse a coragem de conversar com ele e de explicar a Ludwig o porquê das coisas terem acontecido daquele jeito. Mas Johannes nunca teve esta coragem. Durante anos me ajudou a custear as despesas de internação de Ludwig, vezes sem fim ouviu meus desabafos, sobre minhas tristezas quanto aos atrasos mentais do menino. Mas jamais voltou a encará-lo de frente, sequer foi visitá-lo uma única vez...

– A senhora acha que Johannes tem medo de Ludwig? – deduziu Eveline.

– Medo talvez não seja propriamente a palavra. Todos aqueles que conheciam Ludwig faziam questão de destacar sua retidão, sua honestidade, sua correção de caráter e seu amor à natureza... Talvez até como uma forma de amortizar seus comentários sobre sua personalidade original, sua falta de pontualidade e sua irresponsabilidade para com todas as coisas – a senhora que Millah fora um dia recordou emocionada. – Somente muito mais tarde todos estes traços foram reconhecidos como sintomas de uma doença mental... Se soubesse o terror que senti diante dessa confirmação... Foram noites e noites em claro, lembrando de todas as vergonhas que meu pobre filho passou, sentindo-me na posição dele... É uma dor como nenhuma outra... Eu gostaria de poder retroceder em cada palavra com que eu mesma o repreendi! É verdade que naquela época eu não sabia de sua real situação. Mas ainda assim, eu o feri e esta simples constatação é abominável para mim...

O dia começava a amanhecer do lado de fora do quarto, deixando transparecer as profundas rugas de tristeza no rosto da desconsolada senhora. O tempo todo Eveline continuava olhando-a com o mesmo carinho, sem o menor sinal de crítica ou julgamento. Ao contrário, todas as suas observações pareciam sempre querer atenuar o enorme sentimento de culpa que aquela senhora parecia ter carregado por todos aqueles anos:

– Por tudo o que está me dizendo, eu tenho absoluta certeza de que, dentro de suas possibilidades, a senhora sempre se esforçou para ser uma boa mãe para Ludwig...

Ela arfou por alguns instantes, parecia mesmo que estava com um pouco de falta de ar.

– Está tudo bem? – preocupou-se Eveline. – Não quer voltar a deitar um pouco?

A senhora fez um leve sinal negativo com a cabeça.

– Estou bem aqui... Deixe-me ficar mais um pouco...

Permaneceu mais alguns instantes olhando o sol nascendo através das cortinas antes de dizer.

– Sempre senti certa inadequação ao lidar com minhas crianças, particularmente com Ludwig... Mas realmente eu tentei... Sei que não foi o suficiente, mas eu tentei... – ela sorriu. – Sabe, quando ele tinha vinte anos, pouco antes de ser internado na clínica, cismou que queria tornar-se músico... Confesso que, a essas alturas, já estava com meu juízo quase no fim, Ludwig me dava muito trabalho! Ainda assim, fiz por ele algo que nunca havia sequer cogitado fazer com nenhuma de minhas outras crianças nesta idade... – ela fez menção de levantar-se.

– A senhora deu aulas de música para ele? – Eveline prontamente a ajudou.

– Sim! – respondeu ela, sorrindo e acomodando-se de novo na cama. – Eu ensinei a ele durante duas horas todos os dias durante um tempo...

– E ele aprendeu? – quis saber Eveline, ajeitando-lhe os travesseiros.

– Ele era muito cuidadoso com seus estudos, mas não tinha nem ouvido e nem um pingo de ritmo... Tudo o que tocava saía espantosamente horrível! – ela divertiu-se lembrando, enquanto Eveline organizava uma vez mais os travesseiros, de maneira que pudesse ao menos se recostar. – Ainda assim, ele exigia tanto de si mesmo que acabava ficando extenuado e tudo isso me deixava em um estado de ansiedade que você não pode imaginar... Por fim, ele foi enviado para esta clínica, onde se encontra até hoje, onde recebeu o diagnóstico de uma doença medular, que presumivelmente teria afetado seu cérebro – ela voltou a sentar-se agitada, retirando as cobertas que Eveline acabara de ajeitar sobre seu corpo.

– Não acha que seria bom se descansasse um pouco? Conversamos a madrugada inteira, a senhora precisa repor suas energias... – sugeriu Eveline.

– Agora que chegamos até aqui, preciso ir até o fim! – ela insistiu.

Eveline percebeu que ela começava a ficar corada de novo, mas não ousou aproximar-se naquele momento para verificar. Em vez disso, deixou que ela terminasse o que tanto parecia precisar dizer:

– Eu tenho comigo uma esperança, a única coisa que acredito que seria capaz de tirar meu filho deste transe psicótico que há anos o mantém prisioneiro... – continuou ansiosa.

– O que exatamente a senhora quer que eu faça? – Eveline foi direto ao ponto.

– Johannes! Quero que você o procure, que lhe diga toda a verdade! Preciso que você o convença a ir procurar Ludwig no sanatório e conversar com ele o que nunca ninguém teve coragem de conversar! – pediu a antiga Millah.

Suas bochechas, a essas alturas, novamente pareciam queimar de tão vermelhas. Parecia mesmo delirar com seus olhos tão brilhantes.

– Não compreendo... Mas não era Félix o filho de Ludwig? Por que não pedir a ele então para que procure Félix ao invés de...

– Félix morreu, de pneumonia, aos 24 anos, sem que Johannes jamais soubesse a verdade! Mas agora ele precisa saber de toda a verdade para poder se justificar perante Ludwig... Eu sei que vou morrer... Ele precisa curar Ludwig, assumir Ludwig como se fosse o filho de quem ele não teve a oportunidade de ser pai! – insistiu a senhora, cada vez mais febril.

– Mas como eu posso fazer isso? – questionou Eveline confusa. – Depois de tantos anos?

– Isso eu não sei... – ela disse, sentindo-se prestes a desfalecer. – Só 'você' pode fazer isto por mim... – ainda fez questão de destacar, antes de desmaiar ao lado da cama.

Era tudo tão real que Millah revia a cena em suas lembranças como se a revivenciasse em cada mínimo detalhe. Estava prestes a sentir seu corpo tocar o chão, em meio à queda provocada pelo mal-estar, quando de repente abriu os olhos e percebeu que estava em outro lugar. Sentiu como se a consciência voltasse bruscamente ao momento presente, um certo tremor e estremecimento a sacudiu por inteiro. Olhou em torno. As ideias ainda lhe eram confusas. Que lugar seria aquele?

Levantou devagar, saiu andando em busca de uma janela. Queria ao menos certificar-se de que aquele não era mais o hospital com que estivera sonhando há pouco. Ou será que era?

Foi quando avistou ao longe Frederico chegando à casa espírita na companhia de Lavínia. Os dois vinham conversando, serenos, quase felizes em seu caminhar. Em lugar de tranquilizar-se com esta visão, porém, o coração de Millah teve um sobressalto ainda maior:

– Félix! – gritou da janela em desespero. – O que está fazendo aqui? Não, não pode ser! Meu filho Félix faleceu faz quase 17 anos! Só posso estar ficando louca!

Ao virar-se de novo, no entanto, percebeu que estava cercada pela equipe de enfermagem local:

– Millah, por favor, venha... Você precisa descansar – pediu, atenciosa a doutora Maria Eunice.

Alheios a tudo o que se passava na esfera invisível, Lavínia e Frederico estavam literalmente em outro clima. Um certo ar de romance pairava cada vez mais forte entre os dois, parecia mesmo emanar de cada uma das células que compunham os corpos daqueles dois jovens.

Não conseguiam parar de sorrir por um instante. E nem de sentir as mãos trêmulas, com certo suor gelado por entre os dedos, que não sabiam explicar direito de onde vinha.

Sempre alegres, foram até a biblioteca, onde Lavínia fez a inscrição para o curso de passes que, segundo foi informada, começaria já no dia seguinte. Ela parecia conhecer todos ali, mas nem por isso demonstrava qualquer constrangimento pela presença do amigo. Ao contrário, agia com tanta naturalidade que era como se Frederico também frequentasse sempre a casa.

– E o rapaz, como se chama mesmo? – perguntou a senhora que fazia as inscrições, já imaginando que Frederico também iria participar do curso.

– Frederico? Ah, não. Ele não vem. Sou só eu mesmo – confirmou Lavínia.

– E por que não? É um curso aberto ao público, visando sobretudo o esclarecimento. Só mais adiante teremos um módulo específico para preparação de novos trabalhadores. O que a presidente da casa quer com este curso é uma melhor conscientização dos frequentadores; que todos tenham uma melhor noção do que acontece dentro de uma sala de passes, de forma a procederem de maneira mais adequada durante estes momentos – explicou ela.

– Em outras palavras, o curso foi o meio que encontramos para conter pedagogicamente os falatórios, de disciplinar as conversações inúteis que só atrapalham a concentração dos que realmente necessitam das energias salutares que serão transmitidas nas câmaras de passe – acrescentou o outro funcionário que costumava ajudar na biblioteca.

– Se é só para aprender, até que eu acho interessante... – tornou Frederico, sem tirar os olhos da estante repleta de títulos que ele não conhecia. – Quando é que começa?

Lavínia entreabriu os lábios surpresa, sem saber o que dizer. Seu coração batia ainda mais acelerado só de pensar na hipótese de tê-lo ao seu lado por várias noites seguidas no decorrer do curso. Aliás, só de pensar que prometera levá-lo de volta para casa depois que saíssem dali, já sentia um vazio que não sabia como definir.

– Amanhã mesmo... – anunciou a senhora, satisfeita, já desenhando mais um número em seu caderno de inscrições.

A convite dela, acabaram ficando também para a palestra da noite, prevista para começar logo em seguida.

O tema era 'A família' e a casa estava lotada. Sem perceber,

Frederico e Lavínia, que atravessaram o salão de mãos dadas para não se perderem um do outro, não soltaram mais as mãos mesmo depois de já terem se sentado. Pareciam mesmo um casalzinho de jovens namorados, tão afinada era energia que emanava dos dois.

O ambiente no salão era de muita paz. Parecia mesmo que ao abrir os olhos depois da prece que acabara de ser feita por uma das senhoras sentadas à mesa, alguém havia passado por ali com um balde invisível, recolhendo tristezas, negativismos e preocupações. E foi neste clima leve e agradável que o orador começou a falar a todos os presentes:

– Embora sempre que se fale na palavra família todo mundo sempre imagine o modelo: pai, mãe, filhos, sogra, sogro, não existe um modelo único, nem um modelo padrão. Família é todo grupo de pessoas que se reúnem para se ajudarem e evoluírem juntas e que não estão necessariamente unidas por parentesco, laços de sangue ou sob um mesmo teto: o importante é que todas sejam unidas por laços de afeto – iniciou.

Lavínia e Frederico sorriram um para o outro, com certa cumplicidade ao ouvir esta definição.

– Neste sentido, digo que toda família é ideal, tenha ela a composição que tiver, na medida em que sempre somos colocados no local certo e com as pessoas mais indicadas para que possamos aprender aquilo que nós necessitamos nesta vida. Ou seja: cada um tem a família certa para fazer vir à tona aquilo que tem de melhor em si. Complicado isso?

A maioria das pessoas fez um ar de "mais ou menos". Alguns de um pouco mais, outros de um pouco menos. O orador sorriu. A esta altura, parecia já integrado no ambiente.

– Na verdade, se observarmos bem, o instituto da família é nossa primeira escola. Uma escola em que todos são, ao mesmo tempo, mestres e aprendizes uns dos outros – continuou. – Como bem define Joanna de Ângelis, "a família é abençoada escola de educação moral e espiritual. É oficina santificante onde se burilam caracteres; laboratório superior em que se caldeiam sentimentos, estruturam aspirações, refinam ideais, transformam mazelas antigas em possibilidades preciosas para a elaboração de misteres edificantes"... Gosto da Joanna de Ângelis porque ela trabalha com palavras exatas para exprimir exatamente o significado do que ela quer dizer... Algum de vocês já tinha ouvido a palavra caldear?

Toda plateia permaneceu em silêncio, em sinal de que ninguém ali tinha conhecimento sobre o significado daquela palavra. Novamente ele sorriu, tomando nas mãos um grande dicionário que tinha trazido de casa, já previamente marcado e abrindo-o diante de todos.

– Caldear é uma palavra típica daqueles que trabalham com solda – foi explicando, antes de olhar no papel. – Quer dizer levar ao rubro por meio do fogo; ligar duas peças de metal, por aquecimento, quase ao ponto de fusão; converter em calda substâncias sólidas. – ele fechou o dicionário. – E então vem Joanna e diz que a família é o laboratório superior em que *se caldeiam sentimentos...*

Todos o olhavam concentrados, como se entrassem junto com ele em um novo mundo a partir do descortinar daquela palavra até então desconhecida.

– Quando eu era mais jovem, tive um colega de Evangelização que tinha sérios problemas com o irmão – ele prosseguiu. – Ele dizia: Se aquele cara não fosse meu irmão, eu o matava !

Todos riram.

– É justamente para isso que serve a família. Para que possamos ajudar e ser ajudados e, em muitos casos, para dissolver todo o ódio, sabe-se lá guardado durante quantos séculos, entre muitos espíritos, que renascem no mesmo núcleo familiar, a fim de se caldearem com bons sentimentos, unirem-se pelo verdadeiro amor.... Vocês já pensaram que projeto mais sublime?

Frederico prestava total atenção ao que ele dizia, também pensando em seus afetos e desafetos familiares.

– E qual a importância da família no desenvolvimento moral do espírito?, vocês hão de me perguntar – continuou o orador. – Será que sem a família os espíritos não se desenvolveriam?

– Se não me engano tem uma pergunta no *O livro dos espíritos* que fala sobre isto – aventurou-se uma senhora mais desinibida da primeira fila.

– Perfeitamente. É a questão 775, que pergunta qual seria, para a sociedade, o resultado do relaxamento dos laços de família, ao que os espíritos respondem: um agravamento do egoísmo. Por sinal, na parte de O livro dos espíritos que fala sobre a "Lei de sociedade",[54] temos toda uma série de perguntas falando sobre a necessidade da vida social do homem e, por conseguinte, da vida em família, na medida em que uma é vista como mero ensaio para outra. Os espíritos dizem, inclusive, que se Deus não tivesse feito o homem para viver em sociedade, não lhe teria dado a palavra e todas as demais faculdades necessárias à vida de relação. É pelas relações sociais que se completam uns aos outros, de forma a assegurar seu bem-estar e progredir. Vocês já repararam que, dentro de casa mesmo, as pessoas se complementam, à medida que cada um sabe fazer alguma coisa que os outros não sabem? Tem um que sabe trocar a lâmpada, outro que é bom na limpeza, outro que faz feijão, outro que sabe fazer bolos, outro que mata as baratas... – ele brincou.

A plateia riu.

– É por isso que, tendo necessidade uns dos outros – inclusive para exercitar valores como tolerância, generosidade, solidariedade, honestidade, entre tantos outros –, somos feitos para viver em sociedade e não afastados e solitários. Seria muito mais fácil se pudéssemos simplesmente aprender nos livros, isolados de tudo e de todos, apenas meditando, em puro estado de interiorização, sem precisar ser nunca testados na convivência com o próximo, vocês não concordam comigo?

– Só não consigo entender por que é que numa mesma família sempre precisam existir tantos problemas – Frederico falou baixo para Lavínia. – Não era para todos se entenderem bem, já que nasceram na mesma família?

– Os espíritos que encarnam numa mesma família, principalmente como parentes próximos, são frequentemente ligados por laços de simpatia, unidos por relações anteriores, que são de-

---

[54] In: Cap. 7 da parte 3ª, questões 766 a 772.

monstrados na afeição mútua durante a vida terrena – continuou o orador, como que lendo seus pensamentos. – Contudo, pode acontecer também, e isto é também bastante comum, de virem para uma mesma família espíritos estranhos uns aos outros, separados por antipatias igualmente anteriores, que se manifestam por sentimentos de "inexplicável" aversão na Terra, cuja verdadeira finalidade é de servir de provação entre eles, até que possam se transmutar em solidariedade fraternal.

– Não entendo... – Frederico, a esse ponto, até soltou a mão de Lavínia, tão transtornado ficava a este simples pensamento. – Como pode uma pessoa, um espírito, como vocês dizem, de sã consciência, escolher renascer entre pessoas com quem não tem a menor afinidade? – desabafou, novamente pensando em sua difícil relação com o pai.

– Presta atenção que ele está explicando – sussurrou Lavínia, segurando-lhe de novo a mão como forma de tentar conter sua indignação.

Frederico respirou fundo e voltou a olhar fixamente para o palestrante. Teria, possivelmente, a mesma idade que sua mãe, calculou por alto.

– Considerando que todos nós atualmente encarnados na Terra, com raras exceções, estamos em um patamar evolutivo relativamente semelhante, a coisa funciona mais ou menos de maneira parecida para todo mundo – continuou ele. – Após nos adaptarmos de novo ao mundo espiritual, o que vai demorar mais ou menos tempo, de acordo com a nossa condição evolutiva ao deixar a Terra, geralmente temos nossa visão dilatada, a partir do estudo e do esclarecimento que lá recebemos. Começamos então a compreender as situações com uma amplitude infinitamente maior. Até que um dia, com grande esforço, conseguimos contemplar aqueles a quem muito odiamos em nossas existências pregressas e tomamos uma resolução. Destaca *O evangelho segundo o espiritismo*[55] que a simples observação de tais criaturas já é algo bastante difícil. Vocês hão de convir comigo que a ideia

---

[55] In: Cap. 14, item 9, "A ingratidão dos filhos e os laços de família".

de que ter de perdoar e até mesmo amar aos que talvez um dia lhes tenham destruído a honra, a fortuna, a própria família, não é exatamente uma coisa simples de ser admitida, mesmo depois de termos adquirido grande quantidade de conhecimento...

Frederico não dizia mais nada. Parecia mesmo hipnotizado pelas palavras daquele orador. Lavínia olhou para ele e compreendeu tudo. Intimamente agradeceu a Deus a oportunidade de ter podido trazê-lo até ali.

– Movidos por sentimentos opostos, esses espíritos, que tantas vezes fomos nós mesmos no mundo espiritual, hesitam, vacilam, ponderam muito antes de tomar sua decisão. Se a boa resolução triunfa, oram a Deus, imploram aos bons espíritos para que lhes deem forças no momento mais decisivo da prova. Assim, após anos de meditações e preces, tal espírito, mediante permissão da espiritualidade maior, reencarna na família daquele a quem um dia ele detestou, levando na bagagem tudo aquilo que teve a oportunidade de aprender e de refletir enquanto desencarnado...

Enquanto ele falava, Frederico não pôde deixar de lembrar-se o quanto sempre fora difícil a sua convivência com o pai na presente existência. Com a mãe, não. Ao contrário, era como se ao longo de toda a vida ela houvesse sempre se esforçado para tornar mais fácil a vida daquele filho tão amado, por quem ela seria capaz de comprar qualquer briga para defender os desejos, os direitos, os interesses. Com o pai, porém, tudo era sempre muito difícil. Desde criança, Frederico sempre tinha a sensação de que sua presença incomodava Melquisedec, que se relacionava com os irmãos de uma maneira completamente diferente.

– Agora pergunto a vocês: qual será então a conduta deste espírito nesta família? – continuou o orador.

Novamente o auditório permaneceu em introspectivo silêncio.

– Vai depender da maior ou menor persistência deste espírito nas boas resoluções que tomou – respondeu finalmente o orador. – Conforme prevaleça ou não a resolução boa, ele será o amigo ou o inimigo daqueles entre os quais foi chamado a viver. Dele mesmo dependerá a luta, definindo-o na ação do bom serviço, construindo o merecimento que dará a ele a couraça para enfrentar os combates que virão...

"Ponha-se imediatamente daqui para fora! Você e sua namo-radinha! Na minha casa, sob o meu teto você não fica mais! E pode trancar aquela matrícula que você queria, porque a sua faculdade eu também não pago mais, seu moleque!", Frederico se lembrou das palavras duras do pai no momento em que o expulsava de casa.

– É claro que o passado de todos nós é pesada carga que nem sempre conseguimos conduzir como seria de desejar. Não raro, muitos reinícios de atividades que teoricamente deveriam servir para a redenção das criaturas, acabam infelizmente culminando no agravamento de débitos e em processos expiatórios ainda mais difíceis – observou o palestrante.

"O que vai ser de mim se a minha mãe vier a falecer? Será que eu devo mesmo voltar para casa hoje como combinei com meu pai e com meus irmãos? Será que eu dou conta?", Frederico pensava consigo.

– Mas notem bem: se nos foi concedida a oportunidade, foi porque a espiritualidade maior considerou que estávamos preparados para tanto. Porque efetivamente temos todas as possibilidades, todas as condições necessárias para triunfar na prova programada – asseverou o orador, dando continuidade a seu raciocínio.

Era incrível como ele parecia dialogar com cada pensamento de Frederico, como se cada palavra dita ali houvesse sido previamente preparada para que ele ouvisse. Curiosamente, muitos na plateia tinham aquela mesma sensação.

– Por outro lado, para que prevaleça de fato a boa resolução – continuou ainda o orador, em sua preleção –, para que se consumam todas as expectativas positivas programadas para nós, não podemos estacionar o olhar na Terra e enxergar a vida como apenas uma existência. É necessário elevar-se, planar no infinito do passado e do futuro, encarar o presente com paciência, com mãos cuidadosas de quem trabalha em algo também infinitamente valioso e delicado. Somente a partir desse golpe de vista lançado sobre o conjunto, os laços de família aparecerão no seu verdadeiro sentido. Não apenas como os frágeis laços da matéria que reúnem os seus membros, e sim como os duráveis e inquebrantáveis do espírito, os laços da verdadeira amizade que se perpetuam e se consolidam ao se purificarem *ad infinitum*...

Lavínia nesse momento pensou o quanto era grata por poder ter acesso a todas estas reflexões ainda aqui na Terra, o quanto esses conhecimentos a estimulavam a vencer seu lado mais egoísta para tentar aproveitar ao máximo a oportunidade de convivência junto aos quais fora convidada a renascer, apesar das diferenças que naturalmente existiam entre eles, como em qualquer família. Avaliou também o quanto já haviam conseguido melhorar seu relacionamento a partir deste esforço conjunto e constante.

– E assim, pouco a pouco vão se construindo e se dilatando os verdadeiros laços de família – complementou o palestrante.

– Como finaliza, nas palavras de Santo Agostinho, o trecho de *O evangelho segundo o espiritismo* que trouxemos para o estudo na noite de hoje, Deus permite que espíritos menos avançados venham encarnar entre as famílias unidas e homogêneas, a fim de receberem conselhos e bons exemplos para progredirem – ele tomou nas mãos o exemplar do Evangelho, passando a ler tal qual estava escrito: – "Causam, por vezes, perturbações no meio daqueles outros, o que constitui para estes a prova e a tarefa a desempenhar. Acolhei-os, portanto, como irmãos; auxiliai-os, e, mais tarde, no mundo dos espíritos, a família se felicitará por ter salvo alguns náufragos que, a seu turno, poderão salvar outros". A todos, muita paz!

Ao fim da palestra, vieram os agradecimentos, a prece de encerramento, o convite para os passes. Frederico, contudo, nada ouvia. Ainda mantendo a mão de Lavínia apertada dentro da sua, continuava a refletir sobre as palavras do orador. Seria Melquisedec, afinal, o ser estranho que reencarnara em meio a sua família atual?, perguntava-se, ainda confuso, em meio a tantos conceitos ainda tão novos para ele. Ou seria ele, Frederico? E se fosse? Estaria fazendo tudo errado? Ainda haveria tempo de corrigir o que não pudera ser feito?

Ainda refletia sobre todas estas coisas, sentado no auditório ao lado de Lavínia enquanto as pessoas, em multidão, se movimentavam em direção à saída, quando, de súbito, teve sua atenção despertada para um detalhe que o fez dar um pulo da cadeira:

– É ele! Não é possível! O que está fazendo aqui? Mas é muita cara de pau! – exclamou, já puxando Lavínia em direção à saída, no encalço de quem acabara de ver.

– Ele quem? – Lavínia não entendeu.

– Aquele maldito Irelias! Veja! – Frederico apontou ao longe. – Vamos! Preciso alcançá-lo.

Havia, contudo, muita gente de pé na frente dos dois, a movimentação era bastante lenta, era praticamente impossível atravessar o salão num piscar de olhos como Frederico desejava.

– Peraí! – observou Lavínia, quando começavam a chegar um pouco mais perto.

Ela parou de repente, interrompendo o fluxo de pessoas.

– Mas aquele que chegou à porta para falar com ele é... meu pai! – ela exclamou embaraçada.

Adagio e Allegro: Salut d'amour[56]

---

[56] O nome escolhido para este 'movimento' é na verdade a fusão de uma composição de Robert Schumann (*Adagio and Allegro*, Op. 70), com o título de uma canção de Elgar, para a qual o mesmo Robert Schumann teria feito a letra como um presente a sua esposa Clara Schumann, por ocasião do casamento dos dois. *Salut d'amour* quer dizer saudação ao amor.

– ONDE, AFINAL nós estamos indo? – Frederico perguntou ansioso.
– Está bem perto agora – despistou Clara, consultando o relógio.
Os dois já haviam caminhado mais de dois quarteirões e nunca que chegavam ao tal endereço. O fato é que Clara se distraíra no momento de descer do ônibus e eles acabaram se perdendo naquele bairro onde não costumavam transitar. O tempo todo Geraldo, o avô desencarnado, seguia atrás deles em silêncio, imaginando protegê-los. Ele parecia triste.
– Ai, estou sentindo uma angústia... – suspirou Clara, apertando a blusa na altura do coração. – Tem horas em que sinto tanta saudade da mamãe que parece até que vou ter uma coisa...
Frederico engoliu em seco. Sentiu que seus olhos também se enchiam de água. Respirou fundo.
– Quer voltar? – perguntou, sem parar de caminhar ao lado da irmã.
Ela caminhava muito rápido, quase a ponto de ultrapassar o passo dele.
– De jeito nenhum! – respirou decidida, acelerando um pouco mais.
– A gente podia muito bem ter vindo de carro! – ele reclamou, fazendo uma careta.
– Não se preocupe, já estamos quase lá – garantiu ela.
Intimamente, Frederico já se recriminava por ter aceitado o pedido da irmã de acompanhá-la naquela estanha consulta te-

rapêutica. 'Programa de índio', como diria sua mãe. A bem da verdade, até agora sequer conseguira entender direito o que era aquilo que Clara estava indo fazer e nem por que ela fazia tanta questão da presença dele. Afinal, era ela quem iria se submeter à tal terapia, pensava consigo.

Fosse lá por que motivo, a única coisa que Frederico sabia, ou melhor, que ele sentia, era que seu papel era estar ao lado da irmã. Disso ele tinha certeza. "Conforme prevaleça ou não a resolução boa, você será o amigo ou o inimigo daqueles entre os quais foi chamado a viver", as palavras do orador do centro ainda ecoavam em sua mente. Logo, se era tão importante para ela, não lhe custava nada fazer isso.

Mais do que nunca, os dois sentiam necessidade de estar unidos. Em casa, o clima ficara bastante pesado após a internação de Johan. Nem Frederico e nem Clara haviam ainda conseguido se conformar com a decisão do pai em tomar aquela atitude, que intimamente muito lhes doía. Mas também não houvera como perguntar. Melquisedec não deixara abertura para isso. Simplesmente trancara-se no quarto e fora dormir – provavelmente sob o efeito de tranquilizantes, como costumava fazer. Não fosse pelos relatos emocionados da empregada Paula, eles nem saberiam do que tinha acontecido.

Tanto Frederico quanto Clara sentiam-se perdidos e solitários. Era como se toda a noção de família estivesse se esvaindo, um estranho vazio tomando conta de tudo. Clara ralentou um pouco o passo e apertou com força a mão de Frederico ao pensar em todas estas coisas. Talvez em toda a sua vida nunca o tivesse sentido tão próximo.

– Papai também não comentou nada com você sobre Johan hoje de manhã? – perguntou Frederico, quando pararam em um sinal de pedestres.

Clara fez um sinal negativo com a cabeça, como se mal tivesse forças para falar sobre aquele assunto.

– E você tem certeza de que era mesmo Irelias o homem que viu no centro espírita ontem à noite? – ela perguntou, no momento em que atravessavam a rua.

– Claro que tenho! Era ele mesmo! – Frederico sentiu de novo o sangue ferver dentro de si.

– Mas não entendo... O que o Irelias poderia estar fazendo num centro espírita depois de tudo? ... Você disse que ele saiu andando com o pai da Lavínia e que os dois entraram num táxi e foram embora? – ela tentou recapitular os fatos, ainda em busca de algum sentido para tudo aquilo.

De novo eles se soltaram, como se o sentimento de indignação os trouxesse de volta à normalidade.

– Então! No momento em que nós conseguimos alcançá-los, eles estavam entrando no táxi. A Lavínia ainda gritou pelo Vinícius, mas ele não ouviu. Ela também não entendeu nada! Muito estranho mesmo... – Frederico recordou, ainda cismado.

– E você não ligou para a Lavínia depois para saber? – perguntou Clara, olhando o nome da rua, antes de dobrar mais uma esquina.

– Ela me deixou em casa e ligou assim que chegou, mas o pai dela ainda não tinha aparecido... Então foi aquela coisa toda do Johan... Nem tive cabeça para ligar para ela de novo. Quando vi, já era muito tarde... – ele respirou fundo. – Daí hoje ela ia sair muito cedo, era seu primeiro dia de trabalho, acabou que a gente nem se falou...

– É aqui! – anunciou Clara, aliviada.

– Você tem certeza? – ele olhou desconfiado para o portão fechado.

– Absoluta – ela disse, já tocando o interfone.

No hospital, Melquisedec deixava a Unidade de Tratamento Intensivo quando sentiu uma mão fria e pesada tocando em suas costas.

– Está com muita pressa?

Era o doutor Nóbrega, o neurologista. Fazia tempo que não se encontravam pessoalmente. Melquisedec acompanhava-lhe os pareceres apenas pelas papeletas da UTI. Embora não tivesse como impedir que o colega acompanhasse também a evolução do estado de Millah, desde o desagradável diálogo travado entre os dois logo após a internação da esposa, fazia de tudo para

274 | Lygia Barbiére Amaral

evitar que coincidissem os horários de visita. Até porque já era sabido e comentado nos corredores do hospital a súbita amizade que parecera surgir entre o neurologista e o diretor geral, desde a internação da esposa do diretor clínico.

– Aconteceu alguma mudança no quadro dela? – assustou-se Melquisedec, ciente de que aquele não era o horário habitual de Nóbrega fazer sua ronda pela UTI. – Acabo de verificar...

Nóbrega, contudo, sequer deixou que ele terminasse a frase.

– Você sabe, tão bem quanto eu, que o estado dela continua inalterado desde o primeiro dia em que deu entrada neste hospital... Sei que não é agradável comentar sobre isto, mas, você já...

Melquisedec teve um ímpeto tão forte de esmurrar o colega ali mesmo que foi preciso colocar a mão direita fechada para trás, num esforço de conter-se:

– Sem querer ser desrespeitoso com a preocupação do nobre colega, gostaria de pedir para que cuidasse da própria vida e...

– Clara, quero que você considere que este espaço da sala é o campo de trabalho, onde essa sua questão vai ser abordada... Ok? Agora escolha alguém para ser você, para ser a Clara – na clínica Alter Ego, o doutor Lintom pediu.

– Espere um pouco, eu ainda tenho uma dúvida. Por que constelação? – sentado em meio a um grupo de vinte pessoas que auxiliaria na dinâmica, reunido em torno do doutor Lintom e da doutora Nayara, Frederico quis saber.

Novamente a doutora Nayara explicou sobre o termo, como uma analogia ao agrupamento de corpos celestes, lembrando que cada estrela ocupa o seu lugar e guarda relações diversas com as demais estrelas que compõem a constelação.

– Representaremos, aqui o 'sistema' de Clara, com todas as 'estrelas' ao seu redor. Cada representante que é chamado para ocupar o papel de uma pessoa desse grupo acaba 'entrando' no campo energético do representado, podendo ajudar através de suas sensações a pessoa em foco na terapia. O importante é que cada um que vai falar sobre o seu problema mantenha apenas o foco no 'eu'. É imprescindível que neste momento, ao narrar, você transmita o seu verdadeiro olhar, salientou a terapeuta.

– A mesma coisa com os representantes. Não importa quem você é fora do campo, nem o que você, pessoalmente, sentiria por uma pessoa na cena em questão. É preciso confiar, ao fazer um papel, no que você está sentindo ali, entregar-se por completo. Não importa se a sua história é igual ou diferente! – completou a doutora Nayara.

– Pela dinâmica, quando reproduzimos um sistema e utilizamos pessoas como representantes, eles são capazes de captar os sentimentos e as sensações de quem está representando. Mesmo que não tenha qualquer informação e nem o conheça – acrescentou ainda o doutor Lintom.

– Essa questão da ressonância é muito forte. Tanto que é muito comum as pessoas representadas relatarem sonhos ou até mesmo *insights* relacionados ao problema abordado na constelação, sem nem mesmo saberem que foram realizadas. – lembrou a doutora Nayara.

– Melquisedec! – no hospital, o doutor Nóbrega segurou o pai de Clara pelos dois braços. – Há quantos anos trabalhamos juntos! Não seja infantil! Estou apenas querendo ser seu amigo diante da realidade dos fatos! Você já conversou com seus filhos?

– Por que está tão preocupado com meus filhos, ora essa! – Melquisedec soltou-se com rispidez. – Sinceramente, ficaria bem mais aliviado se parasse de se ocupar com meus filhos, minha esposa e toda a minha família! Pensando bem, não quero mais que cuide de Millah, entendeu bem? – ele se exaltou e saiu andando. – Quero você longe dela! – fez questão de repetir!

– Sua atitude não vai alterar o quadro de Millah! – avisou Nóbrega, com ar consternado. – Eu só queria ajudar... Você não tem como mudar o que é inevitável! Além do mais...

– Isso é o que nós veremos! – ruminou Melquisedec, virando o corredor.

Na clínica, Clara olhou para Frederico, ainda insegura, ao tocar nas costas de quem escolhera para representá-la na sessão que se iniciaria. Saiu andando pelo ambiente, seguindo as primeiras orientações de observar os seus sentimentos e impressões.

Parando, de repente, colocou a jovem escolhida para representá-la sentada no meio da sala, com a cabeça escondida por entre as pernas, e retirou-se do foco da cena, voltando para perto dos terapeutas. Doutor Lintom perguntou então à moça que representava sua cliente:

– Como a 'Clara' se sente?

– Muito confusa – ela respondeu. – Não sei direito quem eu sou, para onde ir. Minhas ideias estão completamente embaralhadas. Sinto uma mistura de medo e tristeza profunda. Tenho vontade de chorar.

Do lado de fora, a Clara verdadeira sentiu de novo disparar seu coração. As primeiras lágrimas começaram a descer só de ouvir estas primeiras frases. "Como aquela garota que ela nunca vira antes na vida podia definir tão bem como ela estava se sentindo naquele momento sem saber absolutamente nada sobre ela?", pensava consigo.

– Escolha agora, Clara, alguém para ser a sua mãe e pode situá-la no espaço também – pediu o terapeuta.

Repetindo o mesmo procedimento de escolha, Clara optou desta vez por uma senhora bastante jovial, cronologicamente até bem mais nova do que Millah, e colocou-a deitada no chão ao lado de sua representante.

– Ainda não sei se quero viver ou morrer. Está bom assim, de olhos fechados – disse o representante de Millah.

Em seguida, repetindo o mecanismo, situou o pai de pé, entre quem a representava e a representante de sua mãe, como que impedindo o caminho entre as duas, de costas para 'Clara' e de frente para a mãe deitada de olhos fechados. Ao contrário da representante de Millah, o de Melquisedec parecia ainda mais velho, o que acentuava na cena a diferença de idade do casal.

– Só enxergo ela. Não me importa o resto do mundo. Tenho vontade de sacudi-la para que ela se levante. Sinto-me desesperado – disse o 'pai'.

Foi então a vez de situar um representante para Frederico. A irmã o colocou sentado a seu lado, na mesma posição, também impedido de aproximar-se da mãe pela postura do pai, enquanto o representante de Johan foi posicionado virado para Millah, assim como o pai, porém colocado bem distante, lá na ponta da sala, o que indicava a distância que havia entre os dois.

– Aquela era a típica representação de uma família engessada, como se estivessem todos impedidos de se comunicar... Ao mesmo tempo, a postura geral passava uma ideia de sofrimento e punição – reparou Nayara.

– Você gostaria de sair desta posição? – doutor Lintom perguntou a Johan.

– Sim, mas não posso – o representante respondeu.

– E por que não? – insistiu o terapeuta.

– Minhas pernas não saem do lugar. Sinto como se eu não tivesse o direito de ir até lá.

– E como se sente? – perguntou doutora Nayara.

– Muito triste. Queria ir para perto da minha mãe, mas não sei por que eu não consigo sair daqui e ir até ela. Ao mesmo tempo, minhas ideias estão confusas, como se eu não conseguisse raciocinar direito... Estranho, me sinto agitado por dentro... Me sinto muito agitado internamente...

– Johan tem algum problema mental? – o doutor Lintom perguntou à sua cliente real.

– Sim – respondeu Clara, depois de olhar para Frederico um tanto quanto surpresa. – Ele tem síndrome de Down. Neste momento está internado em um sanatório especial... – complementou triste.

– Provavelmente está sob efeito de muitos remédios – acrescentou Frederico.

– E quanto ao representante de Frederico, como se sente? – voltou a focar-se nos personagens.

– Também muito triste e confuso. Sinto-me como se eu não tivesse forças para me levantar daqui – o representante respondeu.

– O que exatamente te impede? – perguntou doutor Lintom.

– Preciso proteger minha irmã. Sinto como se algo, alguma coisa que não sei precisar exatamente o que é, me prendesse aqui neste lugar, junto dela e não me deixasse sair de jeito nenhum... Ao mesmo tempo, lá na frente tem o meu pai...

278 | LYGIA BARBIÉRE AMARAL

– Em que ele interfere no seu movimento? – quis saber o doutor Lintom.

O representante de Frederico pensou por alguns instantes antes de responder:

– Se eu for até lá eu vou ter de enfrentá-lo e eu não sei se eu quero, se eu devo fazer isto... É estranho... Parece que tem algo que me liga a ele e ao mesmo tempo uma coisa que me dá certa distância... Como se nossos laços fossem frágeis... – ele tentou explicar.

– Você gostaria que seu filho viesse até aqui, que estivesse junto com você, Melquisedec? – perguntou a doutora Nayara.

– Não. Deixe que ele fique lá. Não quero ninguém aqui – respondeu o representante de Melquisedec.

Doutor Lintom e a doutora Nayara trocavam rapidamente algumas palavras, quando o representante de Frederico se manifestou:

– Desculpe... Doutor Lintom?

– Sim, Frederico. O que foi?

– Eu estou com a sensação forte de que tem algo ou alguém muito perto do meu pai e da minha mãe...

Interessado, doutor Lintom voltou-se mais para o representante de Frederico:

– Continue... Qual a impressão que você tem?

– É como se tivesse alguém sempre muito presente entre eles...

Voltando-se para a Clara real, doutor Lintom acrescentou:

– Quando você ouve isso, faz algum sentido para você? Você pensa de imediato em alguém?

Ele parecia hesitante sobre a própria pergunta. Clara também refletiu por alguns instantes.

– Sim – respondeu por fim. – O Oberon. Ele é um grande amigo da minha mãe, desde os tempos que nós morávamos na Alemanha, e, de uma maneira ou de outra, está sempre presente na nossa família... Seja ajudando, seja como motivo de brigas entre meus pais...

– Pois bem. Então posicione Oberon neste núcleo.

Clara buscou um representante dentre os auxiliares convidados a participar daquela sessão e o colocou olhando frontalmente para o pai, do outro lado da mãe deitada.

– Agora vamos ouvir os representantes – anunciou doutor Lintom. – Johan, como se sente nesta posição?

– Mal – respondeu o rapaz que representava o irmão mais novo de Clara. – Tenho vontade de chorar ao ver minha mãe no meio de Oberon e de meu pai. Esta imagem me faz sentir muito mal. Minha agitação interna aumenta absurdamente com os três nestas posições...

– Certo... – tentou refletir o doutor Lintom. – E quanto ao representante de Oberon?

O rapaz participante, um estudante de psicologia, pensou por alguns momentos antes de dizer:

– Na verdade, sinto um calor muito forte aqui dentro de mim. Acho que eu gosto muito dela. Mas não desejo que este meu gostar possa de forma alguma vir a atrapalhar a vida dela. Tenho vontade de sair deste lugar.

– E quanto à Millah?

– Eu sinto muita angústia. Não sei o que fazer. Talvez seja melhor morrer.

– Já eu – disse o representante de Frederico – me senti muito bem com a entrada dele... Um sentimento bom...

Voltando-se para a representante de Clara, doutor Lintom quis então saber:

– E você, Clara? Como se sente agora?

– Muito mal... Uma mistura de aperto no peito, peso nas costas muito forte e uma tonteira...

Nayara olhou para Lintom e este fez um sinal de consentimento. A terapeuta foi até lá e deslocou Oberon de forma a colocá-lo na posição inversa, virado para fora do núcleo familiar ali representado, como que posicionado fora do sistema.

– Sente-se melhor assim?

– Sim – ele disse. – Meu coração continua preocupado com todos, mas me sinto melhor nesta posição.

– Eu também me sinto mais à vontade sem a presença dele – admitiu o representante de Melquisedec.

– E quanto à Clara?

– Tenho vontade de ir para o lado de meus pais – ela disse.

– Então faça isso – disse o terapeuta.

Ela fez.

– E agora? Como se sentem?

– Gosto de ter Clara aqui perto. Ela me conforta – disse Melquisedec.

O doutor Lintom tentou então virá-lo para Frederico, mas ele se negou.

– Não quero olhar para ele – confessou o representante de Melquisedec. – Não consigo.

– Ouvi-lo dizer isto me dá a sensação de que nada vale a pena. Não gostaria de continuar viva para ouvir isso – disse a representante de Millah, ainda de olhos fechados. – Ao mesmo tempo, tenho a sensação de que morro frustrada. É uma dor muito grande que eu sinto aqui no peito, como se me enfiassem uma faca...

– Também sinto um aperto no peito... Uma angústia, uma coisa muito forte que me incomoda, que me faz sentir confusa... – disse 'Clara'.

Nayara novamente teve uma intuição. Ela pegou um senhor na plateia e disse:

– Agora o senhor é o 'aperto' no peito de Clara.

Neste momento, Geraldo, que ouvia tudo calado ao lado da neta, passou a observar a cena com um olhar um tanto quanto desconfiado. Por um momento passou-lhe pela cabeça que interferia nas sensações de Clara.

A doutora Nayara, enquanto isso, posicionou o novo representante atrás da jovem.

– Por mais que pareça estranha minha pergunta, como o 'aperto' se sente?

– Quando você se dirigia a mim, eu já senti um forte arrepio... E uma dor muito grande – respondeu ele.

– Como um 'aperto' você pode ser um sentimento, uma pessoa, um objeto – especificou o doutor Lintom. – Você parece ser humano ou não humano?

– Sou uma pessoa... Com certeza... Olha, o arrepio está muito forte – novamente ele respondeu.

Curiosamente, o representante mantinha-se o tempo todo de olhos fechados, o que não passou despercebido à terapeuta, que logo perguntou:

– Por que você mantém seus olhos fechados?

– Porque sinto muita dor – ele disse.

– E por que tanta dor? – ela perguntou.

– Porque não queria que elas estivessem sofrendo tanto. Porque queria ter podido ter feito algo para ajudar enquanto era tempo... Sofro em perceber que de alguma forma contribuí para que fosse destruída esta família tão linda, esta família da qual eu nunca pude participar... – ele disse muito triste.

– E como se sente com ele a seu lado? – a doutora Nayara perguntou à Clara.

– Sinto dor de cabeça, muita dor de cabeça – disse a representante.

– E eu sinto vontade de chorar, como se o aperto passasse para mim também – disse o representante de Frederico.

Doutor Lintom foi até lá e deitou o 'representante do aperto' ao lado de Millah.

– E assim? Você se sente melhor? – ele perguntou diretamente ao "aperto".

– Acho que sim – ele respondeu.

– Responda a primeira coisa que vem à sua mente: você sente como se estivesse vivo ou morto? – investigou com inesperada perspicácia o doutor Lintom.

A pergunta pegou a todos de surpresa, mas o representante do 'aperto' respondeu de imediato:

– Morto.

A comoção na sala foi sentida no ar.

– Mas ainda me sinto muito triste pelo esfacelamento da família. – Preciso fazer algo para que ela se levante – disse, com relação à Millah. – Ao mesmo tempo, sinto que não depende de mim e isso me angustia...

– E quanto a você? – ele perguntou à Millah.

– Eu sinto uma nostalgia muito grande... Uma saudade da infância, uma melancolia...

Doutor Lintom cruzou os braços e ficou um tempo pensativo, observando a cena. Em sua experiência, sabia o que estava acontecendo. Entendia que era a hora de observar o que estava ali sendo mostrado. Suspender julgamentos, opiniões, abstrair-se de todas as teorias que poderia formular com seu conhecimento.

Ao vê-lo de braços cruzados, em silêncio, do lado de fora, Clara permanecia aflita. "O que está acontecendo? Será que ele não sabe o que vai fazer agora? Será que o terapeuta está inseguro ou é impressão minha? E a doutora Nayara? Por que não diz nada? Será que eu fiz certo em vir fazer esta terapia?" – inúmeras questões passavam-lhe pela mente ao mesmo tempo.

Percebendo que algumas pessoas começavam a se entreolhar sem saber o que fazer, doutor Lintom disse por fim:

– O que observamos aqui são várias dinâmicas de sua família – explicou, dirigindo-se à Clara real – que se entrelaçam e provocam alguns dos problemas que você sente... É preciso agora observar esta representação, uma indicação, um caminho, uma direção para onde seguir... Eu poderia comentar vários aspectos que já observo, mas isso poderia nos afastar do ponto central... Algum dos representantes tem alguma sugestão? Alguma intuição? – ele perguntou.

A representante de Millah, que estava visivelmente angustiada, chegou a soltar um suspiro quando ele disse isso:

– Ai... Tenho a impressão de que a nostalgia, a melancolia, tem a ver com esta pessoa... Me parece alguém próximo... Mas o estranho é que estar aqui no meio do meu marido e de Oberon me deixa desanimada, com uma desesperança... Como se fosse uma desistência...

A representante de Clara completou:

– Sinto algo parecido. É como se fossem duas coisas diferentes... uma tem a ver com essa pessoa deitada que sofre... outra coisa que sinto, completamente diferente, vem da direção de minha mãe... É um desespero de que ela se afaste de mim e eu me perca dela para sempre...

O sistema familiar de Clara começava a 'falar'... Percebendo o que estava acontecendo, doutor Lintom voltou a intervir:

– Vou pedir para que vocês mantenham por alguns instantes esta formação até fazermos uma experiência e identificarmos estes dois sistemas diferentes que estão aparecendo aqui... – e, virando-se especificamente para a representante de Clara, pediu:

– Quero que você saia da sua posição e vá para outra nesta sala, que represente o momento em que este desespero, esta ligação com sua mãe, tem sua origem... Faça isso intuitivamente... Os demais percebam o que sentem quando isso acontece...

Como que conduzida por um fio invisível, a representante de Clara ocupou então outro lugar, cerca de dois metros distante, bem atrás do grupo que se formara. Depois de posicionar-se, fechou os olhos, respirou fundo e disse:

– Isso faz muito, muito tempo... Vem de um passado ainda antes desta vida...

Doutor Lintom pediu então aos demais representantes:

– Quem se sente participando desse momento do passado pode assumir uma nova posição naquele contexto do passado, por favor... Façam isso intuitivamente... Sem se preocupar com os demais... Apenas com o que você sente vontade de fazer e onde queria estar agora...

Lentamente, os representantes de Millah, Frederico, Melquisedec, Oberon e Johan começaram a se movimentar, indo para as imediações da nova posição da representante de Clara. Somente o representante do 'aperto' permaneceu na posição original. Não parecia ter ligação direta com o que começava a acontecer.

Pouco a pouco, os representantes assumiram suas novas posições, ficando Millah, Melquisedec e Oberon formando um triângulo. Em volta, formando um semicírculo, postaram-se Clara, Frederico e Johan. A representante de Clara foi a primeira a se manifestar:

– Existe uma ligação forte entre os três neste triângulo. E nós estamos ligados ao que acontece ali dentro, mas não podemos fazer nada...

O representante de Johan ficou mais agitado ainda:

– Tem uma rivalidade enorme entre os dois – disse, apontando para Oberon e Melquisedec – Mas, ao mesmo tempo, existe também uma admiração, um ideal comum... Algo diferente também liga os três...

A representante de Clara volta a se expressar:

– É como se eu ouvisse música, talvez pessoas alegres... Uma festa! Parece que é isso... Como se houvesse uma ligação de amor forte entre eles e uma outra ligação...

– A música! Exclamou bem alto a verdadeira Clara do lado de fora.

– Como assim? – quis saber Lintom.

– Todos temos uma grande ligação com a música... Quer dizer que isso pode estar vindo de uma vida passada também ligada à música?

– Pelo que está sendo mostrado, sim... Mas não só a música. É possível que exista uma ligação forte entre os três nessa situação de vida passada.

– Sinto uma confusão enorme na minha cabeça... Uma sensação de que existe esta ligação... Por um lado é boa... Mas tem também algo escondido, algo velado... Que interfere na vida de todos, mas não é explícito... – voltou a se manifestar Johan.

– Um segredo! – exclamou doutor Lintom.

Ele parecia empolgado com a descoberta, como se aquilo fizesse todo um sentido dentro de seu raciocínio.

– Isso! Existe um segredo entre eles... E eu sinto que sei o que é... Isso me perturba muito... Isso me pesa... Saber disso que ninguém mais sabe... – confirmou Johan, muito angustiado. – Sinto agora como se minha cabeça fosse explodir!

Doutor Lintom parou por um instante e, voltando-se para o triângulo, perguntou:

– Quem é o dono deste segredo?

– Sou eu. Eu sou a dona deste segredo! – imediatamente a representante de Millah, agora personagem do passado, assumiu.

– Acho que é algo que só eu sei... Mas que, de alguma forma, interfere em todos aqui... – ela admitiu, reflexiva.

O clima na sala estava intenso de emoção. Lintom pediu então à representante de Millah que se dirigisse a ele e dissesse estas palavras:

– Eu sou a responsável por este segredo. Não é justo que você venha a sofrer por tê-lo nas mãos. Eu assumo a responsabilidade sobre os meus atos e suas consequências. Fique tranquilo de que eu saberei o que fazer...

– É como se uma camada de ferrugem caísse de todo o meu corpo – disse Johan, com expressiva fisionomia – como se eu me libertasse de um peso, realmente...

– Algo também mudou em mim quando ela disse estas palavras – afirmou o representante de Melquisedec.

Todos concordaram de que alguma coisa havia mudado após estas palavras. Retomando a frente da condução, doutor Lintom disse para a Clara real: Temos uma situação delicada e importante aqui. Existe um segredo nesta situação de vida passada que envolve os que hoje são sua mãe Millah, seu pai Melquisedec e o amigo Oberon.

– Um segredo? Como assim? O que pode ter havido? – Clara estava com sua cabeça fervilhando de hipóteses e experiências que pareciam fazer todo o sentido, mas ao mesmo tempo sem nada muito claro. – Meu pai sempre sentiu muitos ciúmes de Oberon, mas, até onde eu sei, ele nunca teve motivos para isso... Minha mãe jamais...

– Não posso afirmar com precisão. Entretanto, minha experiência tem mostrado que fatos e algumas de nossas escolhas mantidas como segredos podem ganhar grande importância e ter graves repercussões. Uma traição amorosa, um aborto, um filho bastardo, uma cumplicidade em um golpe... São tantas coisas que ficam escondidas sob a 'pele' de um segredo... O que sabemos, com certeza, é que na maioria das vezes, os efeitos destes segredos acompanham as pessoas que tiveram algum envolvimento ou responsabilidade nos acontecimentos. Parece que a vida promove reaproximações para que esses efeitos, positivos e negativos, sejam equilibrados, que os efeitos dos danos de nossas escolhas infelizes do passado sejam recompostos, em novas oportunidades de encontro e reparação. A culpa, muitas vezes, será o sinal de que há algo do passado criando obstáculos para nossa vida fluir – refletiu o terapeuta...

– Mas, o que iremos fazer para descobrir este segredo, que vem lá de outra vida e que até hoje interfere nos nossos destinos? – questionou a verdadeira Clara, confusa.

– Neste momento, recomendo que respeitemos as escolhas que essas pessoas fizeram, sem tentar desvendar o que de fato aconteceu. O mais importante é que cada um assuma o seu papel, a sua responsabilidade e as consequências. É isso que traz a harmonia e o equilíbrio.

As palavras de Lintom provocaram profunda reflexão em todos os presentes, inclusive nos desencarnados presentes no ambiente e que de alguma forma assistiam ao desenrolar das cenas. Antes mesmo que todos pudessem se recuperar do abalo, o terapeuta já voltava à carga com a representante de Millah:

– Como você se sente agora, assumindo a responsabilidade sobre este segredo?

– Muito bem. Trouxe-me uma clareza e uma serenidade interna – ela respondeu com tranquilidade.

O doutor Lintom pediu então para que todos voltassem para suas posições anteriores, as que deixaram antes e que representavam a família atual de Clara. Depois que todos os personagens do sistema voltaram a seus locais de origem, o terapeuta voltou-se para o representante de Melquisedec e perguntou como se sentia agora em relação à proximidade de Clara e Frederico:

– Eu não sinto mais aversão à aproximação de Frederico... Nem o Oberon me incomoda mais tanto assim...

– Algum dos representantes tem alguma sugestão? Alguma intuição? – perguntou.

– Sinto vontade de ir até lá buscar Johan e levá-lo até a família – disse Oberon, de onde estava.

– Então faça isso – disse doutor Lintom.

Oberon foi até lá e trouxe Johan. Quando estava prestes a sair novamente, o representante de Melquisedec se manifestou:

– Sinto vontade de que ele fique – disse, tocando o braço do representante de Oberon. – Não mais me encarando, como estava antes, mas a meu lado. Estou grato, porque ele trouxesse Johan de volta para mim.

– O que você acha disso? – doutor Lintom perguntou a Oberon.

– Posso tentar – ele respondeu. – Tenho vontade de ficar, mas ainda me sinto dividido entre ir e ficar.

– E quanto a vocês? – o terapeuta referiu-se a Clara e Frederico. – Como se sentem com a presença dele ali?

– A presença dele me faz sentir mais forte... Na verdade, ainda não me sinto completamente bem diante de meu pai...

– Eu também sinto que falta alguma coisa entre meu pai e Frederico... Isso me deixa triste, não sei o que fazer...

Novamente Lintom e Nayara se olharam. Ele pegou a representante de Clara e fez com que ela fosse buscar Frederico e o trouxesse pela mão para junto do pai.

– Agora diga a seu pai... – pediu o doutor Lintom.

– Meu pai... – disse a representante de Clara, repetindo as palavras que lhe eram ditas pelo terapeuta. – Este é seu filho Frederico... Como eu, ele é fruto do imenso amor que um dia uniu você e a minha mãe... Não importa o que tenha havido um dia em algum passado distante... Importa que agora vocês são pai e filho. Você é o grande modelo para ele... Ele é um pouco de você... Por favor, aceite-o como um pedaço vivo do amor que a minha mãe gerou dentro de si mesma por você...

O representante de Melquisedec se emocionou ao ouvir isso. Parado diante dele, o representante de Frederico também chorava. Melquisedec fechou os olhos por alguns instantes, por fim abriu os braços e abraçou o filho, os dois filhos com grande amor.

Ao desfazer o abraço de pai e filhos, naturalmente, reorganizaram-se todos, numa roda em torno dos representantes de Millah e de Geraldo. Frederico se posicionou entre Oberon e Melquisedec.

– Sinto que falta alguém aqui nesta roda, que tem gente demais no meio – disse a representante de Clara, incomodada com os dois representantes deitados.

– Tenho vontade de levantar daqui e ocupar este lugar – manifestou Millah.

– Então faça isso! – disse o doutor Lintom, empolgado.

Millah levantou-se e ocupou seu lugar ao lado da representante de Clara, mantendo-se, contudo, de olhos fechados. No centro da roda, permaneceu apenas Geraldo deitado.

– Estou me sentindo muito feliz aqui. É como se toda a família me reverenciasse, como se eu fosse importante para eles... – externou Geraldo.

No canto da sala, a verdadeira Clara e seu irmão Frederico choravam. Era uma emoção muito forte, que não sabiam direito como definir.

– O que vocês acham desta arrumação?

– Boa – disse Frederico.

– Muito boa... – disse Clara, ainda chorando muito.

– Vocês têm alguma intuição de quem seja esta pessoa que continua deitada no centro da roda? – perguntou o doutor Lintom.

– Eu sei! – respondeu Clara. – Não sei por que, mas eu sei... E tem mais uma pessoa, de quem eu estou sentindo falta, para esta arrumação ficar mesmo completa...

Ela foi até a assistência e escolheu mais um homem, o mais idoso de todos, um psicólogo aposentado que sempre gostava de assistir às terapias. Colocou-o então na roda, entre ela e a mãe.

– Este é meu bisavô, Alarico, que sempre nos protege... Eu sonhei com ele e com a minha mãe no dia do acidente... – ela enxugou uma lágrima.

Em algum ponto da sala, o verdadeiro Alarico, que também assistia a tudo, sorriu emocionado e deu um beijo na testa de sua bisneta. Clara sentiu um arrepio.

– Mas você ainda não nos disse quem é a pessoa no centro da roda – lembrou o doutor Lintom.

– Este aqui é meu avô materno Geraldo Magela... – Clara foi até o representante que permanecia deitado no meio de todos. – Minha mãe sempre falou dele com muito carinho e com muito orgulho, mesmo eles tendo ficado afastados nos últimos anos de vida. Por isso, eu acho que ele tem que estar de pé e não deitado – ela o levantou com muito cuidado até que ficasse de pé. – Porque uma pessoa que a gente ama nunca morre de verdade para nós...

A ponto de a gente fazer outras pessoas que nem a conheceram a amarem também, como a minha mãe conseguiu fazer com o meu avô... – ela disse, de novo muito emocionada.

O verdadeiro Geraldo, a essas alturas, chorava muito também. Jamais imaginara que tal coisa pudesse ter acontecido, e muito menos ouvir algo tão bonito nas palavras da neta. Era como se o mundo inteiro tivesse mudado de cor diante disso.

– Agora então você vai fazer uma reverência para este representante do seu avô e dizer a ele, como se ele fosse o seu avô de verdade... – pediu a doutora Nayara

Clara fez sua reverência pessoal, passando então a repetir as palavras que eram ditas pela terapeuta:

– Vô, nós te agradecemos por tudo e queremos que saiba que nós temos muito orgulho de sermos seus netos...

Sem que ela percebesse, neste momento, o próprio Geraldo postou-se ao lado de seu representante, passando a ouvir diretamente as palavras que lhe eram dirigidas. Grossas lágrimas escorriam dos olhos dele enquanto ela falava:

– O senhor não precisa se preocupar em ficar aqui para resolver os nossos problemas – continuou Clara –, porque o senhor viu aqui que estes problemas são consequências das escolhas que cada um de nós fez e que devemos assumir as nossas responsabilidades. Além disso, o senhor não é mais deste mundo. Mas mesmo não sendo mais deste mundo, o senhor sempre vai fazer parte da nossa família... E a gente sabe que onde quer que se encontre, o senhor vai estar sempre vibrando para que tudo esteja bem com cada um de nós... Obrigada, vô, por todo este carinho que tem por nós! – ela disse, abraçando o senhor de maneira muito emocionada em seguida. – Agora o senhor pode ir, que nós vamos ficar bem!

Geraldo também os abraçou e os três (Clara, o representante de Geraldo e o próprio Geraldo) choraram juntos. Instantes depois, abraçado em Alarico, Geraldo deixou-se voluntariamente levar em paz. Quase que a repetir o que acontecia com os desencarnados, doutor Lintom pediu que o representante de Geraldo se posicionasse fora do círculo.

Só neste momento, a verdadeira Clara notou que a representante da mãe, embora de pé na roda, mantinha-se de olhos fechados.

– O que significa isso? Por que ela está assim? – a jovem perguntou, sentindo-se um tanto quanto assustada.

– Significa que este comando não está em nossas mãos – avaliou a doutora Nayara.

– Todavia, tem coisas importantes que você precisa dizer a ela, para que ela possa tomar sua decisão. Amar verdadeiramente uma pessoa é algo que está muito acima de um simples sentimento de posse. É dar liberdade a pessoa para que ela possa vivenciar o seu próprio ritmo de crescimento, deixar que seja ela mesma, independentemente das nossas expectativas... – observou o doutor Lintom.

Clara, a verdadeira Clara, ficou um tempo parada, olhando para a representante de Millah de olhos fechados do jeito como fora posicionada no grupo.

– Não sei se me sinto forte o suficiente para fazer isto... – ela admitiu.

Neste momento, a pedido do doutor Lintom, ela foi colocada no centro da roda, onde anteriormente estava Geraldo, e abraçada por todos os personagens.

– Sinta a força de toda a sua família, o amor que todos têm por você... Só depois, quando estiver se sentindo verdadeiramente alimentada por este amor, você vai sair da roda e se posicionar exatamente em frente à representante de sua mãe – comandou o terapeuta.

Instantes depois, quando finalmente deu seu passo à frente, a fisionomia de Clara revelava estar mais confortada, apaziguada em suas emoções mais intensas. Até mesmo suas linhas do rosto pareciam ter se suavizado. Então, orientada pelos terapeutas, ela dirigiu-se à Millah, sempre seguindo as palavras que lhe eram sugeridas, às quais ia acrescentando outras frases, de acordo com os seus próprios sentimentos. Foi um momento bastante difícil, Clara precisou parar para chorar muitas vezes, embotada pela emoção que o efeito daquelas palavras, tão difíceis de serem ditas lhe provocavam. Ainda assim, ela foi até o fim, coisa que talvez não conseguisse, se não tivesse recebido antes aquele demorado abraço familiar ancestral:

– Mãe... Quero te dizer que não importa o que tenha acontecido conosco ao longo de nossas muitas existências, de nossas muitas experiências... Talvez você tenha errado comigo, talvez eu tenha traído você, talvez nós duas tenhamos nos magoado muitas vezes em diferentes períodos, por que não? ... Certamente não foi à toa que nós passamos por tudo isso... Cada uma de nós tinha um aprendizado necessário a ser feito em cada um desses encontros, um aprendizado uma com a outra e também um aprendizado individual... Somos todos espíritos em contínuo processo de evolução e isso tem um significado muito profundo. Na verdade, acho que toda a nossa família tinha um compromisso de aprender determinadas coisas juntos nesta existência...

Lágrimas escorreram dos olhos fechados da representante de Millah quando Clara disse isso, muito emocionada, mas fazendo o possível para se manter firme:

– Como em todo processo de aprendizado, todos nós já erramos muitas vezes... Mas a vida é tão sábia que sempre nos coloca diante das pessoas que vão nos dar as condições de reparar os frutos da nossa ignorância, nos proporcionando a oportunidade de refazer o caminho de uma maneira diferente, mais adequada, mais construtiva... Ou não. Porque afinal de contas, somos todos aprendizes e, portanto, passíveis de cometer ainda muitos 'erros de percurso'...

Novamente lágrimas escorreram dos olhos fechados de Millah e Clara se emocionou. Neste momento, voltando-se para a representante de Millah, doutor Lintom pediu que repetisse algumas frases para Clara:

– Minha filha... Eu estou assumindo minhas escolhas anteriores e suas consequências... Eu te reconheço como minha filha querida e amada. Se de algumas destas experiências anteriores eu acabei deixando com você, colocando sobre seus ombros algumas de minhas expectativas, quero que me desculpe. E também retomo, para mim, o que é meu, deixando com você o que é seu, o seu destino, suas escolhas. Me perdoe, também, por qualquer destas coisas...

Neste instante, a representante de Millah abriu os olhos, passando a olhar diretamente para Clara que, contudo, de tão emocionada, mantinha os olhos fixos nas mãos da representante da mãe enquanto falava, sem atentar para este detalhe. Nayara e Lintom se entreolharam ainda sem ter exatamente certeza do que aquilo significava. Foi quando Clara começou a falar por conta própria, sem esperar pela condução dos terapeutas:

– Talvez já estejamos preparados para não levar mais tantos tombos... Já tenhamos crescido o suficiente para responder pelos nossos próprios atos... Por isso, mãe... Se você tiver que ir... Se você tiver mesmo que ir... – Clara se deteve por um tempo, fechou os olhos e respirou fundo antes de prosseguir, – nós aceitamos que esta decisão não depende de nós e escolhemos ficar, sempre amando você, incondicionalmente, do mesmo jeito como você nos ensinou a amar o nosso avô... Nós vamos sofrer muito, mas vamos sobreviver. Porque você nos preparou para isso...

Neste momento, Clara, intensamente tomada pela emoção, sentiu-se fraquejar. Nayara, contudo, não deixou que perdesse o gancho daquilo que de mais importante que tinha a dizer, e novamente foi dizendo as palavras, para que ela as repetisse:

– Estou preparada para aceitar e respeitar o destino que você escolher... Como também quero me apropriar do meu próprio destino, da minha própria felicidade, em todos os sentidos...

A este ponto, o pranto foi mais forte e Clara não pôde mais continuar. Apenas se deixou tomar pelo abraço carinhoso daquela que naquele momento, de olhos abertos, representava sua mãe.

Em seguida, todos os que participaram se juntaram em um abraço coletivo, numa sensação de união muito forte. Clara chamou o irmão Frederico para dentro do abraço.

Ao fim do trabalho, tanto Frederico quanto Clara haviam chorado muito, mas ambos sentiam-se mais leves e, de certa forma, mais fortes, como se houvessem deixado ali uma boa parte do peso de suas almas.

Estavam deixando a clínica de mãos dadas quando foram surpreendidos por Oberon, que os esperava diante do portão:

– Graças a Deus! – ele exclamou ao vê-los. – Cheguei a pensar que a Paula tivesse me dado o endereço errado! Pensei que não fossem sair nunca daí!

– A Paula disse que estávamos aqui? Aconteceu alguma coisa? – estranhou Clara, com a voz ainda embargada pelo muito tempo de choro.

– Seu pai está tão nervoso que achei melhor vir buscá-los. Chegou o momento de fazer aquela reunião que tinha ficado combinada – explicou Oberon.

– Sobre aquele papel do cofre? – Frederico lembrou-se de imediato, pegando no bolso o aparelho de telefone celular que desligara ao chegar.

– Exatamente. Não podemos esperar nem mais um dia para decidir sobre isso – disse Oberon, já abrindo a porta do táxi para que os meninos entrassem.[57]

---

[57] A dinâmica apresentada pela autora traz a oportunidade de se abordar um tema muitas vezes comentado na própria casa espírita. No entanto, conforme esclarece o terapeuta, psicólogo e escritor Milton Menezes, constelação familiar é uma abordagem psicoterapêutica, dentro de uma visão fenomenológica e sistêmica, que não tem uma ligação direta com a psicologia e menos ainda com o espiritismo. "O método é apenas uma forma de eliciar os conteúdos e padrões que atuam inconscientemente no sistema do cliente, como forma dele tomar consciência de como interferem em seu problema e, a partir daí, entender o que precisa ser modificado em seu comportamento para a resolução." O profissional, que realiza a abordagem utilizando um método próprio, alerta inclusive para a necessidade de muita cautela diante de tais práticas, observando que, como em qualquer outra, quando mal orientada podem vir a causar sérios transtornos. Ele também comenta sobre o quanto o conhecimento dos ensinamentos da doutrina espírita, como a imortalidade da alma, as múltiplas encarnações, a interferências dos espíritos em nossas vidas, contribui e muito para o entendimento e a ajuda nas interpretações de qualquer abordagem. (N.E.)

2

– ESPERA AÍ, pai... Deixa eu ver se eu entendi direito... – de tão atô-nito, Frederico mal conseguia acreditar no que acabara de ouvir. Estavam dispostos um contra o outro nas extremidades da longa mesa de jantar de família; Melquisedec quase mergulha-do na imensa pilha de papéis que retirara do cofre de manhã cedo. De um lado e de outro, como uma espécie de equilíbrio entre os polos, estavam Oberon e Clara, ambos de olhar distante e pensativo.

– Procure manter a calma Frederico, a essas alturas do campe-onato, de nada vai adiantar você... – tentou aconselhar Oberon.

Frederico, no entanto, sequer o deixou terminar a frase. Estava muito exaltado:

– Como assim, procure manter a calma Frederico? Ele obrigou minha mãe a assinar sua própria sentença de morte! Ou será que eu entendi errado? Meu Deus... E pensar que tive este documen-to em minhas mãos...

– E de que ia adiantar o documento em suas mãos, Frederico? Está tudo registrado em cartório! – argumentou Clara.

– Pelo que estive pesquisando – atalhou Oberon, – o cumpri-mento do testamento vital não é obrigatório por lei. Só se cumpre por consideração, por obrigação moral.

Mas se a família não quiser, não precisa cumprir.

– Não é bem assim, gente. Infelizmente, não é bem assim! – Melquisedec foi enfático. – O documento foi assinado na pre-sença de testemunhas, eu recebi um cargo por ter assinado este papel juntamente com minha esposa. Foi um erro, eu sei, mas...

– Um erro? – Frederico quase subiu na mesa para encará-lo com ódio. – Você vendeu a vida da minha mãe em troca de uma promoção no hospital e diz que foi apenas um erro?

A muito custo, Oberon e Clara conseguiram contê-lo e fazer com que voltasse a seu lugar. Melquisedec, porém, também esta-va bastante exaltado.

– Você se acha o dono da verdade, não é mesmo Frederico? Esqueci que você nunca erra!

– Não a esse ponto! – Frederico vociferou do outro lado. – Nunca colocaria em risco a vida de uma pessoa que eu amo! Isso não é amor.

Novamente Clara e Oberon o contiveram.

– Se eu não a amasse não estaria aqui agora, imerso em todos estes papéis, à procura de uma solução digna para resolver esse problema – Melquisedec começou a recolher nervosamente os papéis da mesa.

– E o que você entende sobre dignidade? Me diga! Qual a diferença entre a eutanásia e um testamento vital? – mais uma vez Frederico zangou-se.

Ficava vermelho como um pimentão sempre que o sangue lhe subia à cabeça. De todos os irmãos, era o que mais se parecia fisicamente com a mãe, tanto pela cor da pele e dos cabelos, quanto pelo gênio exaltado.

– Como sempre, você está falando sobre o que não sabe! – exclamou Melquisedec. – Diante das conjunturas que não permitem uma visão global dos acontecimentos, qualquer técnica de julgamento é arbitrária!

– Como assim falando sobre o que eu não sei? É a minha mãe! – gritou Frederico.

– E em algum momento passou pela sua cabeça que eu desejei matar sua mãe? – Melquisedec, com a mão cheia de papéis, caminhou em direção ao filho.

– Gente, vamos ter calma. Não foi para isso que nós marcamos esta reunião! – pediu Oberon.

– Ah, não? E jamais lhe passou pela cabeça que ela pudesse vir a se enquadrar nas condições deste maldito papel que você fez com que ela assinasse? – Frederico, sempre contido pela irmã e por Oberon, curvou o corpo inteiro em direção ao pai.

– Frederico, entenda, de uma vez por todas! Eu não sou a favor da eutanásia! Não sou um homicida! Mas não considero homicídio dar uma morte respeitável àqueles que tantas vezes vi literalmente se decomporem diante de minhas vistas, no hospital, misturados aos dejetos, sob escaras lancinantes e dores selvagens que lhes exigiam uma demorada sedação! Foi pensando em casos como esses que eu aderi ao testamento vital! – Melquisedec, fazendo o possível para acalmar-se, tentou explicar.

Fez-se um minuto de silêncio entre todos.

– A arteriosclerose senil, as paralisias, as paresias[58] que assolam... Você não tem ideia dos dramas que acompanho diariamente no hospital. Será que estas pessoas não merecem ter abreviadas as vidas que se deterioram, quando os olhos súplices rogam piedade e misericórdia? – ele continuou sua argumentação em tom dramático.

– Espere um pouco, pai – desta vez foi Clara quem interferiu. – Daqui a pouco você vai querer nos convencer de que assinar um testamento como esse é a melhor coisa do mundo. Sinceramente, até compreendo o seu ponto de vista, mas não concordo com isto!

– Recentemente li uma entrevista de um médico que contava uma experiência pessoal muito interessante nesse sentido – lembrou Oberon. – Se não me engano, foi na época em que se levantou grande polêmica com o caso daquela americana, Terry Schiavo, cujo caso foi diversas vezes levado aos tribunais até que o marido obtivesse o direito de literalmente matá-la de fome e de dor, em nome de um desejo que ela havia expressado verbalmente enquanto saudável.

– Isso é um absurdo – Frederico logo começou a exaltar-se novamente.

– Calma! Deixa pelo menos o Oberon terminar de falar! – pediu Clara. – Escute também, papai! – ela pediu, percebendo que Melquisedec começava a arrumar os papéis rapidamente, como que se preparando para sair da sala.

– Na entrevista, o médico contava que tinha uma paciente de oitenta anos, com câncer de pulmão, que entrou num quadro de insuficiência respiratória aguda. Lembro que na revista ele expli-

---

[58] Paralisia incompleta de nervo ou músculo que não perdeu inteiramente a sensibilidade e o movimento.

cava que isto aconteceu em um hospital-escola e que os alunos ficaram ansiosíssimos, porque a morte por essa causa é muito angustiante para quem vê, gerando, é claro, muito sofrimento para a vítima também. Talvez um dos piores sofrimentos possíveis...

– Em um caso como esse, a recomendação é que se aplique o medicamento sedativo – Melquisedec foi direto ao ponto, sem tirar os olhos do que estava fazendo.

– Exatamente. Só que a revista explicava também que a sedação, num caso destes, é igual à morte, porque ela tira a consciência da pessoa e, ao fazer isso, lhe tira também a capacidade de lutar pelo ar... – observou Oberon.

– Pelo que entendi era uma paciente idosa e, pior, com câncer – sublinhou Melquisedec, como a indiretamente justificar o procedimento.

– E o médico aplicou ou não aplicou a sedação? – quis saber Clara.

– Não aplicou. Arrumou uma confusão tremenda com os colegas, acabou fazendo outra medicação – narrou Oberon.

– E a senhora? O que aconteceu com ela? – quis saber Frederico.

– Na entrevista, ele contava que a senhora ficou um bom tempo desconfortável mas, depois de uma hora e meia de sofrimento, mais ou menos, estabilizou.

– E...? – insistiu Clara.

– O médico dizia que voltou para casa com uma grande dúvida, sem saber se tinha ou não feito a coisa certa. A senhora veio a falecer no dia seguinte. Mas, uma semana depois, quando voltou ao mesmo plantão, ele ficou sabendo que, nesse meio tempo em que ela havia permanecido viva, a família havia conseguido localizar o filho dessa mulher. Os dois haviam se desentendido quando ele tinha 18 anos, quando ele saiu de casa e os dois nunca mais se falaram. Esse filho morava, na ocasião da doença, no Nordeste. Enquanto a senhora agonizava e o médico optou por não sedá-la, o filho estava no ônibus, a caminho da cidade. Ele chegou no dia seguinte e os dois conversaram longamente. Quando ele foi embora, ela faleceu. A questão que a revista apresentava era: será que não valeu prolongar a vida daquela mulher pelo tempo suficiente para que ela conversasse com o filho?[59]

Melquisedec não disse nada. Apenas se levantou da mesa e subiu as escadas em silêncio. Frederico chegou a levantar-se, pronto a gritar por ele e iniciar nova discussão, mas Oberon o deteve a tempo:

– Não agrida mais seu pai. Ele já sabe de tudo isso. A ideia dessa reunião era de que vocês entrassem num acordo sobre o que fazer e não que brigassem desse jeito...

– Eu ainda não entendi uma coisa – disse Clara. – E se a família não quiser que se cumpra o testamento. Existe alguém que possa exigir isso?

– Acho que essa é a grande preocupação de seu pai – imaginou Oberon. – Em geral, o advogado da família é que faz valer o testamento. Mas, como tudo foi feito de maneira interligada com setor jurídico do hospital, Melquisedec teme que em algum momento esta cobrança possa vir de alguma parte...

– E qual a nossa alternativa? O que nós podemos fazer para nos defender? – Frederico perguntou ansioso.

– O nosso grande trunfo é que a resolução do Conselho Federal de Medicina é recente e ainda não foi regulamentada pelo Código Civil, ou seja, não tem força de lei, o que nos dá uma margem maior de vantagem caso precisemos de respaldo jurídico para garantir a sobrevivência de Millah. Por outro lado, como médico, o seu pai está numa situação bastante delicada, já que as resoluções do conselho, mesmo não tendo força de lei, são consideradas como mandatárias. Desobedecê-las pode ser interpretado como quebra do Código de Ética Médica, podendo acarretar sérios contratempos, e até cassação da permissão para exercer a medicina – detalhou Oberon. – Vocês agora compreendem por que seu pai está tão nervoso?

– E quanto tempo ainda nos resta? – quis saber Clara.

---

[59] In: "Medicina e humanidade": entrevista com o dr. Décio Iandoli Jr., autor do livro *Ser médico, ser humano*. Publicada em *AT Revista*, do jornal *A Tribuna*. Santos, SP, 9 mai. 2012.

— Pelas minhas contas, apenas dois dias — Oberon respondeu.
— Droga, droga, mil vezes droga... — Frederico subiu correndo as escadas e foi se trancar em seu quarto.

Clara e Oberon continuaram sentados à mesa, com um olhar triste e pensativo. Clara não tirava da cabeça a imagem de sua representante levantando a mãe na constelação e ajudando-a a encaixar-se de novo na roda familiar. Alguma coisa parecia dizer-lhe, lá no íntimo, que ainda existia algo que poderia ser feito de forma a reverter aquela situação.

— Você é meu único amor, meu mais antigo amor... — Melquisedec sacudia-se em agitado e dolorido pesadelo.

Olhando de fora, a impressão que se tinha era de que discutia com alguém. A cena do sonho, porém, era de puro encantamento. Sentado numa sala diferente da de sua casa atual, via-se diante de uma mulher de costas, de longos cabelos soltos por sob um vestido preto com detalhes de renda, tocando piano para ele.

Não podia ainda ver sua fisionomia no sonho, mas apenas pelo forte pulsar de seu coração ao ouvi-la tocar, ele sabia tratar-se de Millah. Ninguém, além dela, poderia fazer seu coração pulsar daquele jeito, nem com tal fôlego; ninguém mais conseguia tirar das notas tal musicalidade capaz de conduzi-lo aos mais distantes caminhos para onde quisesse arrastar-lhe a emoção, minando até mesmo as forças da razão que sempre costumavam impedir que isto acontecesse. Somente ela era capaz de fazer dele um mero feixe de emoções ao bel-prazer de suas notas musicais...

Aos poucos, o sonho foi se transformando, como que moldado pelos dedos dela nas teclas do piano, como se em sua música ela contasse uma história. Melquisedec se deixou levar. Parecia um concerto de Mozart, que ele gostava muito de ouvir a esposa tocar ao piano, o *Concerto n. 27 em si bemol maior*.

Quando deu por si, havia sido conduzido para outro ambiente. Millah continuava tocando. A música, porém, era diferente, assim como o instrumento. De sonoridade não tão rica, parecia possuir uma quantidade de notas menos variada que a de um piano comum. Não era, de fato, um piano comum. Tinha um formato oblongo, um teclado menor, situado bem ao centro, um tampo ao fundo mostrando maravilhosa paisagem que parecia ter sido especialmente pintada. Observando bem, todo o instrumento era finamente decorado, e suas notas mais agudas, embora não tão possantes como as de um piano, pareciam cintilar como diamantes, enquanto as do baixo surpreendiam pelos sons arredondados e cheios.

Melquisedec deixou-se envolver por algum tempo pela agradável melodia que provinha do instrumento. Via-se então nos confortáveis aposentos de majestoso castelo, em companhia de formosa dama. Ela também era diferente. Não mais o vestido preto, o penteado também havia mudado. Ainda assim continuava atraente.

– Ouvir-te tocar me leva ao deleite – ele observou, como que inebriado por seu exótico perfume.

– Dizes isto só para me agradar... Se achasses mesmo que toco tão bem, não me proibirias de tocar nas festas da corte – ela fechou o piano com a delicadeza de seus dedos finos. – Ninguém acredita que sei tocar de verdade!

– Isso não, Margelone! – ele a abraçou pelas costas, aspirando seu perfume. – És só minha! Minha e de mais ninguém!... Não gosto de vê-la exibindo-se aos outros homens da corte com sua música! Comprei a ti e a tua música! – disse, numa risada um tanto quanto grosseira.

– Pare com isso! – ela desvencilhou-se. – Bem sabes que não gosto quando falas assim, Vajk! Não sou uma mercadoria, quantas vezes vou precisar te dizer isto? – retrucou, sentando-se diante da penteadeira e tomando a escova para pentear os cabelos.

Parecia aborrecida. Além de tudo, ele estava prestes a partir mais uma vez em viagem. Era um comerciante de artes, sempre ocupado em suprir os gostos excêntricos da nobreza e da ascendente burguesia da qual ele mesmo fazia parte, com destaque e notoriedade cada vez maiores. Mas nada disso parecia ser suficiente a sua tão adorada esposa Margelone.

– Uma mercadoria que você deixa de lado cada vez que parte em uma de suas viagens... – ela continuou penteando-se zangada, diante do espelho.

Ele não gostava de vê-la aborrecida. Mas era um homem rude por natureza; mesmo quando queria, não conseguia ser gentil:

– Não vês que tudo que temos devemos a minhas viagens? – argumentou.

– Me sinto sozinha neste castelo enorme! – ela reclamou.

– Mas não tens a tua família e a nossa filha, Margelone? – ele insistiu.

– Não é a mesma coisa... Nem gosto de tocar para eles... Não me valorizam... Só tu me valorizas... Se ao menos pudesse tocar para outras pessoas que entendessem a minha música... – ela lamentou.

– Mas não te trouxe o virginal com que tanto sonhavas? Não mandei construir uma sala de música especialmente para ti? – ele a apertou em seus braços.

– De que me adianta tudo isso, Vajk, se não posso tocar em público? Se não tenho sequer um professor para me ensinar a tocar direito? – ela soluçou chorosa. – Eu queria ao menos poder me aperfeiçoar naquilo que gosto!

– Mas não tens aqui o teu primo, que cuida de tudo o que se refere à música em nosso castelo? Ele poderia...

Margelone, contudo, não o deixou terminar.

– Não gosto dele. Não gosto da música dele, acho-o interesseiro e vulgar. Só está aqui por capricho da minha mãe, que é madrinha dele e quis fazer-lhe as vontades. Mas nem se compara aos mestres de capela das cortes de verdade! – ela suspirou com desdém. – Afinal de contas, és ou não és o duque de Vajk? Todo castelo que se preze tem que ter um mestre de capela!

– Pois então vou providenciar-te o professor que mereces. Sim, estamos mesmo precisados de um mestre de capela – ele arrumou o traje diante do espelho. – Afinal de contas, eu sou um duque

– ele repetiu as palavras dela. – Hei de me fazer respeitar! E não há de ser qualquer um. Quero o melhor de todos, pago quanto custar! – prometeu.

Ela sorriu ao vê-lo sair do quarto. Nem parecia mais tão contrariada quando ele a deixou.

– Ainda hás de te arrepender por fazer-lhe todas as vontades... Ela é muito jovem, não tem um pingo de maturidade! – alertou-lhe numa sala reservada aquele que parecia ser uma espécie de astrólogo do palácio, com quem tinha o costume de se aconselhar antes de partir para suas viagens.

O duque, contudo, parecia tão atarantado com seus planos para a viagem que desta vez mal lhe deu ouvidos. Logo partia rumo à Inglaterra, em busca de novos instrumentos musicais, tapetes exóticos e toda espécie de objetos de luxo capazes de encher os olhos das mais altas classes. Era este seu ofício, seduzir com mercadorias, sua especialidade.

Mas era também um homem sensível à boa música, apreciador dos cultos e letrados, de tudo o que parecia fazer parte deste mundo que não herdara naturalmente desde o berço. E talvez fosse esse amor pela música, esse dom magnífico que ele absolutamente não tinha o que mais apreciasse na esposa.

Sempre ouvindo a música que saía dos dedos da esposa e que parecia ecoar dentro dele mesmo, Melquisedec viu também quando o mercador regressou de sua viagem com muitas preciosidades e, é claro, um exímio mestre de capela trazido da Itália. Trouxe também um pequeno ciganinho, de olhos muito negros e vivos, a quem sua armada decidira poupar, a pedido do músico, após árdua luta com ciganos saqueadores no meio do caminho de volta.

Espécie de afinidade natural e gratuita logo se estabeleceu entre a jovem esposa e o garoto; e também entre o novo mestre de capela e todos os integrantes da corte do duque – à exceção, é claro, do antigo e fracassado músico, antes responsável por todas as tarefas nessa área, o famigerado primo de Margelone.

Em toda a província por onde se estendiam as terras do duque, as pessoas se encantavam por sua maneira singular e criativa de compor e tocar suas melodias. Mais do que isso, a alegria de suas composições logo impregnou toda a atmosfera daquela região, antes tão solene, carregada e sombria; o próprio duque tornou-se mais solar e vital depois de sua chegada.

E assim, enquanto ia e vinha em suas longas viagens comerciais, modificava-se a vida no castelo e arredores. Não contente em espalhar música por toda parte, o mestre de capela ensinou Margelone e sua jovem filha Murvarid a ler e a escrever – coisa não muito usual entre as mulheres da época; ensinou também o jovem rapazinho acolhido no castelo a tocar instrumentos típicos de seu povo, tais como o violão de quatro cordas e um estranho instrumento de sopro a que chamavam taragató; nas noites de lua cheia organizava saraus ao ar livre nos jardins do castelo.

Nada disso passava despercebido aos olhos invejosos do primo da esposa do duque, a cada dia mais calado e taciturno. Foi justamente ele o único a perceber que em todas as noites que não eram de lua cheia, quando o duque estava viajando, sua esposa escapulia do castelo depois que todos se recolhiam, travestida de homem e disfarçada com uma capa preta.

Melquisedec via tudo isso agora em seu sonho como se estivesse diante de um filme, sempre embalado pela composição tocada ao piano por Millah. Ainda assim, seu corpo físico atual chorava na cama como se tudo estivesse acontecendo no momento presente.

Numa dessas noites, o primo embrenhou-se por entre os becos da floresta escura que separava o castelo da cidade e viu quando a estranha figura de capa preta entrou numa taverna iluminada apenas por toscas velas. Da mesa escura onde acomodou-se, o primo malicioso pôde testemunhar o encontro entre o misterioso homem de capa que saíra do castelo e o mestre de capela da corte do duque; viu também quando, depois de tomarem uma garrafa inteira de vinho, os dois sentaram-se juntos a um virginal flamengo, de dois teclados, conhecido na época como "mãe e filho", sendo aplaudidos por todos na taverna; a estranha cumplicidade dos dois ao instrumento e fora dele.

A mesma cena se repetiu por várias vezes, até que, como num golpe de mágica, certa noite uma vela se acendeu quando os 'dois homens' se beijavam desesperadamente sob as escadas de acesso aos quartos do castelo. Um grito agudo se fez ouvir por toda parte. A esposa do duque subiu correndo as escadas e por muitas horas ouviu-se mãe e filha discutindo em altos brados dentro de um dos aposentos.

Logo ao amanhecer, todos no castelo já sabiam da notícia: Murvarid, a jovem filha do duque, iria se casar em breve com o mestre de capela, depois de ter sido constrangidamente flagrada pela mãe em companhia do músico. Ambas, contudo, pareciam imensamente tristes com a resolução. Seria mesmo ela?, uma certa dúvida ainda pairava no ar. A duquesa foi até os aposentos do mestre de capela, a título de 'pedir-lhe satisfações' e comunicar-lhe sua decisão, tempos depois, este se retirou irritado e partiu sozinho, em disparada, numa carruagem, sob o olhar triste da jovem Murvarid à janela. Efetivamente, a filha da duquesa há muito era apaixonada pelo músico.

Novamente a cena mudou e Melquisedec viu-se como o duque, desta vez diante de uma carta, a qual releu muitas vezes com a fisionomia transtornada.

– Trouxe-te uma surpresa. Fui buscar em Mântua o *Lamento d'Arianna*[60] que tanto querias ouvir – ele disse, com uma fisionomia contrita, ao ver-se diante da esposa.

Não tinha efetivamente a expressão de quem traz uma surpresa. Margelone, contudo, parecia tão distante que nem percebeu nada. Sequer valorizou direito o presente:

– E como pode? – perguntou desligada, imaginando tratar-se de alguma brincadeira do esposo, já preocupada em como lhe daria a notícia do casamento da filha.

---

[60] Como Medéia, Arianna ou Ariadne, é uma das grandes heroínas trágicas da mitologia grega. Pelo amor de um homem, elas traíram o que lhes era mais precioso, acabando por ser abandonadas. O *Lamento d'Arianna* foi uma das mais famosas óperas de Claudio Monteverdi. É uma peça triste, melancólica, profunda; um lamento gritante, desesperado.

– Estive em Mântua e trouxe de lá o mais famoso mestre de capela de toda Veneza! – ele exclamou desafiador. – Vai ser um acontecimento! Depressa, é preciso que te prepares à altura, virão muitos convidados!

Ela nada disse. Parecia mesmo pesarosa. Retirou-se a seus aposentos e foi arrumar-se para o espetáculo, talvez fosse mesmo melhor dar a notícia ao marido depois que todos os convidados fossem embora.

O mestre de capela, a essas alturas, já estava longe. Deixara o castelo de manhã bem cedo, tão logo fora informado da chegada do duque. Preocupado, porém, com o que poderia vir a acontecer à duquesa, deixara-lhe uma carta, combinando um plano de fuga. Antes de partir, lacrara cuidadosamente a correspondência, tendo o cuidado de pedir ao ciganinho que a fizesse chegar às mãos de sua amada.

Quase surpreendido pelo duque quando entrava nos aposentos da duquesa, o ciganinho, porém, acabou dando a carta nas mãos da criada, que por sua vez entendeu tudo errado e a entregou à filha da duquesa.

Murvarid, é claro, abriu a carta. A jovem chorou muito ao ler sobre o plano; sentiu-se traída em suas mais sublimes concessões. Era, na verdade, tão apaixonada pelo mestre de capela quanto à mãe e tal sentimento despertou nela o desejo de vingança. Sabia, contudo, que vingar-se do amado seria o mesmo que entregar a mãe, e ela amava a mãe, apesar de tudo! Dividida em seus sentimentos, a jovem então optou por 'deixar cair' a carta bem diante da porta do quarto do primo traiçoeiro.

– Não chore mais, minha prima... Entregue-me seu segredo e verás o quanto posso ajudá-la... – disse ele, momentos depois, entrando no quarto de Margelone, com ar de grande amigo.

Dizia-se inconformado com todo o seu sofrimento e autor de um plano capaz de ajudá-la, bastando, para tanto, que confiasse nele como nunca antes houvera confiado. Desesperada, Margelone acreditou nele e abriu-lhe seu coração.

Assim, quando faltavam exatamente cinco minutos para o início do espetáculo, a duquesa entrava na sacristia, conforme fora pedido inicialmente na carta escrita pelo antigo mestre de capela. Contudo, ele não pôde entrar como previsto, já que o primo houvera trocado as chaves que ligavam a pequena sacristia ao exterior da capela.

Em lugar disso, ao som dos instrumentos sendo afinados para o início do espetáculo, quem surgiu por detrás da cortina que protegia o altar foi o duque Vajk em pessoa.

A duquesa estremeceu ao vê-lo. Imediatamente compreendeu que tudo não passara de um plano do primo invejoso. Mas era tarde demais.

– Então era tudo verdade... É assim que reconheces todo o amor com que me dediquei a você? – o marido perguntou, saindo do altar.

– Não é isso, não é nada do que você está pensando, eu...

– E ainda por cima me tomas como um estúpido? Um pateta? Eu já sei de tudo!

– Mas...

– Diga que é mentira! Diga! Eu quero ouvir dos teus lábios, se tiver coragem! Diga! – o duque exaltou-se.

– Não se humilhe tanto, meu duque! Eu lhe garanto que é a mais pura verdade! De que provas mais necessitas para certificar-se? – disse o primo, saindo de baixo das cortinas do altar de um outro santo, onde estivera o tempo todo escondido.

A duquesa o olhou indignada:

– Seu grande patife!

– Ora, cale essa boca, sua vadia!

Foi o suficiente para que o duque perdesse a cabeça e lhe mirasse um tiro certeiro, no centro do coração, que o fez cair estatelado de uma só vez. Nesse momento, ouvia-se a primeira nota do *Lamento d'Arianna*, iniciando o concerto. Era um lá agudo, que abafou o grito seco da duquesa.

Imediatamente, o duque caiu em si e entrou em desespero:

– Meu Deus! Matei um homem! – ele olhou para as próprias mãos, atirando a arma no chão.

Margelone se encolheu assustada.

– Do que fui capaz por amor a ti...

Ele andava de um lado para o outro, olhando para o cadáver ensanguentado caído ao chão, enquanto a duquesa, agachada num canto da sacristia, encarava-o horrorizada:

– Tu és um monstro... – ela deixou escapar, num soluço, por entre os dentes.

– Não, eu não sou um monstro! Eu o matei para defender-te! – ele a sacudiu.

Estava transtornado. Ela continuava olhando-o como um animal assustado. Mas ainda assim o enfrentava com o olhar, jamais se dando por vencida. Ele por fim levantou-se, tirou do bolso uma chave.

– Basta! – disse, recompondo-se.

– Não! Tu não vais me deixar trancada aqui! – ela compreendeu tudo de imediato e correu na direção dele.

– Sim, eu vou – ele disse, com frieza. – Isso é para que aprendas a dar valor a quem merece – ele disse, girando a chave na porta.

Por longo tempo Margelone esmurrou à porta, sem conseguir ser ouvida. Do lado de fora da sacristia, ecoavam na capela os cânticos do magnífico *Lamento*, que dizia:

"*Lasciatemi morire,*
Lasciatemi morire;
E chi volete voi che mi conforte
In cosi dura sorte,
In cosi gran martire?
Lasciatemi morire!"[61]

Margelone deixou-se tombar no chão e chorou, ao lado daquele horrível cadáver, ansiando que também logo chegasse sua hora de partir, imaginando que o marido a deixaria presa ali até a morte, como forma de vingar-se por sua traição. Doía-lhe sobre-

---

[61] Deixe-me morrer/ E quem você acha que pode me confortar/ Nesse destino tão cruel/ Num sofrimento tão grande?/ Deixa-me morrer!

tudo a tristeza de pensar que seu amado sequer aparecera para enfrentá-lo.

Parecia mesmo que aquela ópera havia sido escolhida para descrever a dor de Margelone.

Sim, agora não havia mais o som das notas ao piano no sonho vivo de Melquisedec. Havia apenas a dor de Margelone ao som do *Lamento d'rianna*. E era tão grande o pesar daquela mulher que possivelmente tivesse mesmo se deixado morrer naquela sacristia, não fosse o ciganinho, que apareceu de repente, na madrugada e arrombou a janela para resgatá-la dali. O mestre de capela, contudo, não estava com ele. Ainda assim, Margelone se deixou levar.

Mal podia imaginar que na manhã seguinte o marido também voltaria, disposto mesmo a perdoá-la, agora que estava morto o único que aparentemente sabia de seu segredo.

Por muitos e muitos anos, o duque odiaria o jovem cigano por ter atrapalhado seus mais generosos planos de reconciliação e perdão com aquela que seria para sempre seu único e mais antigo amor.

O relógio tocou. Melquisedec abriu os olhos e, num primeiro momento, estranhou o quarto onde dormia. O sonho como que se decantou como as peças de um calidoscópio subitamente tirado de foco. Tinha a sensação de ter estado muito longe dali, em terras bem distantes, possivelmente na Europa. Mas não se lembrava de nada em detalhes. Trazia uma tristeza muito grande no peito e a sensação de ter feito algo de que muito se arrependia. Quase como se tivesse matado alguém.

Será que tinha sonhado com algo do gênero? – não conseguia recordar. Enquanto escovava os dentes, voltaram-lhe à mente os detalhes da operação que Johan tivera de fazer no coração, da qual ele participara como médico assistente. Sem sombra de dúvidas, de todas as operações que realizara em sua vida, esta fora a mais difícil. Não só pela gravidade do caso, nem pelo fato de Johan ser seu filho. Mas alguma coisa ali mexera com ele além do normal. O tempo todo, a sensação de que estava tirando uma bala do coração de uma pessoa... Mas

por que fora se lembrar de tudo isso agora?
 Estava terminando de se arrumar para ir para o hospital quando ouviu batidas na porta. Era Oberon.
 – Você me desculpe, eu não queria incomodar... Mas é que eu mal consegui dormir esta noite, de tanto pensar e... Será que você não acharia melhor se nós fôssemos buscar o Johan? Eu sinto que ele não está bem lá onde ele está e...
 Melquisedec fechou os dois olhos e pousou suas mãos sobre os ombros de Oberon antes que ele terminasse de falar:
 – Você tem toda razão. Vamos imediatamente buscar Johan. O lugar dele é aqui, do nosso lado.

– AFINAL DE contas, o que é um passe? – sentado ao lado de Lavínia numa salinha do centro – Frederico perguntou.
 – O passe, segundo a visão espírita, é um procedimento fluídico-magnético, que tem como principal objetivo auxiliar a restauração do equilíbrio físico e espiritual do ser. Em outras palavras, é transfusão de energia através do médium para outra pessoa – explicou o trabalhador da casa, que naquele momento atuava como orientador daquele grupo de estudos.
 Chamava-se Marcos e, além de engenheiro, grande entendedor de física e genética, era um antigo e persistente estudioso da doutrina, fazendo sempre questão de passar adiante ao maior número de pessoas possível tudo o que aprendia.
 – Não consigo entender direito essa coisa de magnetismo – admitiu um outro rapaz, que estava sentado próximo a eles.
 Embora o curso houvesse sido exaustivamente divulgado ao longo de mais de duas semanas, havia pouco mais de quinze pessoas na sala. Todos, porém, pareciam bastante interessados nas explicações do professor, trabalhador da casa que não

media esforços para dividir com eles os seus conhecimentos.[62]

– O nosso espírito, de alguma forma, exterioriza um padrão magnético característico que o envolve, de modo semelhante ao que se observa com um ímã qualquer. Esse padrão magnético gerado pelo espírito age sobre a matéria do ambiente em que se encontra, aglutinando-a, em torno de si, de modo semelhante ao que acontece com limalhas de ferro em torno de um ímã – esclareceu o professor.

Frederico olhava para ele e pensava em tudo o que ouvia.

– Que dizer então que o tempo todo a gente emite alguma coisa e atrai alguma outra coisa, de acordo com aquilo que nós emitimos? – ele raciocinou.

– Exatamente. No caso do espírito, o padrão é extremamente mais complexo e varia bastante de pessoa para pessoa, em função, principalmente, do seu estágio evolutivo, podendo ainda sofrer modificações temporárias por ação da sua própria mente, ou seja, em função dos pensamentos e também das emoções, que vão provocar uma variação na frequência vibratória do padrão magnético do espírito – detalhou o professor Marcos. – Para você ter uma ideia, cada uma das células de nosso corpo – possuindo o indivíduo adulto cerca de 75 trilhões delas – irradia, ininterruptamente, o padrão veiculado pela mente, de forma a atrair energias semelhantes – ele empolgou-se.

– Mas como funciona isto na prática na hora do passe? – quis saber uma senhora.

– Tudo isso vai influir na absorção de fluidos por parte daquele que se coloca na condição de receptor. Note bem: no momento do passe, os fluidos benéficos são colocados à disposição do paciente. Todavia, sua absorção poderá ou não se verificar, de acordo com a receptividade do beneficiário – destacou Marcos.

---

[62] A autora utiliza nestas explicações conceitos do autor Luiz Carlos de M. Gurgel, notadamente na obra *O passe espírita*, publicado pela FEB Editora. Os assuntos são também abordados por outros autores, como o espírito André Luiz (por meio da psicografia dos médiuns Francisco Cândido Xavier e Waldo Vieira), e foram atualizados por diversas pesquisas espíritas das últimas décadas. (N.E.)

– Como assim? – Lavínia não entendeu.

– A absorção de fluidos depende de muitos fatores, alguns totalmente fora do controle do passista, sendo que o mais significativo deles é, sem sombra de dúvida, o estado de receptividade do paciente. Quando este se coloca em um estado mental de oposição ao trabalho, principalmente ao abrigar sentimentos de rancor, antipatia ou descrédito, um intenso bloqueio se estabelecerá de forma a repelir os fluidos doados.

– E então a pessoa ali sentada não vai receber nada? – questionou um dos alunos.

– Acreditamos que ninguém que entre numa sala de passes com o mínimo desejo de receber alguma ajuda, ou mesmo sem este desejo, venha a deixar o centro de mãos vazias. Porque a misericórdia divina é infinitamente grande e, mal ou bem, o espírito sempre absorve alguma coisa, de acordo com as suas necessidades. Mas é evidente que os resultados numa tal situação nunca serão tão favoráveis quanto naqueles em que a ação do paciente se faz no sentido de colaborar com o trabalho do passista – enfatizou Marcos.

– Por sinal, esta colaboração já se inicia desde o momento em que termina a reunião pública e começam os preparativos para o passe. Enquanto aguarda a sua vez, a pessoa deve se manter em oração, na postura mental de quem aguarda um atendimento médico-espiritual – lembrou a senhora que trabalhava na biblioteca e que ficara responsável pelas inscrições.

– Com toda certeza – concordou Marcos. – Muitas vezes, um simples comentário a respeito da roupa de alguém que estava na reunião ou de um problema que vivemos durante a semana já é suficiente para alterar o nosso padrão vibratório e interferir no processo.

– Mas, afinal de contas, quem dá o passe são os encarnados ou os desencarnados? – um senhor quis tirar sua dúvida.

– O passe tanto pode ser aplicado por um espírito encarnado, ou seja, por uma pessoa viva, que transmite magneticamente seus fluidos a um outro ser que esteja em sintonia, quanto por espíritos desencarnados, como tantas vezes acontece durante as reuniões, sem que as pessoas percebam, ou ainda, pela ação conjunta de um encarnado e um desencarnado, como geralmente se dá nas câmaras de passe. Nosso objetivo, com este curso, é tanto o aperfeiçoamento do parceiro encarnado desta dupla, quanto a conscientização do paciente – o professor mais uma vez fez questão de grifar.

Ao fim da aula, Frederico cochichou qualquer coisa ao ouvido de Lavínia.

– Por que você não pergunta para ele? Vem! – ela o puxou em direção a Marcos. – O Frederico queria saber se você poderia ir até o hospital onde a mãe dele está em coma e dar um passe nela... – expôs sem nenhum constrangimento.

Frederico gelou. Não imaginava que Lavínia fosse falar assim, na frente de todo mundo. Marcos, contudo, encarou a pergunta de maneira muito natural. Estava acostumado a realizar visitas nos hospitais com equipes do próprio.

– Com o maior prazer. Será que os seus pais iriam conosco, Lavínia?

– Acho que sim. É só combinar – ela imaginou. – Se não me engano, amanhã é o dia em que eles participam do grupo de estudos sobre a mediunidade aqui no centro.

– Isso é ótimo. Poderíamos então nos encontrar com o grupo do centro no hospital no final da tarde e depois vir direto para cá – sugeriu Marcos.

Ficou marcado então de irem no final da tarde seguinte, no segundo horário de visitas da UTI.

– Nossa, adorei... Adorei o professor Marcos, a aula sobre passes, adorei tudo... Nem parece que a gente está neste mundo quando entra aqui no centro! É todo mundo tão bacana, sempre tão disposto a ajudar... – Frederico comentou, enquanto eles faziam um lanche na cantina.

Estava tão empolgado que nem percebeu que Lavínia de repente ficou séria. Irelias havia acabado de parar atrás dele. A essas alturas, ela já havia conversado com o pai, já sabia exatamente como Irelias tinha ido parar no centro. Só não tinha tido tempo ainda de comentar sobre o assunto com Frederico.

– Falando nisso... – ela tentou introduzir o assunto.

Frederico percebeu que ela ficou pálida de repente.

– Você está se sentindo bem? – ele tocou em seu rosto e percebeu que estava gelada.

– Na verdade, tem uma pessoa que precisa muito conversar com você... – ela disse, olhando fixamente para Irelias.

Só então Frederico olhou para trás e deu com Irelias parado em suas costas.

Estava muito diferente. Magro, abatido, triste, nem parecia a mesma pessoa. Frederico deu um passo para trás, sem saber direito o que dizer.

– Imagino que deve estar com muita raiva de mim – disse Irelias.

Lavínia segurou a mão de Frederico. O susto foi tão grande que ele mal conseguia encontrar palavras. Ficou parado, olhando para Irelias, ainda atônito. A seu lado, amigos espirituais projetavam-lhe na mente imagens da primeira vez em que os dois se encontraram, a alegria de Frederico lanchando com Irelias, todo o cuidado que este tivera com o menino, enquanto Millah tentava ver a avó pela última vez no hospital. As imagens foram tão fortes que ele não teve coragem de agredi-lo como antes tencionava fazer.

– Por que você fez isso com ela? – disse apenas.

Uma lágrima escorreu-lhe dos olhos quando ele disse isso. Lavínia apertou sua mão como se dissesse: estou aqui com você!

Irelias baixou a cabeça. Também sentia muita vontade de chorar, mas segurou-se.

– Sinceramente, eu não sei – respondeu. – Acho que fui muito fraco, que me deixei dominar pela ambição...

Ficaram os três em silêncio. Frederico olhava para ele e não conseguia sentir raiva. Sua figura, antes tão altiva, sempre tão cuidada, agora era digna de compaixão. Não sabia o que dizer.

– Talvez... – tentou continuar Irelias, – talvez um dia você consiga me perdoar... De qualquer forma... – ele não conseguiu terminar, entrou numa crise de pranto convulsivo.

– Por favor, me tire daqui, Lavínia! – Frederico pediu, sentindo-se muito mal.

Os dois deixaram depressa a lanchonete, enquanto outros trabalhadores da casa chegavam para socorrer Irelias.

Em casa, grande surpresa os aguardava: Johan estava de volta. Sentado ao lado de Clara, ele folheava orgulhoso um álbum de figurinhas que acabara de ganhar de Oberon. Era, na verdade, um livro sobre a história dos instrumentos musicais, que tinha também algumas figurinhas coladas. Johan estava fascinado.

– Olha! – mostrou Johan, deslumbrado, apontando para uma página onde estavam desenhados instrumentos da antiguidade, tais como uma lira e o alaúde, que mais tarde daria origem ao violino.

– Alguns desses instrumentos desapareceram. Um dos mais curiosos era a trompa marinha, que nada tinha a ver com o mar e não era uma trompa – Clara leu para ele. – Era um grande instrumento de madeira, com uma ou duas cordas, tocado com um arco e que possuía um som baixo e estranho.

– Outro! – pediu Johan, batendo palmas.

– Onde conseguiu isto? – perguntou Frederico.

– Era meu quando criança. Fui por acaso hoje à tarde visitar uma tia que mora aqui na cidade e ela me deu, junto com algumas coisas que foram de minha avó! – comentou Oberon, olhando enternecido para a alegria do menino.

Havia se responsabilizado pessoalmente por cuidar de Johan e ajudar Paula a administrar todos os seus medicamentos naquela noite, quando Melquisedec estaria de plantão no hospital. Até agora, no entanto, desde que chegara, Johan não dera o menor trabalho.

– Olha, o clavicórdio, o antecessor do piano... – Clara deteve-se numa página. – Não tinha outro nome este instrumento?

– É muito parecido com o virginal, mas a sonoridade é um pouco diferente. O tom do clavicórdio era doce, macio e delicado; o virginal é leve e cristalino, às vezes um pouco estridente – explicou Oberon.

– Não gosto deste – Johan virou a página depressa. – Quero ver outro.

Todos riram, sem atinar o porquê daquela reação tão brusca. Foi quando o telefone tocou e Paula veio trazer o aparelho para que Clara atendesse. Era Dionéia. A fisionomia da filha de Millah mudou imediatamente. Ela parecia tensa enquanto ouvia o que a avó dizia do outro lado da linha.

– Sei... sei... Mas quando tem que ser isso?... Precisa ser essa semana?... Não sei, não tenho certeza... Preciso mesmo dar uma resposta agora?

Todos olhavam atentamente enquanto ela conversava, como que tentando adivinhar o que de fato se passava. Para surpresa geral, no entanto, Clara nada disse ao desligar o telefone.

– Mas o que ela queria? – Frederico ainda tentou insistir.

– Nada... apenas saber notícia da nossa mãe... – despistou Clara, antes de subir correndo as escadas e se trancar em seu quarto.

– Que coisa estranha... – desconfiou Oberon.

– Bem, eu acho que já vou indo... – Lavínia despediu-se de todos.

Naquela noite, depois que todos foram se deitar, apenas Frederico permaneceu na sala, sentado junto ao piano, refletindo sobre tudo o que acontecera nos últimos dias. Era, no entanto, como se ainda esperasse por mais alguma coisa, como se algo dentro dele avisasse que era preciso permanecer ali. Acabou adormecendo por sobre o piano fechado como se dormisse nos braços saudosos da mãe.

– MÃE?

Frederico acordou de madrugada assustado ao se ver literalmente enovelado nos braços da mãe por sobre o piano. Ou seria ela quem estaria enovelada nos braços dele? Parecia tão abatida e cansada, os cabelos desgrenhados, os olhos fundos quase sem vida... Contudo, pôde observar que ainda respirava, embora com certa dificuldade. O que estaria havendo? Com o coração disparado, desvencilhou-se com cuidado para não despertá-la do sono profundo e deu alguns passos para trás, ainda tentando entender o que se passava.

Foi quando percebeu algo que era ainda mais estranho à sua percepção. Embora tivesse absoluta certeza de que havia se levantado do piano e dado vários passos para trás, da maneira mais silenciosa possível, seu corpo continuava cochilando sobre o piano fechado, quase trançado ao da mãe, tão próximos e abraçados estavam.

– Meu Deus... – Frederico observou a cena confuso. – Será que eu morri? Será que a minha mãe morreu? O que é que está acontecendo?...

– Fique calmo, Frederico. Isso é bem mais comum do que você imagina... Para ser bem sincero, acontece o tempo todo...

– Professor Marcos? – ele reconheceu a voz de imediato. – O que está fazendo aqui? O que significa tudo isso?

A figura de Marcos, contudo, emanava tanta calma que só de olhar fixamente para ele, Frederico já começou a se tranquilizar.

– Você não pediu que eu desse um passe em sua mãe? – Marcos sorriu para ele. – Pois então, aqui estou!

– Mas... Como sabia que ela estava aqui? – Frederico não conseguia entender. Tudo aquilo ainda era muito novo para ele.

– Quando o corpo físico entra em estado de sono, afrouxam-se os laços que prendem o espírito e este temporariamente se liberta, readquirindo então algumas das capacidades e dons que não tem condições de exercer no período de vigília. Podemos nos encontrar com seres superiores, com eles viajar, conversar e nos instruir; ou então dar continuidade a tarefas que iniciamos quando acordados[63] – explicou Marcos.

– Quer dizer então que seus amigos espirituais informaram que minha mãe estava aqui comigo em minha casa e o senhor decidiu vir até aqui nos ajudar? – deduziu Frederico, emocionado.

---

[63] Ver *O livro dos espíritos*, parte II, cap. 8: "Da emancipação da alma: o sono e os sonhos e visitas entre pessoas vivas", questões nº 400 a 418.

– Em geral, sempre procuro, em minhas preces noturnas antes de deitar, entrar em sintonia com aqueles que me pedem auxílio. Mas, como disse, o fato de um espírito ir se encontrar, durante o sono, com amigos, parentes, conhecidos, pessoas que podem ser úteis, é tão frequente que fazemos isso todas as noites – ele olhou fixamente para a figura de Millah adormecida. – Nesse caso, acho que vamos precisar de um pouco mais de ajuda...

– Como assim? – Frederico assustou-se.

Marcos se manteve por alguns instantes concentrado numa prece silenciosa antes de voltar a dar atenção ao rapaz.

– Observe sua mãe – ele conduziu Frederico até bem próximo de Millah.

Aos poucos, Frederico teve a sensação de que sua visão dilatava-se e ele pôde notar certa irradiação, como uma luz muito fraca, em torno de Millah, percebendo alguns pontos completamente escuros em vários locais, algumas vezes coincidindo com hematomas visíveis, outras não. Veio à mente de Frederico a imagem de uma árvore de Natal repleta de luzinhas coloridas, embora quase todas estivessem queimadas.

– É exatamente como você imaginou – disse a doutora Maria Eunice, lendo os pensamentos do rapaz.

Ela viera tão logo lhe fora possível, após receber os apelos da prece de Marcos.

– Já faz mais de uma semana que estamos nos empenhando no tratamento dela. Inclusive já a conduzimos para o hospital diretamente ligado ao nosso centro, mas trata-se de um espírito rebelde, que tão logo recobra um pouco de energia, sai atraída por inúmeros sentimentos.

– Não consigo entender... A sensação que tenho olhando para ela nesse estado é como se o campo espiritual de minha mãe tivesse sido invadido por um exército de bactérias... – constatou Frederico, horrorizado.

– Não imaginas o quanto se aproxima da verdade a sua observação, meu querido rapaz – disse a doutora Maria Eunice, ainda examinando a doente. – Mais graves do que as viroses habituais são aquelas que têm procedência no psiquismo desvairado. Enquanto a mente sadia propicia o desenvolvimento das micropartículas que sustentam toda a organização somática do ser, as mentes em desequilíbrio provocam descargas vigorosas, as quais bombardeiam os seus centros de atividade, dando curso a desarmonias inumeráveis, interferindo até mesmo na organização imunológica do ser[64] – ela observou consternada.

– Meu Deus... Quer dizer então que não existe mais nenhuma chance da minha mãe se salvar? – desesperou-se Frederico.

– Concentre a sua mente em pensamentos de cura e saúde para sua mãe. Mentalize a figura de Jesus aproximando-se dela neste momento – pediu Marcos.

Frederico fechou os olhos e se esforçou muito para fazer exatamente como lhe fora pedido, enquanto os dois aplicavam, ao influxo da vontade, as melhores energias de que dispunham no perispírito de Millah através do passe.

– Para Deus, nada é impossível, meu querido Frederico – disse a doutora Maria Eunice, enquanto uma equipe de enfermeiros espirituais tomava Millah nos braços com todo o cuidado e a transferia para uma espécie de maca que haviam trazido com eles. Ela parecia mais corada, como se o sangue lhe corresse de novo nas faces, até então profundamente pálidas.

– Para onde irão levá-la? – Frederico perguntou, sem conseguir evitar que lágrimas lhe escorressem dos olhos.

Por alguns instantes teve a sensação de que talvez aquela fosse a última vez que estivesse vendo sua mãe. Imediatamente, como que captando-lhe as energias, Millah empalideceu de novo um pouco.

– Cuidado com os pensamentos! – alertou o professor Marcos.

– É indispensável que o homem se conscientize e se resolva por utilizar do admirável arsenal de recursos que possui, aplicando valores edificantes a serviço de sua própria felicidade e de todos

---

[64] Ver "A mente em ação". In: *Momentos de felicidade*. De Joanna de Ângelis, psicografia de Divaldo Pereira Franco. BA: Editora LEAL, 1990.

os que vivem a seu redor. Conforme dirijas a mente, recolherás os resultados!

— Tem toda a razão, professor — Frederico reconheceu preocupado. — De hoje em diante vou me esforçar ao máximo neste sentido... Quero me tornar o seu melhor aluno!

Marcos sorriu. Também sentia grande afinidade por aquele rapaz que certamente não por acaso vinha agora atravessar seu caminho.

— Mas, e quanto a minha mãe? O que posso fazer para ajudar? — o rapaz insistiu antes que todos fossem embora.

— Amanhã será um dia decisivo — avaliou a doutora Maria Eunice. — Você deverá orientar a todos os que são ligados a Millah para que a visitem no hospital e digam a ela, ainda que seu corpo esteja dormindo, tudo o que puderem no sentido de fortalecer o seu espírito.

— Mas... — Frederico neste momento olhou para seu próprio corpo físico, que continuava adormecido sobre o piano e se sentiu inseguro. — ... E se eu não me lembrar de nada quando acordar?

— Não se preocupe. Ainda que não se lembre, você vai ter uma intuição ao despertar. Provavelmente vai achar que foi uma ideia, que surgiu espontaneamente, sem explicação. Mas vamos providenciar para que esta ideia o persiga até que consiga colocá-la em prática do jeito como deve ser feito — prometeu a doutora Maria Eunice.

Sentado à mesa da antiga sala de Millah na Faculdade de Música, com o olhar extasiado de quem acaba de se deparar com algo muito desejado, Oberon vibrava com a preciosidade que acabara de retirar da embalagem dos correios: era uma das mais completas biografias já publicadas sobre Clara Schumann, escrita por uma pesquisadora alemã e editada pela Universidade de Cornell, nos EUA.[65] Ele próprio havia feito a encomenda pela internet, só não imaginava que pudesse chegar tão rápido.

Desde sua aula inaugural, o músico estava cada vez mais fascinado com as muitas coincidências entre a vida da grande pianista alemã de Leipzig e tantos acontecimentos que haviam marcado a trajetória de Millah na vida atual. Queria poder encontrar um mínimo elo, qualquer possível gancho capaz de justificar tantas coincidências, embora seu lado racional insistisse, teimasse mesmo em dizer tratar-se de uma elucubração surreal e doentia que ele tinha construído, apenas para distrair a dor pela iminente partida da amiga tão especial. Será?, ele se perguntava, ainda olhando com encantamento para a capa do livro.

Era, contudo, um homem da música. Um homem sensível para quem o racional sempre contara muito pouco quando os sentimentos e a vontade queriam alguma coisa. De modo que continuou sua busca, indiferente aos protestos do inconsciente científico, folheando o livro com zelo quase afetuoso. Sentia necessidade de ir cada vez mais a fundo em suas pesquisas.

Deteve-se em uma página com uma foto. Assim como a foto de Clara Schumann mostrada à capa, todas as fotos da família mexiam intimamente com ele. Eram como imagens de pessoas muito conhecidas. Por vezes sentia mesmo vontade de chorar ao deparar-se com elas. Era o que nesse exato momento acontecia. Julie Schumann aos 19 anos, estava escrito na legenda. Curioso, voltou algumas páginas para ler um pouco mais sobre a jovem, que vinha a ser a terceira filha de Clara e Robert Schumann, nascida em 11 de março de 1845:

"Descrita por seu pai como uma menina 'encantadora e graciosa', Julie, sempre frágil e também a mais bonita das irmãs Schumann, era frequentemente separada de sua família (desde dois anos de idade) em função de sua saúde melindrosa. Mesmo a despeito dos constantes cuidados médicos e da justificada ansiedade de sua mãe, porém, a delicada jovem senhorita não foi

---

[65] Reich, Nancy B. *Clara Schumann: the artist and the woman*. NY: Cornell University Press, 2001.

desencorajada ao casamento – que, naquela época, automaticamente implicava maternidade. Assim, em 1869, Julie casou-se com um conde italiano, viúvo, já com dois filhos, e deu à luz dois filhos no período de três anos. Ela morreu de tuberculose aos 27 anos, grávida de seu terceiro filho. (...)"

– 27 anos... Mas é muito cedo... – Oberon pensou consigo, sentindo o coração penalizado pelo destino daquela bela jovem. – Ainda por cima grávida... – comentou, antes de voltar seus olhos ao texto.

"Por ser tão terna e afetuosa, a terceira filha dos Schumann provavelmente sofreu mais do que qualquer outro de seus irmãos pelas constantes e incessantes turnês de Clara. (...) Somente em 1861, aos 16 anos, teve a oportunidade de ficar sozinha com a mãe, num curto intervalo entre suas doenças, quando então fizeram um *tour* durante alguns poucos meses de outono. Elas passaram um tempo em Hamburgo enquanto Brahms estava lá, e foi logo depois disso que ele dedicou a Julie suas *Variações num tema de Robert Schumann, op. 23*. Ela foi a única filha dos Schumann a quem Brahms dedicou um trabalho."

Imediatamente, vieram à mente de Oberon os acordes dessa composição, pela qual tinha especial predileção desde seus primeiros estudos de música. Abriu o laptop que tinha diante de si, digitou rapidamente algumas teclas e, em instantes, a delicada canção enchia a sala, na suave interpretação do Duo Mento. Junto com a música, transbordou-lhe da memória o olhar terno e o sorriso de Clara, a jovem filha de sua amiga Millah.

Curioso como nunca antes fizera tal associação. Agora, no entanto, ouvindo de novo aqueles acordes, era quase como se houvera sido feita para ela aquela canção. Oberon lembrou-se da figura doce de Clara ao piano, de como encantou a todos com sua música na tarde do aniversário do irmão. De certa forma, era como se houvesse também uma semelhança entre Julie e Clara, embora fossem fisicamente diferentes, algo intangível que ele não saberia como definir. Talvez fosse apenas uma impressão, pensou consigo ao fim da apresentação musical, antes de voltar mais uma vez à leitura.

322 | Lygia Barbiére Amaral

Oberon foi direto à parte que falava sobre o impacto que a notícia do casamento de Julie causara sobre todos na época:

"Brahms e outros amigos íntimos foram informados do noivado tão logo ele foi oficializado. Para sua grande surpresa, Clara Schumann ouviu então de Herman Levi[66] que Brahms estava apaixonado por Julie. Foi um choque. Ela confidenciaria ao diário sua perturbação em julho de 1869, vindo a confirmá-la em uma carta à amiga Rosalie Leser, datada de agosto de 1869, onde conta que Brahms havia mudado completamente, após a inesperada notícia do noivado de Julie. Para completar, num gesto que pareceu resumir seus sentimentos sobre mãe e filha, o compositor deu a Julie uma fotografia de Clara como um presente de casamento."

Oberon esboçou leve sorriso, como que se divertindo com a leitura.

"Quando, algumas poucas semanas após a cerimônia, Brahms mostrou a Clara sua pesarosa *Alto Rhapsody*, ela imediatamente convenceu-se de estar diante de uma peça de luto por Julie. Efetivamente, os verdadeiros sentimentos de Brahms jamais serão conhecidos. Todavia, não há como negar que o noivado e o casamento de Julie pareceram aumentar a tensão entre ele e Clara".

Oberon fechou o livro e se manteve por longo tempo relutante e pensativo. Quase como se a mente relutasse em rever os momentos descritos pelo trecho que vinha logo abaixo, cujos detalhes já havia encontrado em uma outra biografia e que o deixavam sempre tão perplexo. Era o trecho que falava especificamente sobre o isolamento emocional de Clara com relação aos filhos, o que se torna ainda mais evidente por ocasião da morte de Julie.

Contam os livros[67] que em agosto de 1872, Julie Schumann,

---

[66] Maestro e compositor alemão, regeu a estreia mundial da última ópera de Richard Wagner, *Parsifal*, em 1882.

[67] Os detalhes aqui reunidos foram retirados de todas as biografias de Clara Schumann já citadas.

então condessa Radicati di Marmorito, teria voltado para a casa em que a mãe costumava reunir os filhos nas ocasiões festivas, na Floresta Negra. Era então mãe de três filhos – dois adotivos e um natural –, os quais deixara com o marido, estando grávida do quarto e bastante enfraquecida. Ainda assim, Clara Schumann não teve como adiar sua imensa lista de compromissos assumidos e tornou a partir, poucos dias depois.

Em 10 de novembro, dia em que ela havia agendado um concerto em Heidelberg com a contralto Amalie Joachim, esposa de seu amigo Joseph Joachim, a sra. Schumann recebeu então o telegrama, poucos minutos antes de entrar no palco, informando sobre a morte de Julie, ocorrida na véspera, em Paris. Clara não disse nada a ninguém e foi adiante com o concerto. Segundo escreveria mais tarde a sua amiga e confidente Rosalie Leser, fez isto: "porque mudar a data teria causado grandes dificultadas para todos".

Clara Schumann era assim. Ou melhor, moldara-se para reagir desta forma. Os padrões de trabalho que impusera a si mesma durante a doença de Schumann a mantiveram emocionalmente íntegra até a sua morte, como também durante a internação de Ludwig e por ocasião da morte de Julie. Afinal, tragédias como essas foram uma constante com a qual ela teve de aprender a suportar e conviver ao longo de toda a sua vida.

Oberon guardou seu material com certo pesar. Em seguida, juntou seus livros e fez tocar mais uma vez a música que Brahms um dia escreveu em homenagem à filha de Clara Shumann. Mais uma vez, quase sem querer, Oberon pensou na Clara de Millah. Haviam combinado encontrarem-se todos no horário da visita da tarde na UTI. Sentia, no entanto, uma urgência, uma necessidade de saber como Clara estava passando naquele exato momento, como se experimentasse de repente uma estranha intuição. Ela parecia tão frágil nos últimos dias... Oberon sentiu-se um pouco culpado por não ter podido dar a ela toda a atenção que provavelmente necessitava.

Tentou ligar no celular da jovem, mas estava fora de área. Tentou então o número fixo, mas só dava sinal de ocupado. Verificou o relógio e constatou que ainda faltavam mais de duas horas para seu horário de aula. Fechou os livros no armário e decidiu voltar até em casa. Algo em seu íntimo insistia para que fizesse isso.

Clara tinha acordado há pouco tempo, despertada pelo movimento atípico de carros na rua. Abriu as janelas do quarto e logo entendeu tudo. Dona Hermelinda, mãe da vizinha que morava na casa da frente, havia falecido naquela noite. Era uma senhorinha já bem idosa, fazia tempo que estava doente. Ainda assim, era muito triste vê-la ser retirada da casa sob o olhar abatido dos filhos e netos.

Olhou para a foto da mãe sorrindo para ela na mesinha de cabeceira e lembrou-se da última manhã em que as duas se encontraram no corredor ao acordar. Pareciam fazer já tantos anos que ela e Millah não se viam...

– É estranho quando a gente entra num velório... – Clara comentou consternada, na mesa do café da manhã.

Estavam ela e Paula sozinhas na sala.

– Você vai? – perguntou Paula? – servindo-a de café.

– De jeito nenhum... – respondeu Clara, distante. – Velórios têm um cheiro estranho...

– Cheiro de flor, ora essa – respondeu Paula.

– Parece que as flores têm perfume de propósito. Só para...

– Cruz, Clara! Que conversa mais esquisita! – reclamou Paula, retirando as xícaras sujas que haviam ficado na mesa.

– É sério – Clara continuou com seu olhar distante. – É muito louco quando a gente vê gente morta... A pele... Só de olhar a gente sabe... Parece que falta alguma coisa...

– Clara de Deus! Desse jeito eu estou começando até a ficar com arrepio! – reclamou Paula.

– Eu é que nunca mais na minha vida vou pisar num velório – Clara mudou de repente de tom.

– Como assim? – Paula não entendeu.

– Não vou. De jeito nenhum. Eu nunca quero ver minha mãe morta!

– Sei. Você diz isso porque...

– Não quero mais falar sobre isso! – Clara ficou nervosa. –

Quer saber? Já tomei minha decisão! – ela se levantou da mesa e foi andando em direção às escadas.

– Decisão? Que decisão, Clara? – Paula não entendeu nada. – Parece até que está ficando todo mundo louco nesta casa!

– Eu vou embora, Paula – a jovem respondeu lacônica, do meio da escada.

– Embora? – estranhou a empregada.

– Embora. Minha avó me chamou para ir morar na casa dela. Tia Petúnia vai me preparar para participar de um concurso internacional de piano.

Paula ficou sem fala ao ouvir isso. Clara foi subindo as escadas assim mesmo, segurando as lágrimas para não chorar. Queria parecer forte, firme em sua decisão.

– Mas... E a sua mãe? – Paula conseguiu finalmente perguntar lá debaixo.

– Tudo o que eu não quero é correr o risco dela resolver morrer e eu ainda ter de ir no velório dela – respondeu Clara, antes de bater a porta do quarto.

– Meu Deus do céu... E nem deu tempo de dar o recado...

Ficou um tempo andando de um lado para o outro, sem saber o que fazer, até que subiu alguns degraus e gritou, apertando nas mãos o avental – O Frederico pediu para todo mundo se encontrar no hospital na visita do final da tarde...

– Eu também vou? – Johan desceu, sonolento, carregando seu álbum de instrumentos debaixo do braço.

– Vai sim. Prometi para o Frederico que pegava você na APAE e depois íamos direto para lá – respondeu Paula, olhando para cima para tentar checar se Clara tinha ouvido.

– E o que é que tem de café da manhã? – Johan perguntou bem-humorado. – Será que dá tempo de preparar uma música para tocar para Millah?

– Ai meu Deus! – suspirou Paula. – Como é que você vai levar o piano para a UTI, Johan?

– Eu não vou – respondeu Clara – já descendo com a mala pronta. – Estou indo agora mesmo para o aeroporto.

– Aeroporto? Deixa eu ir com você? – Johan correu até ela.

– Desta vez não vai dar – Clara beijou a testa dele emocionada.
– Mas prometo que logo eu volto e te levo para andar de avião...

Quando Oberon chegou, não tinha nem cinco minutos que ela havia acabado de sair.

– Se o senhor for rapidinho, capaz de chegar junto com ela no aeroporto! – imaginou Paula.

– Mas ela não disse nem a que horas saía o voo? – ele perguntou, apressado, já se encaminhando de novo para a saída da casa.

– Ela disse que vai voltar e vai me levar para andar de avião! – comemorou Johan, lambendo um pouco de requeijão que escorrera para fora do pão.

Oberon abaixou-se ao lado dele para explicar:

– Johan, eu sei que você também está nervoso... Mas não se preocupe, eu vou trazer a sua irmã de volta! Depois, quando tudo estiver bem, eu mesmo levo você para passear de avião, tudo bem?

Johan mordeu o pão e começou a mastigar. Por alguns instantes, parecia que não ia dizer nada. Oberon, contudo, permaneceu a seu lado esperando.

– Se é assim, tudo bem – ele respondeu finalmente.

Tinha quase um sorriso nos lábios ao dizer isso.

– Pelo amor de Deus, seu Oberon! Traga a Clara de volta! – pediu Paula. – Alguma coisa me diz que se essa menina não voltar...

– Fique calma, Paula. Eu vou fazer todo o possível – prometeu Oberon, já entrando em um novo táxi.

Longe dali, Petúnia comentava com a irmã sobre o estranho sonho que tivera naquela noite, enquanto tomavam seu café da manhã:

– No mínimo insólito ... Imagine! Sonhei que eu e você vivíamos em uma aldeia cigana!

– Nós? – Dionéia riu incrédula.

– E que ganhávamos dinheiro exibindo Millah numa grande feira em Viena... Na verdade era uma grande festa... O ar fervilhava com as músicas variadas, desde o realejo até o som dos violinistas... Um parque enorme, muita gente... Gente de todas as classes, todas as idades, vendedores de doces, mendigos tocando, anões fazendo caretas, macacos saltando, cães de cabeça para baixo, pássaros que distribuíam horóscopo às mocinhas da plateia, você botava cartas!

– Que horror! – suspirou Dionéia.

– Até que de repente... – Petúnia mordeu um pedaço de pão.

– De repente... – Dionéia estava curiosa.

– Millah fugiu com um maldito ciganinho misterioso, o mesmo que a havia trazido para nós... – narrou Petúnia, servindo-se agora de um pouco mais de café.

– Ora essa... – retrucou Dionéia, também servindo-se de café em seguida. – Não há de se estranhar. Ciganos sempre são traiçoeiros. Ah, foi apenas um sonho! O que, afinal, tanto a preocupa? – perguntou, mexendo a xícara, ainda pensando nas cenas do sonho que tão vivamente imaginara.

– Não sei por que, o sonho me fez lembrar o evento do aeroporto... – comentou Petúnia.

– Quando preparamos tudo para que Millah recuperasse a sua sanidade e o louco do meu marido a deixou entregue a seus próprios reflexos insanos? – recordou Dionéia, com sua ironia ferina de sempre.

– Exatamente – Petúnia respondeu com os olhos brilhantes.

Ficava assim sempre que estava tendo mais uma de suas ideias.

– O que está tramando desta vez? – Dionéia logo percebeu?

– Para que nada de parecido aconteça, acabo de decidir que desta vez eu mesma vou buscar Clara – deliberou Petúnia, já empurrando a xícara.

– Você? E ela sabe disso? Por que não avisou Irelias? Não seria mais fácil? – cogitou Dionéia.

– Irelias, Irelias... Sabe Deus onde anda aquele maluco! A essas alturas do campeonato, é bem mais seguro que eu vá pessoalmente! – garantiu Petúnia, já se levantando da mesa.

– Mas... Como vai fazer? – inquietou-se Dionéia, andando atrás dela. – Vai ser uma surpresa. Vou praticamente descer de um avião e entrar no outro – ela explicou, enquanto arrumava rapidamente uma pequena bagagem de mão. – De qualquer forma, se houver qualquer problema, tenho aquela carta guardada na manga... – disse, já de saída.

– Petúnia, não! Você não teria coragem! – assustou-se Dionéia, sempre andando atrás dela.

– Não se preocupe. Só irei usá-la se for estritamente necessário... – ela garantiu.

– Mas... – Dionéia titubeou por alguns instantes. – E quanto à Millah?

– O que é que tem Millah? – desconversou Petúnia, penteando rapidamente os cabelos diante do espelho. – Já faz tanto tempo que ela se foi, não vejo razão para luto agora – continuou, sem parar o que estava fazendo.

Millah, enquanto isso, despertava chorosa em novo hospital. Era um local mais amplo, mais arejado, só dava mesmo para perceber tratar-se de um hospital por causa da cama e do movimento constante dos enfermeiros no quarto. Millah gemia, sentia muitas dores.

– Procure se acalmar... É só um momento, tudo isso vai passar – pediu uma enfermeira, aplicando-lhe algo que pareciam luzes por toda a extensão de seu corpo.

– Não é por causa das dores que estou chorando... – desabafou Millah. – É pelos meus filhos... Sinto muitas saudades...

– Todavia o perispírito, este molde do corpo físico talhado de acordo com as necessidades do espírito imortal que é você, e que ainda hoje te liga ao corpo material de carne, ao mesmo tempo em que te possibilita manifestar-se no mundo dos espíritos, é extremamente sensível a todo estado mental do ser. Logo, se sofres, por qualquer razão que seja, é natural que toda dor moral nele se reflita – explicou com delicadeza a enfermeira, verificando-lhe o aparecimento de pequenas manchas na pele.

– Tudo isto para mim é tão confuso... Vários corpos, várias existências... às vezes me sinto como se estivesse sendo jogada de um lado para outro, no meio de uma praia de ondas bravias...

De fato, revestida apenas por aquele corpo mais sensível, cada vez que alguém de certa forma acessava alguma parte de seu passado de maneira fortemente emocionada eram como que ativados circuitos de sua memória, que iam se acendendo em sequência como postes de uma rua numa noite escura, confundindo-lhe as lembranças e os sentimentos.

– Sinto raiva dele – reclamava, apreensiva, referindo-se a Melquisedec nas muitas vidas em que estivera a seu lado. – Em todo este tempo, a errada sempre sou eu, a culpa é sempre minha, sou eu sempre a responsável por toda a dor e todo sofrimento. Mas e ele? Será que não tem nem uma parcelazinha de culpa? Até quando vou ter de aguentar as neuroses dele? Estou cansada. Exausta de tantas manias, do temperamento agressivo, das crises de ciúmes... Ele não mudou nada nesses anos todos! Eu não consigo fazer com que ele se torne uma pessoa diferente ! Não consigo levá-lo para frente e nem saio do lugar... – ela deixou escapar do mais íntimo de seu ser sem qualquer censura.

– Não diga isso, Millah – argumentou o senhor Alarico, entrando no quarto. – Eu bem sei que você ama muito o seu marido.

– Ah, vovô... – suspirou Millah. – Não tenho mais tanta certeza... Estou tão cansada... Se o senhor soubesse há quanto tempo estamos juntos... Há quanto tempo ele me tiraniza deste jeito... Quanta coisa já passei desde aquela vida em que ele ficou louco?

– Mas você também sabe que todo efeito tem uma causa e que, se seu marido ficou louco naquela encarnação, havia também razões anteriores que também contribuíram para isso... Tanto que você mesma pediu para vir de novo ao lado dele não só naquela vida, com nesta também...

Millah ficou em silêncio. Lágrimas escorriam-lhe do rosto em grande quantidade.

– Eu me sinto muito culpada, vovô... O senhor não queira saber quanto... Mas ainda assim não me sinto forte o suficiente para continuar lutando... A prova é muito difícil, eu não estou dando conta... Acho que não vou conseguir nunca!

– Ledo engano, minha filha. Podemos reverter qualquer situação, por mais difícil que ela se apresente; tudo tem conserto, por mais graves que sejam os nossos erros. O arrependimento é necessário, mas não devemos nos cristalizar nele de forma muito intensa.

– Mas eu errei! Eu sei que eu errei. Nunca vou me perdoar por isso.

– Todo erro impõe atitude dinâmica e corajosa para sua retificação, o que é muito diferente de se entregar ao remorso corrosivo e doentio. Pense: errei, mas quero reparar!

O 'acidente', por assim dizer, é ocorrência geral, é fenômeno comum. O próprio Cristo sabia disso. Tanto que disse: "quem estiver livre de pecado, atire a primeira pedra". Todavia, levantar-se e refazer o caminho é dever intransferível para todos. E como iríamos aprender se não vivenciássemos o erro?

– Mas por que eu tenho a sensação de estar sempre repetindo a mesma história? Por que me sinto de novo como se vivesse o caos?

– Filha, entenda! O que agora se apresenta caótico é término de uma fase para dar início a uma nova. A vida é feita de fases, para superações: nada é para sempre! Como dizia Heráclito, o filósofo, "ninguém pode entrar duas vezes no mesmo rio, pois quando nele se entra novamente, não se encontram as mesmas águas, e o próprio ser já se modificou". É a própria lei de movimentação da vida, onde, mesmo que a gente não perceba, a mudança é sempre para melhor. É a lei da evolução! Libere-se da fixação negativa, predispondo-se a recomeçar, minha querida!

– Mas, de que adianta se só eu mudar? Ele não mudou!

– Ah, Millah, nunca te apoies nas muletas do pessimismo e nem desanimes. Ainda que isso fosse verdade, deverias agradecer a Deus. Até mesmo o que ainda não nos chegou de bom é sempre o melhor para a nossa educação moral, diante de nosso despreparo emocional. Precisamos aprender a ver em cada acontecimento da vida um convite, uma experiência, uma nova oportunidade de aprimoramento íntimo!

– Como assim, "ainda que isto fosse verdade"? Então o senhor realmente acha que Melquisedec mudou alguma coisa nesses anos todos? Vovô, até hoje, nem orar ele ora! Não tem fé direito e nem deixa a gente ter! É muito difícil viver ao lado de uma pessoa assim!

— Venha comigo, Millah... — ele tomou a neta cuidadosamente nos braços.

— Mas, vovô, eu...

Millah definitivamente não conseguia entender como se podia andar tão rápido de um lugar para outro naquela condição. Em pouco menos de uma fração de segundo, ela e o avô surgiram no imenso quarto da UTI, onde Melquisedec permanecia sentado ao lado do corpo físico da esposa, cercado por vários enfermeiros encarnados, que o acompanhavam com suas vibrações, na ânsia de fazer algo para ajudar o médico tão conhecido. A comoção foi imediata. O marido não apenas orava, como também chorava emocionado enquanto fazia sua prece, com as mãos muito trêmulas, segurando um pequeno livrinho. Embora orasse em silêncio, como estivesse parcialmente liberta do corpo, Millah podia ouvir cada um de seus pensamentos como se falasse diretamente com ela:

"Ó Deus! derrama Tuas bênçãos sobre minha cabeça, deposita o Teu olhar por sobre a minha amada esposa, que convalesce nesta cama... Não é necessário que sejas Tu mesmo... Basta que sejam os Teus mensageiros. Nem é preciso que sejam muitos, apenas um... Necessito demais do Teu amor, de uma faísca só, um lampejo, um contato, um toque. Isto é tudo o que mais quero: energia, esperança, visão ampliada, um amor que me faça entender melhor os outros que me cercam, que aclare as situações e que me dê segurança interna..."[68]

— Eu conheço essa prece — tornou Millah emocionada. — É de um livrinho que ganhei de uma amiga, ficava na minha mesa de cabeceira... Mas Melquisedec nunca abriu este livrinho...

— Nunca tinha aberto antes, você quis dizer — corrigiu Alarico. — A cada minuto que passa, minha querida, nossas células se modificam, nossos pensamentos se alteram, não somos mais as mesmas pessoas. Sobretudo na presença da dor. Infelizmente, a dor ainda é o aguilhão necessário para dar impulso ao homem na

---

[68] Do livro *Preces de fortalecimento*, de Lourival Lopes. Trecho adaptado da prece "Um toque de Deus". DF: Otimismo, 2012, p.14.

senda do progresso – ele observou.

– Doutor Melquisedec, o senhor me desculpe, mas não está certo isso... – interferiu com jeito uma das enfermeiras da UTI. – O senhor passou a noite inteira nessa posição...

– Tem mais de 24 horas que o senhor está aqui... – disse outra.

– Precisa comer alguma coisa... – acrescentou uma terceira.

– Pelo menos tomar um café, descansar um pouco! – sugeriu um rapaz.

Todos pareciam preocupados com o extremo cansaço e abatimento do médico.

– Ele sempre foi muito querido por todos os funcionários do hospital – observou Millah, ainda comovida. Naqueles breves instantes, ela havia mudado completamente o foco de visão.

– Não se preocupem, eu estou bem... Já chegou o novo exame das plaquetas? – o doutor Melquisedec levantou-se da cadeira.

– Meu Deus, como está magro! – assustou-se Millah. – E está mancando, não deve estar tomando direito os remédios para a perna!

– Fico com medo de ela acordar e não ter ninguém ao seu lado... – disse, fazendo um carinho nos cabelos da esposa.

Millah parecia muito inchada. Tinha agora os braços cheios de hematomas e muitas manchas roxas espalhadas pelo corpo.

– Por que ela está assim? – uma enfermeira que ficava no outro setor perguntou baixo para outra.

– Ela está com PTI,[69] aquela doença sanguínea autoimune que aparece sem explicação e que provoca a diminuição do número das plaquetas no sangue... – sussurrou a outra.

– O tratamento com corticoides não está surtindo efeito – observou Melquisedec, observando o resultado dos exames que lhe foram entregues.

---

[69] A púrpura trombocitopênica idiopática é uma doença sanguínea adquirida, caracterizada sobretudo pela diminuição do número das plaquetas no sangue. O quadro clínico, em geral, é de instalação abrupta, podendo ocorrer sangramentos cutâneos, sangramentos mucosos ou mesmo no trato gastrointestinal, e podendo fazer com que o paciente fique inchado, havendo aumento de peso.

– Infelizmente, não doutor. Tentamos também a imunoglobulina, mas também não surtiu nenhum resultado, e nem as medicações que atuam na produção de plaquetas – informou o médico plantonista. – Se soubéssemos a causa da manifestação, bastaria a eliminação do contato com a substância que a induziu. O caso dela, porém, parece ser bastante complexo.

– E se tentássemos uma transfusão? – sugeriu Melquisedec. – Ao menos a transfusão de plaquetas precisa ser feita o mais rápido possível!

– Já fiz o pedido, doutor. Porém, devo lembrá-lo de que, devido à presença dos anticorpos antiplaquetários, transfusões sanguíneas não são o tratamento adequado para essa doença. Os níveis plaquetários voltam a decrescer muito rapidamente após a transfusão. Na verdade, a última alternativa, bastante arriscada pelo estado de fraqueza dela, seria a remoção cirúrgica do baço... – analisou o plantonista.

Era um rapaz jovem, porém bastante dedicado e estudioso. Melquisedec o conhecia de longa data, fora inclusive seu aluno na universidade. Por isso ficou pensativo. Sabia que o risco de perder Millah na cirurgia era muito grande. Por outro lado, sabia também que aquele era o último dia estipulado pelo testamento vital e seria difícil até mesmo convencer a equipe de cirurgia do hospital das possibilidades de sucesso daquela cirurgia. O que fazer numa situação como aquela?, ele se perguntava.

– O testamento! – só então Millah se deu conta.

– Doutor, o senhor está sendo solicitado com urgência na sala do diretor geral do hospital – avisou, com certa cerimônia, o enfermeiro-chefe da UTI.

No aeroporto, enquanto isso, Clara chegava ao balcão para marcar a passagem que lhe fora enviada pela tia.

– Tem preferência de lugar?

Aquela simples frase a fez lembrar-se da antiga história que ouvira ao longo de toda a sua infância e juventude: a visita inesperada do padre e do avô Geraldo; as filas de espera na hora do embarque; a escolha aleatória entre os três para embarcarem nos únicos dois acentos disponíveis no voo, depois de muita discussão, ficando Millah, com a promessa de ir no voo seguinte, sem que isso se cumprisse.

– Tem preferência de lugar? – a moça real do balcão do presente repetiu a pergunta.

Novamente, porém, Clara não pôde ouvir o que ela dizia. Ouvia agora sua própria voz na terapia a dizer para a representante de Millah: "Estou preparada para aceitar e respeitar o destino que você escolher, como também quero me apropriar do meu próprio destino, da minha própria felicidade." Naqueles breves instantes, sob o olhar desconcertado e impaciente da mulher do balcão, reviu toda a sua vida, todas as suas escolhas.

– Tem preferência de lugar, senhorita? – repetiu mais uma vez a balconista, visivelmente irritada.

– Tenho! – respondeu Clara. – O meu lugar é aqui. E eu não vou fazer medicina de jeito nenhum... E nem virar pianista internacional. Pode ficar com a passagem! – virou de costas e saiu andando com sua mala em direção à saída do aeroporto.

– Mocinha, espere! – ainda tentou chamar a funcionária do balcão, sob o olhar curioso de todos na fila.

Clara, no entanto, sequer olhou para trás e seguiu adiante com passos firmes, alheia ao burburinho, como se nada estivesse acontecendo. Se tivesse demorado apenas um minuto a mais, teria cruzado com Petúnia, que descera do avião e já correra até o setor de embarque para verificar se a sobrinha – neta havia feito o *check-in*.

Tampouco encontrou-se com Oberon no caminho. Simplesmente entrou no táxi e seguiu direto para o hospital onde a mãe estava internada.

– Como assim, os aparelhos terão de ser desligados impreterivelmente até as 22 horas desta noite? – Melquisedec mal podia crer no que acabara de ouvir do diretor máximo daquele hospital.

– Ele não vai ter coragem de enfrentar o diretor geral – previu Millah, que continuava acompanhando-o na companhia do avô. – Ele tem um cargo muito importante no hospital...

– Todos aqui do setor administrativo lamentamos muito, doutor. Mas o senhor há de concordar conosco que existe um documento assinado por sua esposa, cuja cópia se encontra em nossos arquivos e que, por sinal, existe um outro, igualzinho, assinado pelo senhor mesmo, já prevendo esse tipo de situação. Foi uma longa e árdua discussão, na qual, se não me engano, o senhor era um dos principais defensores do direito do paciente em decidir sobre as possibilidades de um futuro digno... – o diretor argumentou com frieza.

– Acontece que eu estava enganado quando participei de toda essa discussão! Infelizmente, só agora consigo enxergar isso com clareza! – rebateu Melquisedec.

– Não acredito que ele está dizendo isso! – estarreceu Millah. – Ele praticamente me convenceu a assinar aquele documento! Ele realmente acreditava que aquilo era a melhor coisa a ser feita! – ela recordou, ainda pasma com o que acabara de ouvir.

O diretor-geral é que não parecia nada satisfeito com a súbita transformação operada em Melquisedec.

– Ou será justamente o contrário? – ele contra-argumentou pensativo. – Repito, lamentamos profundamente e entendemos o duro momento pelo qual está passando, todavia, como representantes da medicina, cabe-nos sempre questionar: é natural o embotamento pela emoção numa situação como esta, mas não será o encharcamento da razão pelo sentimento o responsável, justamente ao contrário do que o doutor acaba de argumentar, pelo total embotamento de uma visão clara e objetiva a respeito dos fatos?

Toda aquela maneira de falar empolada do diretor começava a deixar Melquisedec irritado. Não podia acreditar que ele estivesse usando de toda esta retórica barata de advogado apenas para convencê-lo a desligar as máquinas que estavam ajudando a manter a vida de 'sua' Millah. Afinal, eram ambos médicos! Sim, o diretor- geral, ainda que houvesse se especializado na área administrativa, também era formado em medicina. Haviam feito um juramento para salvar a vida de pessoas antes de deixar a faculdade! Além de que, estavam falando da esposa dele, Melquisedec, que trabalhava para aquele hospital há mais de vinte anos! Não era possível que fossem tão radicais!

– É a minha esposa! – ele fez questão de lembrar, ainda atônito.

– Eu sou o diretor clínico deste hospital!

Millah, a essas alturas, chorava de emoção ao ver o marido defendendo-a daquela forma.

– Sim, nós sabemos – tornou o diretor, com a frieza de sempre.

– Todavia, também sabemos que ela não responde a nenhum estímulo ou tratamento há dez dias! O senhor tem ideia de quanto custa a manutenção diária de cada uma das máquinas que precisamos utilizar para prolongar artificialmente a vida dela? – ele argumentou objetivamente.

– Não é possível que o seu dinheiro valha mais do que a vida da minha esposa! – explodiu Melquisedec. – E o senhor por acaso se esqueceu do que são dez dias, quando se trata da recomposição das trilhões de células de um corpo debilitado?

– Se existe uma coisa pela qual nós primamos aqui neste hospital, doutor Melquisedec, é pela ética médica – o diretor continuou agindo de maneira forçadamente educada, sem sequer por um momento se igualar aos extremos emocionais do diretor clínico. – Se um paciente, seja ele quem for, optou pelo testamento vital, tendo o cuidado de registrar por escrito sua vontade e autenticá-la em cartório, nós temos o dever de respeitar esta vontade, custe o que custar...

– Minha mulher precisa ser operada com urgência! A extração do baço é o único recurso de que dispomos para que ela consiga sobreviver! – Melquisedec apelou desesperado.

– Infelizmente, nós não podemos concordar com isso. A operação tem um custo, o plano do hospital, do qual ela faz parte, não arcaria com este custo, tendo em vista de que existe um testamento vital assinado e vencido – insistiu o diretor.

– Pois então eu arco com os custos! – enfrentou Melquisedec. – Eu faço a cirurgia!

– O senhor seria demitido se fizesse isso! – ameaçou o diretor geral.

– Pois então eu peço a minha demissão!

Ele deixou a sala batendo a porta e foi direto para o centro cirúrgico. Sabia que não podia perder um minuto sequer. Não só pela urgência da situação da esposa, mas também para ganhar tempo antes que o diretor geral providenciasse a junta médica necessária para impedi-lo.

Millah, a essas alturas, de tanto chorar, começava a se desequilibrar ainda mais emocionalmente. Sem ter mais a menor noção de quando estava diante de enfermeiros encarnados ou desencarnados, aceitou o copo com tranquilizantes que lhe era oferecido pela equipe espiritual que a cercava e deixou-se conduzir para longe dali.

— Preparem a sala de cirurgia o mais rápido possível – o doutor Melquisedec pediu aos instrumentadores. – É uma emergência.

Deu ordens para que fossem buscar Millah na UTI e dirigiu-se à pequena sala onde os médicos costumavam se preparar para as intervenções. Enquanto ele se arrumava, o mais rápido quanto possível, começaram a surgir, como que por encanto, colegas médicos dos mais variados setores:

— Soubemos do que aconteceu – disse um deles, já se arrumando também.

— Viemos para ajudá-lo – disse outro.

Melquisedec estava atônito, mal sabia o que dizer.

— Mas... Vocês não podem fazer isso... Eu vou ser demitido! – explicou, com lágrimas nos olhos.

— Se formos, vai ser por uma boa causa – disse o colega ao lado, terminando de colocar as luvas.

— Por uma causa justa! – completou o outro, colocando a máscara.

Frederico e Lavínia, Paula e Johan nem bem tinham acabado de chegar diante da porta da UTI, quando Clara apareceu, puxando sua mala, para surpresa de todos.

— Clara! – exclamou Johan. – Você não foi!

— É... Eu não fui... – ela sorriu. – Não tive coragem de ir...

Ainda começavam a conversar sobre o acontecimento no aeroporto quando de repente a porta se abriu e os enfermeiros saíram com a maca onde o corpo de Millah respirava desacordado, ligado a uma porção de aparelhos e tubos acoplados.

338 | Lygia Barbiére Amaral

– Mãe! – gritou Clara, correndo até lá.
– É a minha mãe! – desesperou-se Frederico.
– Para onde vocês a estão levando? – tentou saber Lavínia.
Paula desatou a chorar, apenas Johan não disse nada. Ficou só olhando de longe, muito triste.
– Ela vai ter de ser operada com urgência! – explicou o enfermeiro afoito, já querendo passar.
– Meu pai sabe disso? – perguntou Clara.
– Parece que é ele quem vai fazer a operação, não sabemos direito. Agora, se vocês puderem...
Eles entenderam e deram um passo para trás.
– Mãe, eu te amo muito!... – gritou Frederico.
– Millah... – Johan ficou olhando a maca de longe. – Se você ficar boa, eu vou tocar *O tamboril* para você...
– Estou preparada para aceitar e respeitar o destino que você escolher como também quero me apropriar do meu próprio destino e da minha própria felicidade... – Clara repetiu baixo, quase num sussurro entre lágrimas.
Neste momento, Petúnia adentrou o corredor como uma louca, mal equilibrando a idade sobre os saltos altíssimos que gostava de usar.
– Clara, o que está fazendo aqui? Você perdeu seu avião!
– Tia Petúnia, eu sinto muito, mas eu não vou mais – a jovem respondeu com muita calma, ainda enxugando as lágrimas, para surpresa de todos.
– Como não vai mais? – indignou-se Petúnia, aproximando-se.
Só então ela se deu conta de que estava cercada pela família e de que todos no hospital a olhavam.
– Como não vai mais? Nós combinamos tudo! – repetiu baixo a pergunta.
– Eu não quero mais ir, tia. A senhora me desculpe – respondeu Clara, fortalecida.
– Clara, é o seu futuro!
– Sim, tia. A senhora tem toda razão. É o 'meu' futuro.
Frederico, Lavínia, Paula e Johan olhavam para elas sem entender nada direito.

– Clara, eu não gostaria de fazer isso, mas Deus sabe que é para o seu próprio bem... – ela tirou da bolsa um papel. – A vida inteira eu só quis o bem de todos vocês, embora sempre tenha sido mal interpretada... – ela foi desdobrando lentamente o papel, enquanto falava. – Veja... eu tenho aqui uma cópia... Consegui aqui mesmo no hospital, depois que vocês nos expulsaram de casa naquele dia – ela olhou feio em direção ao grupo onde estavam Paula, Johan, Frederico e Lavínia. – Eu não gostaria de ter de lembrar a direção do hospital deste documento, mas, se você não vier comigo, eu...

– A senhora nem precisa se dar a esse trabalho, dona Petúnia – a voz de Oberon se fez ouvir, com seu tom tonitruante e musical de sempre.

Havia chegado de mansinho, sem que eles percebessem; estava agora bem atrás do grupo que cercava Petúnia.

– Pelo que acabo de ser informado na recepção, todo o hospital já sabe disso. Até a polícia está lá embaixo!

– Sério? – perguntou Frederico, assustado. – Mas...

– É sério – tornou Oberon, concentrado. – O diretor geral está enlouquecido, mas parece que não existe nenhum meio legal de interromper o procedimento depois que o paciente entra no centro cirúrgico. Seu pai encontrou argumentos e fez frente não só o conselho administrativo do hospital, como também o Conselho Federal de Medicina.

– Nossa! – Frederico sorriu orgulhoso. – Ele fez isso?

– E será que ele pode ser preso? – Clara preocupou-se.

– Ele vai perder o emprego? – imaginou Paula.

– Isso eu não sei – respondeu Oberon. – Agora, quanto à senhora, dona Petúnia... – ele virou-se para o lado e só então percebeu que ela não estava mais. – Dona Petúnia? – chamou de novo, ainda procurando ao redor.

– Acho que ela entrou no elevador e desceu – informou uma senhora.

Era bem típico de Petúnia e seus muitos disfarces. Havia sumido sem ninguém perceber. Enquanto ainda conjeturavam sobre seus próximos passos no eterno afã de tirar proveito do talento alheio, a porta do elevador se abriu e chegaram Heloísa, Vinícius, o professor Marcos e mais amigos da equipe de socorro do centro, que tinham vindo para dar o passe em Millah, como fora pedido por Frederico.

– Gente, pelo que eu entendi, o momento é bastante delicado. Acho que nada acontece por acaso. Então, já que estamos aqui, sugiro que todos façamos uma prece juntos para que o melhor aconteça – propôs Heloísa.

– POR FAVOR, pelo amor de Deus, eu decidi que eu quero ficar! – Millah implorou a seus mentores.

Ao se ver de novo na presença de todos aqueles que haviam participado da reunião que marcara os preparativos de sua volta à Terra, ela não teve dúvidas de que algo de muito grave estava prestes a acontecer. Até porque, o cenário não era mais o mesmo do sonho em que tivera a oportunidade de rever tudo isso. Estavam todos agora na própria sala de cirurgia, na companhia de vó Alarico e de alguns outros espíritos que ela não conhecia. A sensação que tinha era de que estavam todos ali para buscá-la, como se todos aguardassem o seu próximo desencarne.

– Eu não quero morrer... – ela repetiu, querendo se fazer ouvida por eles.

– Infelizmente, querida Millah, as coisas nem sempre podem ser do jeito como nós desejaríamos que fossem – observou vô Alarico.

Ele também parecia mais triste do que de costume.

– A grande questão é que em cada reencarnação o espírito se acha preso ao corpo físico pelo seu envoltório semimaterial, o perispírito... – lembrou Borba Gatto.

– Todavia, é a mente quem governa tudo através dos centros vitais – acrescentou o professor Aquiles. – Todo pensamento vibra em circuito fechado antes de exteriorizar-se.

– Através destes artifícios, a criatura forma todo um campo eletromagnético em torno de si própria, que começa no físico e irradia-se *ad infinitum*.

– Por favor, me expliquem isto melhor... Preciso entender o que está acontecendo comigo – pediu Millah...

Neste exato momento, o anestesista estava acabando de aplicar a anestesia ao seu corpo físico e o espírito também sentiu forte sonolência.[70]

Algum tempo depois, despertando da ação do forte anestésico de que fora objeto o corpo, Millah se viu numa espécie de sala de aula, onde, em vez de um quadro negro, havia um quadro luminoso, por assim dizer, com informações a respeito de como se processa a interação entre a mente e o corpo físico encarnado.

– O pensamento é força viva e atuante, cuja velocidade supera a da luz. Considerando-se toda célula em ação como uma unidade viva, a funcionar como um motor minúsculo, microscópico, o tempo todo em conexão com a mente, começamos a compreender como atua esta poderosa máquina dentro de cada ser. Todas as vezes em que as células se juntam, emitem naturalmente ondas, radiações, as quais se articulam, de forma a constituírem formas-pensamento em torno dos corpos que as exteriorizam. Todos os seres vivos, por isso, se revestem de um "halo energético", a aura, que lhes corresponde à natureza. Nela circula o pensamento, que vai ganhando cores, por assim dizer, a partir das vibrações e imagens de que se constitui. Nele se exibe, em primeira mão, as solicitações e os quadros que o ser improvisa, antes mesmo de irradiá-los no rumo dos objetos e das metas que busca.

Neste momento, o quadro luminoso acendeu-se, com setas coloridas mostrando o trajeto dos pensamentos saindo do cérebro como pequenas partículas vivas e disseminando-se por todo o organismo, preenchendo cada célula até que, uma vez completo

---

[70] Em tais casos, segundo Manoel Philomeno de Miranda, o espírito encarnado é atingido através dos delicados tecidos do perispírito, embora não permaneça necessariamente anestesiado o mesmo tempo que seu corpo físico.

todo o corpo, este passasse a emitir estas mesmas partículas que passariam a fazer parte das emanações oriundas do ser, como uma camada vibratória invisível a olhos comuns.

– Emitido por nós, o pensamento volta inevitavelmente a nós mesmos, convidando-nos gentil e obrigatoriamente a viver, querendo ou não, em sua onda de formas criadoras, que naturalmente se nos fixam no espírito quando alimentadas pelo combustível de nosso desejo ou de nossa atenção. Daí, a necessidade imprescindível de nos situarmos nos ideais mais nobres e nos propósitos mais puros da vida, porque energias atraem energias da mesma natureza. Sempre que estacionamos na viciação ou na sombra, as forças mentais que exteriorizamos retornam ao nosso espírito, reanimadas e intensificadas pelos elementos que com elas se harmonizam, engrossando, dessa forma, as grades da prisão em que nos detemos espontânea e irrefletidamente.[71]

Enquanto isso, de volta ao centro cirúrgico, os médicos da Terra discutiam sobre a melhor forma de proceder na delicada operação que estava prestes a ser iniciada, sem imaginar que ao lado deles, toda uma equipe de médicos do espaço também observava o caso com imenso cuidado. Eles estudavam atentamente uma larga folha de papel com alguns gráficos. Era, na verdade, um organograma do corpo de Millah, apontando todos os locais que haviam sido seriamente prejudicados pela corrente contínua de pensamentos doentios, de pessimismo, desalento, revolta, desânimo, tédio, violência, depressão, ciúme, queixa, maledicências...

– Mentes habituadas a este tipo de pensamentos são como máquinas geradoras de vírus, que se alojam no núcleo das células, destruindo-as, e espalhando-se depois pela corrente sanguínea, dando origem, muitas vezes, a enfermidades incuráveis – lamentou o cirurgião desencarnado.

---

[71] As explicações fazem parte das obras *Evolução em dois mundos* e *Ação e reação*, publicadas pela FEB Editora e escritas pelo espírito André Luiz, por meio da psicografia do médium Francisco Cândido Xavier, sendo a primeira em parceria com o médium Waldo Vieira. (N.E.)

– O homem pode ser considerado o pensamento que exterioriza, fomenta e nutre. Conforme a sua paisagem mental, a existência física será plasmada, face ao vigor da energia direcionada. Em todos os níveis da existência, tudo o que sucede na esfera física tem origem no plano espiritual – continuava o professor, no local em que Millah se encontrava em aprendizado durante a cirurgia.[72]

– Mas professor... Digamos que a pessoa, por ignorar todo esse processo, tenha dizimado, sem querer, sem saber, todas as suas energias vitais, debilitado muito as condições do corpo físico a ponto dele quase não conseguir abrigar mais o espírito... Não existe um meio, nada que esta pessoa possa fazer, ninguém a quem possa pedir ajuda para conseguir retroceder esta situação pelo menos por mais alguns anos? – Millah expôs seu grande desespero.

– Senhor... – uma voz muito suave se fez ouvir na sala onde ela se encontrava. – Estamos aqui para te pedir, em nome de nossa querida Millah...

Era a voz de Heloísa. Millah logo reconheceu e se emocionou. Não entendia como aquela prece podia chegar até ali, mas ainda assim não conseguia parar de ouvi-la.

– Em nome de todo o bem que ela fez a cada um de nós... Em nome de todo o bem que ela fez a cada criança portadora de restrições físicas e mentais a cujo sofrimento ela ajudou a diminuir através do carinho da música...

Aos poucos, à voz suave de Heloísa, foram como que se juntando muitas e muitas vozes, adultas, infantis, de todas as idades, como se muitas pessoas orassem juntas por Millah naquele exato instante.

– Possa a sabedoria infinita encontrar um meio de fazer com que ela possa dar prosseguimento às tarefas que iniciou na Terra...

---

[72] Estes conceitos podem ser encontrados nas obras *Trilhas da libertação*, de Manoel Philomeno de Miranda (FEB Editora), e *Vida feliz*, de Joanna de Ângelis (Editora LEAL), ambas psicografadas pelo médium Divaldo Pereira Franco. (N.E.)

– Possa a bondade de Deus perdoá-la por todas as virtudes que ainda não conseguiu adquirir e dar-lhe novas oportunidades para conquistar...

– Possa ela ter a chance de retornar com maior discernimento, aproveitando verdadeiramente esta oportunidade que a vida há de lhe conceder...

– Possa ela transformar toda esta experiência em luz e ação para nesta nova etapa, receber com bondade os inimigos que certamente se aproximarão implorando ajuda e amparo...

– Mas acima de tudo, Pai, que seja feita a Tua vontade e não a nossa, porque só Tu sabes o que é melhor para ela e para nós – finalizou Heloísa, emocionada.

Ao fim da prece, Millah estava de joelhos, também chorando, ao lado dos cirurgiões que trabalhavam em seu corpo físico. Olhando de perto, dificilmente se poderia distinguir entre os encarnados e desencarnados que a operavam em perfeita união mental, em atos bem coordenados.

– Acalme-se filha. Confiemos no Pai e em seus missionários. Não esqueça que todo bem realizado é sempre porta que se abre ao merecimento. Mas só a Deus cabe saber o que será melhor.

– Alarico veio em seu socorro de Millah com semblante bem mais sereno!

– Ai, graças a Deus, vovô – exausta, ela desfaleceu em seus braços.

Com muito cuidado, quando foi concluído o trabalho exaustivo, o próprio Alarico reconduziu-a de volta ao corpo, enquanto os médicos da espiritualidade comentavam sobre os últimos procedimentos realizados:

– Tudo foi feito de acordo com o programa traçado pela espiritualidade. Todas as matrizes espirituais que propiciaram a irrupção e virulência da enfermidade foram devidamente equilibradas – comemorou aquele que parecia ser o principal mentor de todos ali.

– Bem, restam agora apenas as providências que serão tomadas, conforme se aguarda, no decorrer da madrugada – lembrou o outro cirurgião que o acompanhava.

Uma lágrima escorreu-lhe dos olhos ao ver a neta sendo levada de volta para a UTI. No fundo da sala de cirurgia, abraçado a um colega, Melquisedec também chorava:

– Fiz o melhor que eu podia... O melhor... – ele disse. – Tudo o que eu quero agora é abraçar cada um dos meus filhos...

Naquela noite, conforme programado, mais uma vez a equipe espiritual voltou ao hospital, onde desta vez eram esperados por Alarico e pela doutora Maria Eunice, a médica coordenadora das atividades do centro espírita frequentado por Heloísa, que tantas vezes cuidara de Millah ao longo de seu período de coma.

– Lamento não ter podido estar no momento da cirurgia, mas fiz questão de me programar para acompanhá-los nessa parte da atividade – comentou a doutora Maria Eunice tão logo os viu chegar.

Adentraram todos, à exceção de vó Alarico, a Unidade de Tratamento Intensivo onde Millah encontrava-se imanada ao corpo, ainda entorpecida pelo efeito dos fortes anestésicos que continuavam a ser injetados em suas veias.

A doutora Maria Eunice aplicou-lhe então passes longitudinais e, numa questão de segundos, ela se exteriorizava. Experimentava agora todas as sensações traumatizantes que o ato cirúrgico produzira-lhe no corpo físico. Ainda assim, tão logo se viu de novo desperta em espírito, quis logo aproveitar a oportunidade para agradecer o sucesso da operação:

– Doutora... Nem sei como agradecer por ainda estar aqui... Cheguei à conclusão de que ainda tenho tanto a fazer... Como devo proceder para aproveitar ao máximo esta nova chance? – perguntou, ainda sonada.

– Calma, Millah... Nós ainda nem terminamos o seu procedimento... – lembrou a doutora Maria Eunice.

– Mas eu preciso saber... Não quero errar novamente... Me diga, por favor... Como devo fazer para não destruir novamente o meu corpo com os meus pensamentos? – ela insistiu em sua preocupação.

– Não é uma tarefa fácil. Mas também não é coisa impossível – ensaiou a médica. – Diria que é um trabalho de formiguinha e que requer, acima de tudo, perseverança nas boas resoluções. Na medida do possível, substitui, mediante as informações libertadoras que agora recebes, os velhos hábitos, um a um, lenta e insistentemente, adotando novo comportamento mental e, depois, vivencial, a fim de que a renovação se te faça contínua, incessante... Insiste na lapidação das arestas grosseiras da personalidade e adapta ao novo modo de entender e de ser, incorporando à conduta as novas diretrizes espirituais que agora colhes. Para conseguir tudo isto é necessário, antes de mais nada, despertar e isso você já fez![73] – garantiu a doutora Maria Eunice.

Millah esboçou um sorriso cansado de gratidão. Com muito cuidado, ela foi então acomodada em uma espécie de maca sutil, extremamente moderna e confortável, e de lá conduzida então para um outro hospital, em outra dimensão.

Estava tão sonolenta que nem se deu conta direito de como saiu de um lugar e foi parar em outro. Viu-se então em uma sala agradável, extremamente equipada, cheia de aparelhos que não tinha a mais vaga ideia de para que serviam, de tão diferentes eram dos que estava acostumada a ver nos hospitais comuns.

Ainda confusa em meio a tudo isso, viu-se de repente sobre uma nova mesa cirúrgia e diante de outra equipe médica, onde a única pessoa que ela conhecia era a doutora Maria Eunice.

– Eu vou ser submetida a outra cirurgia? – perguntou, quase incrédula.

– Não exatamente. Trata-se de uma técnica de sobrevida – esclareceu um dos médicos. – Iremos retirar o tônus vital que degenera em você, predispondo-a à desencarnação e o faremos ser absorvido por este aparelho, ao qual chamamos pulmotor, onde já depositamos regular quantidade de energia superior[74] e de vita-

---

[73] Livremente inspirado na mensagem "Necessário despertar", do livro *Momentos enriquecedores*, de Joanna de Ângelis, psicografia de Divaldo Franco, Editora LEAL.

[74] Todo esse processo é descrito tal como se encontra no livro *Painéis da obsessão*, de Manoel Philomeno de Miranda, psicografia de Divaldo Pereira Franco (DF: Editora LEAL, 2010, 9ª ed., cap. 5). No livro, o autor espiritual utiliza o vocábulo maaprana para explicar o que seria energia

lidade extraída dos vegetais terrestres. Na parte superior interna e transparente da máquina, estas substâncias serão misturadas, sob a ação de uma pequena bomba, encarregada de fazer a oxigenação da substância fluídica.

– Já providenciei o doador encarnado – informou a doutora Maria Eunice. Alarico foi buscá-lo.

– Doador encarnado? Como assim? – embora já grogue com os fluidos que acabavam de lhe ser aplicados pelo médico, já visando o início do procedimento, Millah queria entender em detalhes tudo o que se passava.

A doutora Maria Eunice sorriu de sua curiosidade.

– É que no seu caso é também necessário um pouco de fluido humano e, como costuma acontecer nas transfusões de sangue comum, em que não é qualquer tipo de sangue que pode ser doado para qualquer pessoa, também aqui é necessária uma certa identidade de tipos para que possamos alcançar os resultados desejados... – ela explicou-lhe.

– Sei... – Millah começava a sentir muito sono. – E quem será o meu...

Não teve tempo de dizer a palavra 'doador'. Antes mesmo de terminar a frase, mergulhava em sono profundo. Instantes depois, Alarico adentrava a sala com o doador escolhido: era Johan. Ele parecia imensamente feliz pela oportunidade de estar ali fazendo alguma coisa para ajudar a mãe. Ele rapidamente soltou-se das mãos de 'vô Alarico', sorriu gentilmente e saudou a todos com espontaneidade.

Outra mesa cirúrgica foi colocada então ao lado da paciente adormecida, enquanto Alarico concentrava-se em oração, rogando as bênçãos de Deus para o trabalho que estava prestes a ser iniciado.

---

superior. De origem sânscrita, maaprana significa energia proveniente de Brahma. Acredita-se, na tradição bramânica, que da sua atuação com a acaxa, ou substância, se dá a origem da pracrite ou matéria. O autor explica que, por se tratar de um processo para a restauração orgânica, material do paciente, recorreu-se a esse verbete por parecer mais apropriado para a elucidação do leitor.

Foram introduzidos então dois cateteres, ambos ligados ao pulmotor, no braço direito de Millah. De imediato, começou então a sair uma substância pardo-acinzentada do braço de Millah e depositar-se no interior da máquina, até que o médico fechou pequena válvula, interrompendo o fluxo.

Outro cateter foi ligado do aparelho ao braço esquerdo de Millah. Por ali deveria retornar a energia purificada. Uma das enfermeiras fez então uma terceira ligação, fixando novo cateter ao braço esquerdo de Johan, que deveria doar determinada dose de tônus vital à mãe.

Embora tivesse a aparência de um menino, em momento algum Johan reclamou de nada ou expressou qualquer reação infantil. Ao contrário, o tempo todo comportava-se como uma pessoa muito consciente e madura, muito feliz por sua doação.

A um sinal do chefe cirúrgico, foram abertas as pequenas válvulas e todos puderam observar a energia de Millah, que já se encontrava em grande parte do pulmotor, penetrar o depósito de energia superior e clorofila, ao mesmo tempo em que o tônus vital de Johan chegava à parte inferior do aparelho, onde era impelido para cima por uma pequena bomba, e logo se confundia com a substância em renovação que era transferida para a paciente pelo cateter do braço esquerdo.

Em um prazo de aproximadamente trinta minutos toda a operação estava concluída. Desde o primeiro momento da transfusão de força vital, o espírito de Millah já começou a dar sinais de menos desconforto. Logo a respiração se normalizou, ao terminar, já apresentava as faces rosadas de uma pessoa saudável comum.

Retirados os cateteres, Johan recebeu passes revigorantes aplicados pela doutora Maria Eunice.

– Amanhã você faça o favor de repousar bastante, ouviu bem? É absolutamente indispensável o refazimento de suas energias para você poder abraçar muito a sua mãe quando ela voltar para casa – ela recomendou com carinho, antes de fazê-lo adormecer.

– Como ele despertará amanhã? Manterá na consciência, de alguma forma, as lembranças do que aconteceu? – quis saber Alarico, tomando nos braços o bisneto querido.

– Johan terá apenas a recordação de um sonho bom em nossa esfera... Quanto a Millah, nenhuma lembrança lhe ficará, em razão do estado de inconsciência em que permaneceu – esclareceu bondosa, a doutora Maria Eunice.

Millah ainda permaneceu na clínica até as primeiras horas do dia, em observação e só então foi recambiada ao corpo.

– De nossa parte, tudo bem. Agora é com Deus. Aguardemos! – a equipe se despediu de Alarico.

CODA[75]
VIVACE CON FUOCO

---

[75] 'Coda', que traduzindo do idioma italiano para o português quer dizer cauda, é a seção com que se termina uma música. 'Vivace con Fuoco' é um andamento musical com movimento ou uma certa velocidade, tocado com grande expressão, com alma e disposição: vivamente e com fogo.

"Todas as formas de vida na Terra, têm sua razão de ser regidas por um poder maior. A vida é um dom para ser usado na evolução. Assim como o homem não tem o poder de criar esse dom, também não tem o direito de suprimi-lo a seu talante. Às leis naturais ou divinas cabe dispor sobre a criação e a supressão da vida"[76] – Frederico leu para todos a página que tinha nas mãos.

– É bem interessante esta mensagem que você trouxe para nós – observou Heloísa. – Ela tem tudo a ver com a página que eu abri para a gente estudar na noite de hoje – observou Heloísa, passando à leitura do livro que tinha aberto nas mãos: "Será lícito abreviar a vida de um doente que sofra sem esperança de cura?" – ela passou o livro às mãos de Clara, a seu lado.

– Que coisa! – admirou-se Clara, antes de prosseguir com o parágrafo que estava grifado no livro de Heloísa: "Sei bem haver casos que se pode, com razão, considerar desesperadores; mas, se não há nenhuma esperança fundada de um regresso definitivo à vida e à saúde, existe a possibilidade, atestada por inúmeros exemplos, de o doente, no momento mesmo de exalar o último suspiro, reanimar-se e recobrar por alguns instantes as faculdades! Pois bem: essa hora de graça, que lhe é concedida, pode ser-lhe de grande importância. Desconheceis as reflexões que seu

---

[76] Trecho de artigo de Juvanir Borges de Souza, publicado na revista *Reformador* de janeiro de 1994, p. 4. RJ: FEB Editora.

354 | LYGIA BARBIÉRE AMARAL

espírito poderá fazer nas convulsões da agonia e quantos tormentos lhe pode poupar um relâmpago de arrependimento."[77] – ela fechou o livro, devolvendo-o a Heloísa.

Ela e Vinícius vinham agora todos os domingos a casa deles, a pedido de Melquisedec, para realizarem junto com a família o Evangelho no Lar.

– Vejam só o que tem escrito aqui em O consolador a este respeito – tornou Vinícius, tomando um dos exemplares que sempre trazia de casa para eventuais consultas: "A agonia prolongada pode ter finalidade preciosa para a alma e a moléstia incurável pode ser um bem, como a única válvula de escoamento das imperfeições do espírito em marcha para a sublime aquisição de seus patrimônios da vida imortal. Além do mais, os desígnios divinos são insondáveis e a ciência precária dos homens não pode decidir nos problemas transcendentes das necessidades do espírito".[78]

Deitado em sua cama, inteiramente coberto até o pescoço, Melquisedec apenas fez um sinal afirmativo com a cabeça, a indicar que estava de acordo com tudo o que era dito. Pela maneira como piscou os olhos, parecia mesmo querer dizer concordar profundamente com os conceitos expostos.

Frederico correu a aproximar-se do pai:

– Você precisa de alguma coisa, pai? Está se sentindo bem?

Melquisedec fez um sinal negativo com a cabeça.

– Está tudo... bem – disse, com a voz muito rouca e pausada.

Logo em seguida à operação de Millah, descobrira-se muito doente. Foram feitos todos os exames, tomadas todas as providências, contudo não havia mais remédio para o seu caso, que o debilita mais e mais a cada dia. A ponto dos meninos terem tido de mudá-lo para um quarto no andar de baixo, a fim de facilitar-lhe os cuidados e a locomoção.

– Está tudo bem mesmo, meu querido? – sentada a seu lado, na

---

[77] In: O Evangelho segundo o espiritismo, Allan Kardec, cap. V, itens 27 e 28. RJ: FEB Editora.

[78] In: O consolador, psicografia de Francisco Cândido Xavier, pergunta 106, RJ: FEB Editora.

caminha estreita, Millah quis ainda certificar-se.

Melquisedec tomou-lhe a mão entrelaçada à sua e apenas levou-a até os lábios, beijando-a delicadamente.

– O que mais me impressiona nisso tudo – Millah voltou-se para todos com os olhos cheios d'água, – é que hoje faz exatamente um ano que eu despertei após aquela cirurgia... Como é que todo este estudo aberto ao acaso foi se focar justamente nesse ponto? – ela expressou sua admiração perante o fato.

Millah estava mais bonita do que nunca. A pele, os cabelos, o olhar... Quem a visse, jamais diria que havia passado por aquilo tudo. Parecia mesmo ter remoçado alguns anos. Efetivamente, sentia-se outra pessoa.

Também sentado a seu lado, Johan ouvia a tudo calado, folheando em silêncio um de seus livros de ouro. Simplesmente feliz por estar ao lado da mãe.

– Isso mostra o quanto a espiritualidade está atenta não só às nossas necessidades de estudo, como também à nossa maturidade, ao momento certo de aprender e recapitular cada lição... – observou Vinícius.

– Eu já reparei isso... A gente pensa que está abrindo o Evangelho ao acaso, que está trazendo para casa por acaso uma mensagem que achou interessante no centro. E no final das contas, tudo se junta como se houvesse um planejamento prévio! – comentou Frederico.

– Será que a espiritualidade faz um planejamento de estudos para cada família que faz o Evangelho no Lar? – imaginou Clara.

– Com toda certeza! – garantiu Vinícius.

– Eu planejei vir ao lado de Millah! – Johan disse de repente.

Todos riram de sua espontaneidade. Millah, é claro, deu muitos beijinhos no filho, que ficou vermelho como um tomate.

– Mas já que tocamos neste assunto, Millah, me diz uma coisa – Heloísa quis retomar a questão – nesse tempo todo, você nunca se lembrou de nada do que viu durante o período em que estava em coma?

– Ah, amiga... Eu acho que não... – ela disse, ainda fazendo um leve cafuné na cabeça de Johan, sentado agora a seus pés.

356 | LYGIA BARBIÉRE AMARAL

– Como acha? – Heloísa não pôde compreender.

– Não sei direito. Lembrar com detalhes eu não me lembro. Mas de vez em quando, tenho uns sonhos estranhos... Uns sonhos que tenho certeza de que estão associados a toda esta experiência que eu vivi durante o coma – ela tentou explicar.

– Tipo... – Heloísa queria exemplos.

– Eu sonho sempre que estou em um lugar tendo aulas. Aulas sobre o ser, as dificuldades da evolução, técnicas para controlar melhor o pensamento!

– Nossa! Que coisa incrível!

– Estão vendo só? – Vinícius quis confirmar sua tese.

– Eu nunca me lembro direito do que eu aprendi, mas às vezes no meio do dia, me vêm uns *insights*, umas frases legais que sempre me ajudam... É como se as coisas que eu aprendo, enquanto estou fisicamente dormindo, ficassem guardadas no meu inconsciente...

– É exatamente assim que funciona no nosso dia a dia. A gente pensa que não se lembra do sonho e, de repente, uma cena volta e a gente descobre que uma porção de coisas ficou ali registrada... – refletiu Heloísa. – É interessante este contato diário que a gente tem com a espiritualidade. Certamente você continua recebendo amparo de toda a equipe que lhe tratou, enquanto estava convalescendo. Eles provavelmente devem ter traçado todo um programa de acompanhamento para que você aproveitasse ao máximo a ajuda que recebeu... – ela imaginou, com base nos estudos que costumava fazer sobre o mundo espiritual.

– Também sonho sempre com alguns médicos, com quem eu vou me consultar... É engraçado. Eu tenho certeza de que nunca os vi aqui na Terra! Mas no sonho eu conheço todos eles – ela sorriu. – Uma delas se chama... – o nome está aqui, na ponta da língua... – é... doutora Maria Eunice! Tenho quase certeza que é isso!

– Que curioso! – tornou Heloísa. – Dizem que doutora Maria Eunice é o nome de uma das benfeitoras lá do centro, não é Vinícius?... Não sei nada sobre ela, mas sabe que ouvindo assim esse nome, parece até que eu também a conheço? – comentou Heloísa.

– Nossa, eu estou adorando as aulas lá no centro! Meu Deus! Como é que eu pude passar tantos anos sem esse estudo! E que gracinha o Frederico e a Clara participando de tantas atividades! E até o Johan! Nossa, amiga, nem sei como lhe agradecer por tudo isto... – Millah abriu seu sorriso terno e enorme de sempre.

– Não agradeça a mim. Agradeça ao Melquisedec. Foi ele quem primeiro se abriu para que o auxílio pudesse chegar até vocês... – Heloísa fez questão de destacar.

Millah olhou para o marido tão doente e apertou com carinho a mão que guardava na sua, enquanto uma lágrima escorria-lhe dos olhos sem querer.

Após a prece final, ficaram as duas ainda um tempo a conversar no jardim, tomando uma xícara de chocolate quente. Fazia bastante frio naquele dia.

– E o Frederico, amiga, decidiu se vai ou não fazer o curso na Alemanha?

– O Oberon está insistindo muito para que ele vá. Disse que é um curso muito concorrido, uma espécie de pós-graduação na linha que ele escolheu na psicologia. O Frederico ficou apaixonado pela ideia...

– Que coisa, ele se descobriu mesmo na psicologia... – comentou Heloísa.

– Está adorando o curso. Disse que é tudo o que ele sempre quis na vida – contou Millah.

– Mas afinal, ele vai ou não vai para a Alemanha?

– Disse que não. Agora não. Precisa ver que bonitinho... – ela se emocionou um pouco ao lembrar. – Explicou que aprendeu com o pai a dar um passo de cada vez. E que só vai sair daqui no dia em que tiver certeza de que o Melquisedec não precisa mais dele...

As duas se abraçaram.

– Ô amiga, não fica assim... Pense que você teve uma grande oportunidade, um grande merecimento ao receber a chance de voltar para passar mais este tempo junto destas pessoas que você tanto ama. Mas tenha a certeza de que, se foi dada esta chance a você, amigos queridos e benfeitores prontificaram-se a lhe auxiliar com segurança nas provas que ainda teriam que vir, neste segundo período da tua existência. Não esmoreça! Não desanime! Deus jamais nos dá prova superior à nossa capacidade de suportar! Da sua dedicação, do seu bom trabalho se construirá o merecimento que te dará a couraça para enfrentar o que quer que seja necessário. Força, minha amiga! Eu estou aqui com você!

Clara e Frederico, enquanto isso, chegavam à casa de Lavínia para buscá-la para irem ao cinema.

– Gente, não vai dar! – ela foi logo avisando.

– O que aconteceu? – perguntou Clara.

– Estou aqui enlouquecida, preciso do meu certificado de conclusão de segundo grau para me inscrever amanhã em um concurso e não consigo achar de jeito nenhum!

– Calma! A gente não pode lhe ajudar? – perguntou Frederico, já entrando na casa.

– Mas o filme! Já está em cima da hora! Vocês vão perder a sessão! – angustiou-se Lavínia.

– Bobagem! Eu nem fazia tanta questão assim de ver esse filme – disse Clara. – Deixa a gente lhe ajudar. – Três pessoas procurando vai muito mais rápido do que uma!

– Três? – Lavínia abriu a porta do quarto.

Havia caixas, papéis, pastas abertas para todo lado. Bagunça total. No meio de tudo estavam Verônica, Francesco, o namorado dela, Tarso e mais um amigo dele:

– Este aqui é o Tomás! – ele apresentou. – Veio para tocar um pouco de violão comigo, mas minha irmã está tão desesperada atrás desse papel que nós também decidimos ajudar – Tarso explicou.

– Que legal! Você toca violão? – Clara foi logo se enturmando.

– Na verdade, meu instrumento de verdade é o violoncelo, mas gosto de tocar violão nas horas vagas! – disse Tomás.

No fim da tarde, depois de colocarem literalmente o quarto de cabeça para baixo, Lavínia decretou:

– Querem saber de uma coisa? Desisto! Amanhã vou ao colégio e peço outro certificado!

– Ahhhh! – fizeram todos, como a dizer: por que ela não teve esta ideia antes?

Mas o encontro estava tão bom que ficaram todos por lá mesmo.

– Vamos fazer pipoca? – sugeriu Verônica?

– E se a gente visse um filme aqui em casa? – propôs Tarso.

– Depois podíamos até tocar um pouco de violão – complementou Tomás.

Saíram todos do quarto animados para cuidar dos preparativos, ficaram apenas Lavínia e Frederico colocando as coisas no lugar.

– Escuta, eu 'tava' pensando... – disse Frederico, guardando uma porção de documentos numa caixa. – Por que é que em vez de fazer este concurso, você não me dá o seu currículo para eu mandar para a Alemanha?

– Não entendi! – sorriu Lavínia.

– Eu vou mandar o meu para lá. Estou querendo, de repente no ano que vem, não sei ainda, mas talvez quando eu terminar as matérias de psicologia do reingresso que eu pedi, de passar um tempo na Alemanha, fazendo cursos na minha área, mas também trabalhando em alguma coisa, e aí pode ser até na área de engenharia, sei lá, qualquer coisa que dê para eu poder me sustentar enquanto estiver por lá.

Lavínia ficou um pouco triste ao ouvir isso.

– Eu acho superlegal, mas e o que o meu currículo tem a ver com esses seus planos? Você pensa em usar o meu currículo para conseguir um emprego?

Frederico a puxou pela cintura, abraçando-a e olhando-a nos olhos como nunca fizera:

– Claro que não, sua boba! É que eu queria que você viesse comigo quando eu fosse!

– Eu? – ela se assustou.

– A menos que você não sinta por mim a mesma coisa que eu sinto por você e que já não aguento mais segurar, de medo de você não querer ser mais minha amiga! – ele a soltou de repente.

Lavínia ficou sem fala.

– Eu...

Frederico fechou os olhos e apertou as duas mãos de nervoso, virou-se para a escrivaninha e pensou: Droga! Falei tudo errado, na hora errada! E agora, o que é que eu faço?

Lavínia, gelada, ainda procurava as palavras para responder, quando, de repente, num ímpeto de coragem segurou nele e, só de segurá-lo subiu de novo aquela mesma energia da primeira vez em que suas mãos se tocaram sem querer durante a palestra no centro.

– Desculpe, eu... – Frederico começou a tentar justificar-se.

Num ato de ousadia e coragem, Lavínia, porém, ficou na ponta dos pés, segurou seu rosto com as mãos geladas e beijou-o como nunca tivera coragem de fazer com ninguém.

– Eu sempre gostei de você, seu bobo! – disse depois, num sorriso, antes que ele a beijasse de novo.

– Vai começar o filme, gente! – o pessoal gritou lá da sala.

Em casa, Millah tomou seu banho e desceu as escadas, com seu diário debaixo do braço, em direção ao quarto de Melquisedec. Johan já estava dormindo, tudo estava silencioso.

– Tem certeza de que não quer que eu durma aqui com ele hoje, Millah? – perguntou Paula. – Você anda cansada, faz muitos dias que não dorme na sua cama.

– Não se preocupe, Paula. Eu gosto de passar as noites ao lado dele – disse Millah. – Quero passar o máximo tempo que eu puder. À tarde, enquanto eu trabalho, o enfermeiro fica. A música me descansa. Já é o suficiente. Falando nisso...

Ela entrou no quarto e abriu o pequeno piano que ficava num canto.

– Cochilei um pouco depois que Heloísa saiu e acordei com vontade de tocar uma música para ele... – ela explicou, sentando-se ao piano.

Tinha um jeito de sentar tão majestoso, mesmo estando de camisola, tinha-se sempre a impressão de que estava aprumando a cauda do vestido sobre o banco. De seus dedos então, deixou escorrer o *Salut d'amour* de Elgar. Fazia já tantos anos que não interpretava esta composição, ainda assim, era como se a tivesse tocado ainda ontem. Em seguida, emendou direto a *Sonata nº1 em fá sustenido menor*, de Schumann, e todas as outras que seu coração foi sentindo vontade de interpretar. Tamanho era o sentimento com que se expressava ao piano, que parecia contar ali uma longa história, tecida de prazeres e sofrimentos.

Paula saiu para chorar lá fora e a deixou sozinha com o marido, que dormia calmamente enquanto ela tocava, quase feliz. Millah sabia que ele amava ouvi-la tocar. E naquela noite tocou como talvez nunca antes houvesse tocado na vida. Sem o desejo antes sempre renovado de apresentar-se em público, dos aplausos unânimes, do reconhecimento. Apenas para ele, só por ele, com todo o seu amor, como se ele fosse a própria música de sua vida.

Alta madrugada, exausta e aliviada, ajeitou-lhe as cobertas, deu-lhe os remédios da noite, beijou-lhe muitas vezes a face sonolenta e cansada. Então sentou-se sob a noite estrelada, na pequena poltrona que ficava diante da janela, ela abriu seu diário com cuidado e beijou com lágrimas a orquídea seca que caiu lá de dentro, lembrança das flores que ganhara de Melquisedec no dia em que saíra do hospital.

"Dia após dia aprendo e me conscientizo de que viver nada mais é do que aventurar-se num quintal de luzes e sombras, onde é preciso aprender a atravessar a lama sem ser lama, e entrar na sintonia dos raios de sol, mesmo sem ser sol, sem perder nunca a consciência de que a distância não é mais do que uma proximidade estendida... Por que será que eu tenho tanta certeza de que já ouvi esta frase em algum lugar?"[79]

Ela apagou a luz, abriu todas as cortinas e ficou sentada no chão ao lado do marido que dormia sob o céu estrelado, como se ouvissem ambos uma sinfonia à luz do luar.

---

[79] "A distância não é mais do que uma proximidade entendida." Esta frase faz parte de uma carta que Robert Schumann enviou a Clara Wieck na época em que os dois ainda namoravam, em 1834. In: Lépront, Catherine. *Clara Schumann.* SP: Martins Fontes, 1990, p. 37.

2

Alguns anos se passaram. Millah e Clara andavam de mãos dadas pelas ruas da antiga cidade natal da mãe, seguidas por Tomás, que vinha logo atrás, carregando seu violoncelo. Ele era agora o marido de Clara, que estava grávida de sete meses.

– Que coincidência Tomás ter sido chamado para tocar logo aqui em sua antiga cidade... – comentou Clara.

– Engraçado... andando por essas ruas, eu quase posso jurar que já vivi esta cena... Sabe aquela sensação que eles chamam de *déjà vu*? – Millah perguntou.

– Mas mãe, você não morou aqui por não sei quantos anos? – estranhou Clara.

– Com quantos anos a senhora se mudou daqui, dona Millah?

– Tinha 27... Mas não é isso. Não é desta época que eu estou falando... Mas deixa para lá, acho que nós chegamos.

Asilo Santa Edwiges – estava escrito numa placa. Estavam diante da casa que um dia fora de Petúnia.

– Tem certeza de que é aqui? – perguntou Clara, antes de entrar.

– Absoluta. Eu nunca esqueceria este endereço – garantiu Millah, sentindo o coração disparado.

Não sabia por que, mas tinha a sensação de que ia entrar no jardim e dar de cara com o pai, há tantos anos desencarnado. A porta estava entreaberta, eles foram entrando. Uma senhora veio recebê-los:

– Millah Edwiges? Eu não acredito! – ela foi logo dizendo.

– Sim, sou eu mesma! – ela sorriu, sempre segurando a mão da filha. – E estes daqui são minha filha Clara, meu genro Tomás e meu neto ainda sem nome, que está prestes a nascer!

– Precisa dizer isso, mãe? – Clara reclamou baixo ao seu ouvido.

– Finalmente vamos ter o prazer de conhecer a nossa benfeitora! Eu sou Judite, a diretora do asilo! Gente! Vem só ver quem está aqui! – ela anunciou para todos.

Vieram velhinhos de todos os lados, Millah até se esqueceu

do pai. Todos muito bem cuidados. Petúnia e Dionéia estavam entre eles, mas não se misturavam com os outros. Ambas eram agora portadoras de mal de Alzheimer, não se lembravam mais de ninguém. Ainda assim, continuavam cheias de manias, tinham muita implicância com os outros internos. Millah se emocionou ao vê-las.

– Nem adianta chegar perto. Aquelas duas ali são muito difíceis. De todos os velhinhos, são as únicas que não gostam de visitas – avisou uma das cuidadoras, ao perceber sua intenção de aproximar-se, sem imaginar o parentesco que as unia.

Clara, Millah e Tomás seguiram com Judite para o interior da casa para conhecer as acomodações.

– Foi uma ótima ideia transformar esta casa em um lar espírita para idosos – Clara comentou, enquanto tomavam lanche na ampla sala de vidro onde um dia a famosa professora Petúnia Edwiges recebera seus alunos, enquanto Tomás tocava violoncelo para animar a todos.

– A ideia foi do Irelias – disse Millah. – Aliás, nesse ponto ele foi maravilhoso. Cuidou de tudo para mim, não precisei nem vir aqui para nada. Acho que foi a maneira que ele encontrou para se desculpar por tudo... Pobre Irelias... No fundo, é uma boa pessoa.

– Ai, mãe! Não posso com essa sua mania de achar que no fundo todo mundo é uma boa pessoa! – reclamou Clara, mordendo um biscoitinho. – Você tem notícias dele?

– Soube que está na Alemanha, tocando numa orquestra. Frederico e Lavínia o encontraram outro dia, em um restaurante, você acredita? – Clara fez carinho em uma senhorinha a seu lado.

– E você vai para a Alemanha buscar o Johan? – Clara preocupou-se.

– De forma alguma, minha filha. O Johan está muito bem lá com o Oberon, a Paula, o Frederico e a Lavínia. Imagine, o Oberon me disse que o Johan já está tocando até peças de Chopin adaptadas para as dificuldades dele. É formidável esta escola de música especial que ele encontrou para o Johan estudar! – comentou Millah, ajudando outra senhora com o seu café com leite.

364 | LYGIA BARBIÉRE AMARAL

– Mas você não tem vontade, mãe, nem de ir até lá para conhecer esta escola? Tem tudo a ver com o seu trabalho! – insistiu Clara.

– Quem sabe um dia? – desconversou Millah. – O Oberon vive
insistindo... Mas agora, tudo o que eu quero é ver o meu netinho
nascer e cuidar de você enquanto estiver de licença, minha filha!
– ela deu um beijo carinhoso na barriga de Clara.

– Quem diria, né, mãe, que eu ainda ia acabar me formando
em música, casando com um músico e fazendo parte da Orquestra Sinfônica Nacional? – Clara comentou satisfeita.

– Ô garota! – alguém chamou por Clara. – Você sabe fazer
papelote? Estou precisando de alguém para fazer papelote no
meu cabelo!

Era Dionéia. Vaidosa como sempre.

– Vai lá, filha. O que custa? – pediu Millah. – A senhora quer
que faça sua unha? – ela mesma ofereceu.

– Se você quiser, poder fazer. Trouxe esmalte vermelho? –
ela perguntou.

Quando estavam quase terminando de cuidar de Dionéia, Petúnia, sempre distante dos outros velhinhos, gritou da sua poltrona lá no canto:

– Estou cansada desse violoncelo! Ninguém aí sabe tocar piano, não?

De onde estavam, Clara e Millah se olharam.

– Você vai? – perguntou Millah.

– Não. Vai você, mãe. Quero só ver se ela te reconhece... –
divertiu-se Clara.

Emocionada, Millah sentou-se a seu antigo piano e, com toda
a sua alma deixou vir a *Fantasia improviso* de Chopin; a mesma
que a acompanhara ao longo de toda a sua juventude. Logo aos
primeiros acordes, profundo silêncio tomou conta de toda a casa.
Todos de imediato se interessaram por ela quase sem querer.

De longe, Alarico e Geraldo, agora em iluminada condição,
a observavam.

– Fico feliz de ver como nossa Millah se supera a cada dia em
todos os sentidos... Assim como você, Geraldo, que de persegui-

dor converteu-se em protetor de suas duas devedoras – comentou Alarico.

– Sabe, Alarico, em tudo isso, só fico me perguntando, por que é que a justiça divina lança mão de tempos tão diversos até que cada um alcance o seu aprendizado necessário?

– Assim como quando o servidor está pronto, o trabalho aparece; a lição só é cobrada quando o aprendiz adquiriu conhecimento suficiente para realizar a prova. Respondi à sua pergunta?

Os dois pararam para ouvir o final da *Fantasia*, que Millah estava acabando de tocar. Para surpresa de todos, Petúnia se levantou de onde estava, caminhou até ela e ficou observando-a, enquanto dedilhava os últimos acordes.

– Você toca muito bem – ela disse.

– Eu? – sorriu Millah. – Puxa, muito obrigada...

– Não estou dizendo isso por dizer. Saiba que já fui uma das mais requisitadas professoras de piano aqui desta cidade. Você tem um toque grandioso, ligado, em suas mãos, o instrumento se metamorfoseia! – ela disse com altivez.

Millah ficou com os olhos cheios de água.

– Ela me lembra muito uma pianista do passado... – disse uma outra senhora... – Como era mesmo o nome dela?

Petúnia pensou por alguns instantes.

– Tem razão. Você toca como a Clara Schumann! – ela disse a Millah.

– Clara Schumann? Eu? – Millah esqueceu as lágrimas e abriu seu largo sorriso. – Quem me dera! – exclamou, antes de iniciar mais uma música. Desta vez o 'Alegretto quase Minuetto', da *Sonata nº 1 em mi menor*. De Brahms.

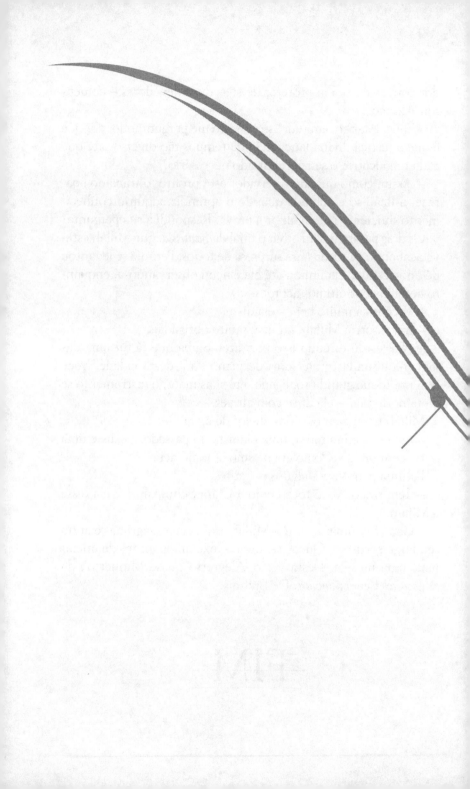

Esta edição foi impressa nas gráficas do Centro de Estudos Vida & Consciência Editora Ltda., de São Paulo, SP, sendo tiradas três mil cópias, todas em formato fechado 140x210mm e com mancha de 104x175mm. Os papéis utilizados foram o ofsete Chambril Book (International Paper) 75g/m² para o miolo e o cartão Supremo Alta Alvura (Suzano) 250g/m² para a capa. O texto foi composto em Goudy Old Style 11,5/13,7 e o título em Trajan 24/32. Eliana Haddad e Izabel Vitusso fizeram a revisão e André Stenico elaborou a programação visual da capa e o projeto gráfico do miolo.

Dezembro de 2013